# 人力资源管理

HUMAN RESOURCE MANAGEMENT

主　编｜李复达　耿　川　戴　力

副主编｜章发旺　梁光霞　卓凡超　曾扬博

湖南大学出版社

·长沙·

**图书在版编目(CIP)数据**

人力资源管理 / 李复达，耿川，戴力主编. -- 长沙：湖南大学出版社，2025. 8. -- ISBN 978-7-5667-4103-5

Ⅰ. F243

中国国家版本馆 CIP 数据核字第 2025E5P482 号

# 人力资源管理

RENLI ZIYUAN GUANLI

**主　　编**：李复达　耿　川　戴　力
**策划编辑**：刘　锋　罗红红　黎　镔
**责任编辑**：黎　镔
**印　　装**：湖南湘裕印刷有限公司
**开　　本**：787 mm×1092 mm　1/16
**印　　张**：16. 25
**字　　数**：356 千字
**版　　次**：2025 年 8 月第 1 版
**印　　次**：2025 年 8 月第 1 次印刷
**书　　号**：ISBN 978-7-5667-4103-5
**定　　价**：48. 50 元

**出 版 人**：李文邦
**出版发行**：湖南大学出版社
**社　　址**：湖南·长沙·岳麓山　　**邮　　编**：410082
**电　　话**：0731-88822559(营销部)，88821327(编辑室)，88821006(出版部)
**传　　真**：0731-88822264(总编室)
**网　　址**：http://press.hnu.edu.cn
**电子邮箱**：492077748@qq.com

# 前言

PREFACE

随着全球经济一体化进程的加速、数字技术的颠覆性革新以及组织形态的深刻变革，人力资源管理正经历着前所未有的范式转型。传统的人力资源管理模式已难以适应“乌卡时代”(VUCA)下复杂多变的内外部环境，企业对人才的需求从单一技能型向复合能力型跃迁，管理实践从职能导向向战略协同演进，技术工具从经验驱动向数据赋能升级。在此背景下，编写一本既能系统阐述经典理论，又能敏锐捕捉前沿趋势，既能夯实学生专业基础，又能培养实践创新能力的人力资源管理教材，显得尤为重要。

本教材的编写团队由高校学者与企业实践专家共同组成，基于多年教学经验与行业洞察，力求在理论深度与实践价值之间构建桥梁。我们始终秉持“立足中国、放眼全球”的编写理念，既注重引入国际前沿管理思想，又紧密结合中国本土企业管理场景；既强调知识体系的完整性，又突出数字化时代下人力资源管理的创新特质。我们是一群始终站在讲台与实验室之间的教育工作者，本着“为党育人、为国育才”的初心，将“培根铸魂、启智增慧”的理念融入教材编写的每个细节。这本教材不仅承载着我们对管理学科的深刻理解，更饱含着对中国管理实践的深情观察，最终凝练出以下鲜明特色：

第一，理论与实践深度交融。本教材突破传统理论罗列模式，以“战略—实践—创新”为主线，通过中国管理案例共享中心的本土标杆案例与前沿理论的有机结合，构建起具有实践指导性的知识体系。此外，教材的编写还得到了湖南省工业互联网发展研究中心的帮助，该中心长期深入产业前沿和企业，使编写团队获得了丰富的第一手案例材料。经过精心的挑选和编著，将获取的资料融入教材的内容中，构建起理论与实践深度交融的情景，促进商科人才培养面向企业实际需求导向的发展。

第二，技术赋能下的管理创新与伦理反思。教材紧跟数字化转型趋势，系统阐述人工智能、大数据等技术在人力资源管理中的创新应用。例如，教材以 AI 招聘系统为例，解析自然语言处理技术如何实现简历智能筛选与候选人画像构建，同时以美团骑手权益保护为例，分析零工经济下的社会保障与企业责任。这些新兴的鲜活实践案例和内容，不仅强化学生的问题解决能力，更培养其在复杂商业环境中的社会责任意识。

第三，全球化视野与本土化实践的双轮驱动。本教材以全球化视野与本土化实践的双轮驱动为特色，既注重国际管理经验的借鉴，又深度挖掘中国企业的创新实践。例如，教材通过讲述某国际药企整合全球人力资源数据平台实现人才高效配置的案例，展示跨文化团队管理、全球薪酬体系设计等前沿策略；同时聚焦本土企业实践，如某连锁餐饮通过“赛场制”与“合伙人计划”破解基层员工流失难题，某特殊群体就业机构通过定制化培训方案提升心智障碍者职业能力。教材通过对比分析，揭示全球化背景下管理策略的文化适配性，如远程办公工具的跨地域应用需平衡效率与员工体验，帮助读者理解如何在多元文化环境中实现管理模式的创新与落地。这种融合既拓宽了全球化视野，又提炼出具有中国特色的管理解决方案，培养学生在复杂商业环境中的战略洞察力与文化敏感性。

本教材的整体框架和教材编写要求由李复达负责拟定，具体章节分工为：第 1 章由李复达、曾扬博负责，第 2 章由耿川、唐慧霖负责，第 3 章由卓凡超负责，第 4 章由戴力、柯燕飞负责，第 5 章由李复达、焦舒然负责，第 6 章由梁光霞负责，第 7 章由章发旺、范贺贺负责，第 8 章由章发旺、范贺贺负责，第 9 章由耿川负责，第 10 章由卓凡超负责。

本教材的成书得益于学术界与企业界的智慧交融。我们向深耕人力资源管理领域的前辈学者致以诚挚敬意，正是他们构建的理论框架为本书奠定了坚实基础；衷心感谢中国管理案例共享中心的实践案例，这些鲜活的管理样本为教材注入了时代生命力。还要特别向范贺贺、柯燕飞、唐慧霖和焦舒然四位同学致以诚挚的谢意。在教材筹备阶段，四位同学主动承担起部分内容的编辑与辅助材料的编写工作，以一丝不苟的态度，对文本反复斟酌、细致修改。同时，也要衷心感谢湖大出版社的编辑团队。从编辑到校对，再到最后的出版，每一个环节，团队成员都凭借专业的素养和高度的责任心，提出极具建设性的意见，为教材顺利出版默默付出诸多心血。学界前沿理论与企业最佳实践的深度碰撞，共同孕育了本教材的核心价值。

在数字化转型与人力资源管理范式变革相互交织的时代，我们深知任何教材都无法穷尽所有的管理命题。为此，本教材将依托数字资源平台实现动态更新，持续追踪人工智能招聘、弹性工作制等前沿趋势。恳请各位专家学者与实务界同仁不吝赐教，共同为培养兼具战略视野与实践能力的人力资源管理人才贡献力量，助力中国企业在全球化竞争中构建可持续的人才优势。由于时间安排问题，加上编者水平有限，本教材有不足之处恳请读者批评指正。

李复达

于岳麓山下

2025 年 1 月

# 目录

CONTENTS

教学资源

01

# 第1章 人力资源管理导论

素质目标：培养具备敏锐洞察力和批判性思维，能够深度剖析人力资源管理实践中伦理与道德问题的职业素养；塑造具有较强沟通协调能力与团队合作精神，善于在多元文化背景下开展人力资源管理工作的综合素质。

知识目标：理解人力资源管理的基本概念和发展历程，掌握现代人力资源管理的核心职能，包括招聘与选拔、培训与开发、绩效管理、薪酬与福利管理以及劳动关系管理；掌握现代人力资源管理的战略角色，认识其在支持企业实现长期目标中的重要作用。

能力目标：能够运用人力资源管理的理论指导企业的人力资源管理实践，帮助企业优化员工管理、提升工作效率和推动组织战略的实现；能够识别并应对现代企业在人力资源管理中的关键挑战，如全球化、技术变革与多样性管理，并应用数据驱动的方法优化人力资源管理。

开篇案例

## 美团外卖"超脑系统"下的数字化劳工管理与挑战

在零工经济快速发展的背景下，美团外卖通过技术创新和灵活用工模式，构建了一个高效的外卖配送网络。依托数字化手段和智能化系统，美团不仅满足了消费者对"快速送达"的期待，还在运营管理和骑手激励方面进行了创新性探索。然而，这些创新背后也伴随着一系列引人深思的争议与挑战。

美团外卖成立于2013年，凭借团购业务积累的用户基础迅速进入外卖领域。初期美团主要采用外包模式，由第三方配送团队负责招募和管理骑手，但服务质量难以保证。随后，美团推出了自营物流模式，建立了"专送"骑手团队，通过底薪加提成的方式提高服务标准。然而，自营物流模式成本高、灵活性不足，高峰期时配送资源往往捉襟见肘。为了解决这些问题，美团于2016年引入"众包"物流模式，吸引农民工、大学生和其他兼职人员加入骑手大军，通过按单结算和无固定工作时间的方式，实现了用工成本的显著降低。

2017年，美团外卖上线了"超脑"智能物流配送系统，为订单调度和骑手管理注入了强大的技术驱动力。作为核心技术，"超脑"通过路径优化算法、机器学习和位置服务系统（LBS），实现了骑手订单分配、配送路线规划和动态调度的智能化。系统在30毫秒内综合考虑骑手位置、商家出餐时间、消费者位置等数据，快速制订最优配送方案。"超脑"不仅缩短了配送时间，还提高了配送精确度，使骑手的日均配送单量提升了46%，整体配送时长降至28分钟以内。这一系统的引入使得美团在面对庞大订单量时，能够灵活平衡供需，显著提升了用户体验。

在管理骑手方面，美团实施了多层次的激励机制，以吸引更多人参与，并提升现有骑手的工作效率。首先，美团通过简化注册流程和推荐奖励机制吸引骑手加入；其次，通过积分等级制将骑手划分为多个等级（如青铜、黄金、王者），等级越高，骑手获得的派单机会和奖励也越多。这种游戏化的激励模式增强了骑手的参与感和动力。同时，美团设置了节假日补贴、恶劣天气奖励以及每日榜单奖金等多样化的激励措施，以应对特定场景下的配送需求。除此之外，美团也通过超时率和差评率等严格的绩效考核指标约束骑手表现，超时或服务不达标的骑手可能面临扣款或限制派单的惩罚。

尽管“超脑”系统极大地提升了配送效率，但也对骑手的工作环境和权益带来了一系列负面影响。为了在不断压缩的配送时间内完成任务，骑手往往不得不违反交通规则，从而面临严重的安全风险。此外，众包模式下，骑手没有固定薪酬和社保保障，其实际收入与“月入过万”的宣传相去甚远。长时间的工作、系统算法的不透明性以及消费者评分的压力，让骑手普遍感到被压迫，甚至被称为“困在系统里的骑手”。

美团外卖的案例展示了数字化技术对人力资源管理的强大赋能，从订单调度到骑手管理无不体现出科技带来的效率红利。然而，这种以算法为核心的管理模式也暴露出零工经济模式下对劳工权益保护的不足。企业如何平衡技术效率与人性关怀，如何在高效管理与劳工权益之间找到最佳平衡点，仍是一个亟待解决的问题。我们通过该案例，不仅可以理解技术在现代管理中的作用，还能深入思考零工经济对社会、劳动者和企业的多重影响。

（案例来源：朱国玮，李思帆，张霞卫，等. 美团外卖：零工经济下的数字劳工激励[EB/OL].（2021-10-01）[2024-9-23]. http://www. cmcc-dlut. cn/Cases/Detail/5539）

从美团外卖的案例中，我们清晰地看到了现代人力资源管理在新兴经济模式下的复杂景象。一方面，数字化技术与创新的用工模式相结合，极大地提升了企业的运营效率，展现出人力资源管理在适应新经济形态时所蕴含的巨大潜力。这无疑是现代人力资源管理理念与手段不断发展进步的有力证明，也让我们深切认识到，在当今时代，人力资源管理已不再局限于传统的人事行政事务，而是深度融入企业的战略布局与业务流程之中，成为企业在激烈市场竞争中脱颖而出的关键因素。

然而，另一方面，案例中所暴露的劳工权益问题也为我们敲响了警钟。这促使我们思考，在追求效率与效益的同时，如何坚守人力资源管理的人本主义核心价值？如何在利用先进技术进行精准管理的过程中，保障员工的基本权益和尊严，营造一个公平、健康、可持续发展的工作环境？这不仅是美团外卖面临的困境，更是整个现代企业人力资源管理领域需要共同面对和解决的重要课题。

# 1.1 人力资源管理的基本概念与职能

## 1.1.1 人力资源管理的定义与演变

### 1. 人力资源管理的定义

人力资源管理(human resource management，HRM)是通过一系列系统性、科学化的流程和方法对组织内部和外部的人力资源进行规划、获取、使用、激励和发展，以确保组织目标得以实现并维持其长期竞争优势。现代企业的人力资源管理不仅限于传统的“人事管理”，还涵盖了广泛的职能领域，如招聘与选拔、培训与开发、绩效管理、薪酬福利、劳动关系管理等多个方面。

在早期，企业的人力资源管理更多地被视为一种支持性职能，主要专注于执行行政任务，如工资发放、劳动合同的签订等。然而，随着企业管理理念的进化，人力资源管理逐渐被视为企业的战略合作伙伴，企业能够通过有效的人力资源管理来推动目标的实现。这意味着人力资源不仅要管理员工的日常事务，还需要战略性地规划人才的培养与发展，以确保企业能够适应不断变化的市场环境并持续成长。

现代人力资源管理强调以人为本的管理理念，认为员工是企业最重要的资源。员工的知识、技能和创造力可以为企业创造巨大的价值。因此，如何有效地激励、培养和保留优秀人才，成为企业人力资源管理中的关键任务。尤其是在全球化和技术变革加速的今天，人力资源管理不仅要关注如何吸引顶尖人才，还要确保员工能在快速变化的市场环境中持续成长、保持竞争力。

### 2. 人力资源管理的演变

人力资源管理可以追溯到工业革命时期，随着生产方式的变革，企业的组织管理需求也发生了变化。人力资源管理从传统的人事管理阶段逐步过渡到现代战略管理，整个过程可以大致分为以下几个阶段。

(1)人事管理阶段

在人力资源管理的初期阶段，企业的人力资源管理工作主要集中在处理事务性任务，如员工的招聘、工资支付、劳动合同管理等。这一阶段的管理特点是注重对劳动法和政策的遵循，重点放在确保员工的合法权益以及满足基本的劳动力需求。传统的人事管理更类似于“后勤支持”，其主要职能是提供必要的行政支持。

这种管理模式的局限性在于其缺乏对员工个人发展的关注，员工被视为完成特定任务的资源，而非能够为企业创造长期价值的资产。管理者更倾向于执行固定的政策和流程，从而忽视了员工的个性化需求和潜能开发。

(2)人力资源管理阶段

随着企业规模的扩展和市场竞争的加剧，人力资源管理逐渐从事务性管理向更具策略性的管理方向转型。企业逐渐意识到员工不仅仅是完成工作任务的工具，更是企业最重要的战略资源。为了提高员工的工作满意度、绩效表现和忠诚度，企业开始采用更系统化和科学化的管理手段，如绩效评估系统、职业发展计划、员工培训与开发等。

在这一阶段，企业的人力资源管理工作开始聚焦于如何通过管理员工和开发员工的潜能，为企业创造更大的价值。例如，企业不再仅仅满足于员工完成工作任务，而是开始关注如何通过培训，帮助员工提升技能，从而提升企业的整体竞争力。

(3)战略人力资源管理阶段

进入 21 世纪，随着全球化的发展和技术的进步，人力资源管理经历了深刻的变革，逐步从支持性职能转变为战略性职能。战略人力资源管理(strategic human resource management，SHRM)强调人力资源管理与企业战略目标的紧密结合，不再仅仅关注企业内部的人事事务管理，而是通过人才的战略性规划来确保企业在全球市场中的竞争优势。

战略人力资源管理要求企业从长远的角度来看待员工管理，通过建立人才培养计划、提供多样化的职业发展路径、设计灵活的薪酬激励制度等手段，确保企业能够有效吸引、保留并培养关键人才。同时，企业还必须通过持续的组织变革与创新，确保其人力资源管理系统能够灵活应对市场的快速变化。

此外，战略人力资源管理还强调组织文化与企业战略的结合。企业不仅通过人力资源管理系统推动人才发展，还通过构建积极的组织文化，增强员工对企业的认同感和归属感，提升企业整体的凝聚力和竞争力。

(4)数据驱动的人力资源管理阶段

随着科技的发展，尤其是大数据和人工智能的兴起，企业越来越多地采用数据驱动的方式进行人力资源管理。这一阶段通过对员工行为、绩效表现、工作满意度等方面的数据进行深入分析，为管理者提供科学、精准的决策支持。例如，通过数据分析，企业可以更好地预测哪些员工面临离职风险，并及时采取相应的预防措施。

在算法控制方面，人工智能算法广泛应用于招聘、选拔、绩效评估和职业发展规划等领域。例如，通过简历筛选算法，企业可以快速从大量候选人中挑选出最符合岗位需求的人员；在绩效管理中，算法能够实时分析员工的工作表现，并提出改进建议或个性化的激励方案。然而，算法控制的应用也引发了公平性和透明度的问题，如何确保算法在数据偏差和决策中不带有歧视性，成为这一阶段需要关注的重点。

零工经济的发展也推动了数据驱动的人力资源管理的普及。企业通过数据平台实时管理众包员工或自由职业者，监控其任务完成情况和客户评价，以动态调整工作分配和报酬策略。比如，外卖平台使用算法优化派单效率，同时根据骑手的行为数据(如送达时间、客户评分)制定奖励或惩罚措施。这种数据驱动的管理方式提高了效率，但也带来了劳动权益保护的挑战，员工可能因算法所带来的过于严格的考核而感到压力。

数据驱动还显著影响了领导职能的自动化。借助智能化工具，传统的人力资源管理任务如工作分配、团队协作优化、绩效反馈等逐步实现了自动化。领导者可以通过数据仪表盘实时掌握团队动态，例如识别团队中高潜力员工或预测团队士气变化，从而将更多精力集中在战略性决策上。这种自动化使得管理更加高效，但也可能导致领导与员工间的情感联系减弱，需要企业在技术使用与人性化管理之间取得平衡。

此外，数据驱动的人力资源管理为多样性管理和全球化人才战略提供了有力支持。通过全球范围的数据收集与分析，企业能够识别文化差异、性别失衡及薪酬不公等潜在问题，并制定针对性的政策。例如，人工智能(AI)工具可以帮助企业监测招聘流程中的性别或种族偏见，推动多样性和包容性的实践。同时，全球化人才数据平台使得跨地域的员工管理更加高效，帮助企业在不同市场和文化背景下实施灵活的人才战略。

知识拓展

## 现代人力资源管理的特点

现代人力资源管理与传统人事管理最大的不同在于其战略性和数据驱动特征。以下是现代人力资源管理的主要特点：

1. 战略导向

现代人力资源管理与企业的战略紧密结合，通过人才规划、培养和激励，帮助企业实现长期的战略目标。

2. 以员工发展为核心

现代人力资源管理非常关注员工的个人发展，认为员工的长期职业发展对企业的成功至关重要。

3. 数据驱动决策：

随着大数据和AI技术的发展，人力资源管理越来越依赖数据来优化招聘、培训、绩效管理等流程。

4. 全球化与多样性管理

现代企业往往要在全球市场中竞争，因此需要应对跨文化管理的挑战。人力资源管理不仅要管理本地员工，还要处理跨文化团队的管理问题，确保企业文化在全球范围内的一致性和适应性。

## 1.1.2 人力资源管理的核心职能与作用

### 1. 人力资源管理的核心职能

人力资源管理的核心职能主要涵盖企业中对员工生命周期的管理，即从招聘、培训、绩效管理到薪酬福利的整个过程。这些职能不仅仅是对员工的事务性管理，更是通过有效的管理手段，确保员工的能力得以充分发挥，并且与企业的战略目标保持一致。以下是人力资源管理的几项核心职能。

(1)招聘与选拔

招聘与选拔是人力资源管理的基础职能，也是企业获得合适人才的首要环节。企业通过有效的招聘和选拔机制，能够吸引到符合岗位需求的候选人，并确保他们能够融入企业的文化和价值体系。现代招聘不仅依赖于传统的招聘渠道，如职业网站、校园招聘和猎头公司，还通过社交媒体和内部推荐等方式广泛获取潜在人才。

在选拔过程中，企业采用多种评估方法，包括结构化面试、情境模拟、心理测试等工具，确保招聘的科学性和公平性。选拔过程不仅考查候选人的技能和经验，还包括评估其价值观、性格同企业文化的契合度。招聘的精准性直接影响企业的未来发展，因为招聘到不合适的人才可能会导致高昂的管理和培训成本，同时影响团队的整体绩效和士气。

此外，随着技术的发展，许多企业引入了人工智能和大数据分析等工具，提升招聘流程的效率。通过 AI 的简历筛选、在线评估工具，企业能够更加快速、精准地找到符合岗位需求的候选人。简单来说，现阶段的招聘流程通常包括以下步骤：求职者通过网络平台投递简历，人工智能系统进行简历筛选，并自动发送面试通知和流程说明；随后，求职者完成人工智能支持的异步视频面试，系统根据面试表现自动生成评分报告；最后，企业根据评分结果对候选人进行进一步面试和评估。

(2)培训与开发

培训与开发是人力资源管理的重要职能，旨在通过系统的培训项目和职业发展规划，帮助员工提升技能、积累知识和改善工作表现。员工的培训需求多种多样，既包括技术技能的提升，如行业标准的落实、技术工具的使用，也包括软技能的培养，如领导力的增强、沟通技巧的运用等。

培训与开发可以分为三类：

①入职培训。帮助新员工了解企业的文化、制度和工作流程，确保他们能够快速适应新岗位。

②在职培训。为现有员工提供持续的职业技能发展，确保他们能够适应岗位变化和企业发展需求。

③领导力开发。为潜在的管理层提供管理技能培训，帮助他们为未来的领导岗位做好准备。

培训与开发不仅有助于提高员工的工作能力，还能增强员工的工作满意度和忠诚度，减少员工的离职率。许多企业通过建立内部培训学院或与外部机构合作，定期为员工提供个性化的学习机会。例如，谷歌(Google)的“Google University”就是一个广为人知的内部培训体系，通过线上和线下课程相结合，为员工提供广泛的学习资源。

(3)绩效管理

绩效管理是企业对员工工作表现进行评估和反馈的过程。有效的绩效管理不仅能够激励员工提升工作效率，还能帮助企业识别表现优异的员工，为其提供晋升和发展机会。绩效管理通常通过关键绩效指标(key performance indicators，KPI)和目标与成果管理(management by objectives，MBO)等方式进行。企业依据员工的岗位职责和公司的战略目标，设定明确的绩效标准，并定期评估员工的工作表现，同时提供建设性的反馈意见。

现代绩效管理逐渐摆脱了传统的年度或半年度考核模式，转向“实时反馈”模式。通过更频繁的沟通和反馈，企业能够帮助员工及时调整工作方向，确保其工作表现始终与企业目标保持一致。此外，越来越多的企业引入了360度反馈机制，不仅管理者，员工的同事、下属，甚至客户也可以参与反馈。这种多维度的评价方式提供了更加全面、客观的评估结果，帮助员工发现改进空间，促进其全面发展。

随着人工智能技术的普及，AI在绩效管理中的应用也日益增多。例如，某些咖啡店通过AI监控员工的工作表现，包括制作饮品的速度、服务的质量和客户反馈等数据，实时生成绩效报告。这种技术不仅提高了绩效管理的精确度，还能够快速识别优秀员工和企业需要改进的方面。然而，这种做法也引发了侵犯员工隐私和给员工造成压力的担忧，企业需在效率与人文关怀之间找到平衡。通过合理使用AI技术，企业可以更科学地管理绩效，同时维护员工的工作积极性和满意度。

(4)薪酬与福利管理

薪酬管理是人力资源管理中最为敏感的职能之一，合理的薪酬体系不仅可以吸引和留住人才，还能够激发员工的工作积极性。现代企业的薪酬体系通常由固定工资、绩效奖金、股票期权和长期激励计划等多元化组成部分构成。关于股票期权的简单激励逻辑如图1-1所示。

在设计薪酬方案时，企业不仅要考虑行业内的薪资水平，还要结合员工的绩效、岗位价值和市场供需情况。为了确保薪酬的公平性和竞争力，许多企业会进行定期的薪酬调查，了解同行业的薪酬水平，并根据市场变化调整薪酬结构。此外，许多企业采用了灵活薪酬，例如绩效奖金和股权激励，确保员工的收入与企业的绩效挂钩，激发员工的

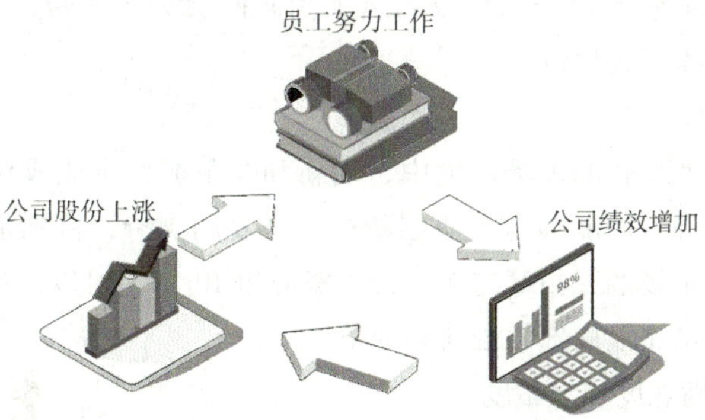


图 1-1 股票期权的简单激励逻辑

工作动力。

除了薪酬外，企业还提供各种福利，如医疗保险、带薪休假、退休计划等，以增强员工的工作满意度和归属感。随着工作方式的变化，许多企业还开始提供更多的弹性福利，如远程办公政策、健康计划、职业发展支持等，确保员工在工作中保持身心健康。

(5) 劳动关系管理

劳动关系管理涉及企业与员工之间的法律、契约、协商等事务，确保员工的权利得到尊重，同时维护企业的利益。劳动关系管理的关键在于通过协商、沟通和政策制定，平衡员工和企业之间的利益，避免不必要的劳动纠纷和冲突。企业在劳动关系管理中通常需要遵循国家劳动法律、法规，并根据法律要求制定企业内部的劳动合同、员工手册和薪酬政策等文件。此外，企业还需建立完善的内部申诉和沟通渠道，以确保员工能够及时反馈问题，管理层能够快速处理员工的反馈。全球化的企业在不同国家和地区运营时，面临不同的劳动法律和文化背景，因此在全球范围内的劳动关系管理更加复杂。例如，跨国企业在不同国家设立分公司时，可能需要适应不同的劳动法律、法规，并调整相应的合同和福利政策。

### 2. 人力资源管理的作用

人力资源管理不仅仅是一种操作性职能，它通过有效的管理手段在企业的长期发展中起到了至关重要的战略作用。以下是人力资源管理的主要作用。

(1) 支持企业战略目标的实现

人力资源管理通过招聘、培训和开发等方式，确保企业在实现战略目标的过程中拥有所需的高素质人才。通过科学的人力资源规划，企业能够更好地应对市场变化，提升组织的灵活性和应变能力。

(2) 提升组织绩效

通过有效的绩效管理和激励机制，人力资源管理能够激发员工的潜能，提高工作效率，并推动企业整体绩效的提升。高效的员工团队能够为企业带来更强的市场竞争力，推动企业在行业内取得领先地位。

(3)推动企业创新与变革

现代企业处于快速变化的市场环境中，创新和变革成为企业成功的关键。通过有效的人才管理，人力资源管理能够为企业创新提供必要的支持，特别是在推动新技术、新业务模式的应用和新市场的开拓等方面。人力资源(HR)部门可以通过培养创新型人才和鼓励跨部门合作，推动企业内部的创新和变革。

(4)增强员工的满意度和忠诚度

合理的薪酬福利制度、职业发展机会和积极的企业文化能够增强员工的工作满意度和忠诚度，减少员工流失率。通过提供良好的工作环境和福利待遇，企业能够吸引并留住优秀人才，确保企业的人才队伍稳定。

(5)改善组织文化与员工关系

通过积极的劳动关系管理和员工沟通，人力资源管理能够推动良好的组织文化建设，增强员工的归属感和认同感。和谐的组织文化不仅能够提升员工的工作动力，还能增强团队的凝聚力，提升企业整体的工作效率。

## 1.2 人力资源管理的理论

人力资源管理理论诞生于20世纪初，为企业的人力资源管理实践提供了基础框架和思想指导，理解这些理论有助于企业优化员工管理、提升工作效率和推动组织战略的实现。以下是对人力资源管理影响深远的经典理论。

### 1.2.1 马斯洛需求层次理论

马斯洛需求层次理论(Maslow's hierarchy of needs)由亚伯拉罕·马斯洛(Abraham Maslow)提出，认为人的需求是分层次的，按生理需求、安全需求、社交需求、尊重需求和自我实现需求逐级上升。马斯洛需求层次金字塔如图1-2所示。这一理论广泛应用于人力资源管理，尤其是在员工激励和福利设计中。人力资源管理通过满足员工在不同层次的需求，来激励员工的工作积极性。

#### 1. 生理需求

生理需求是人类最基本、最强烈的需求，是维持个体生存和种族延续所必需的需求。包括对食物、水、空气、睡眠、性等方面的需求。例如，一个饥饿的人会优先寻找食物

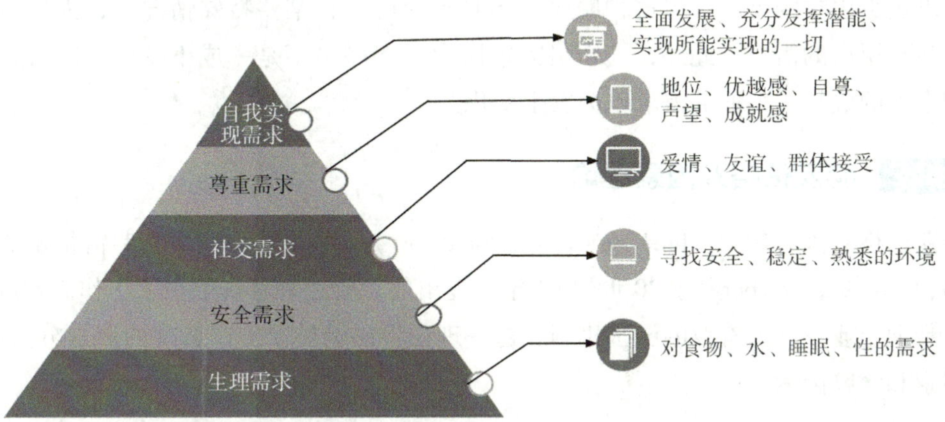


图 1-2 马斯洛需求层次金字塔

来满足生理需求。在极端情况下，人们可能会为了获取食物而采取冒险的行为。当生理需求得不到满足时，人的生命会受到威胁，其他需求也会变得次要。

### 2. 安全需求

安全需求是在生理需求得到满足后产生的，包括对人身安全、健康保障、资源所有性、财产安全性、工作职位保障、家庭安全等方面的需求。例如，人们会选择住在安全的社区、购买保险、寻找稳定的工作等，以确保自己和家人的安全。当处于战争、自然灾害等不稳定的环境中时，人们的安全需求会更加突出。

### 3. 社交需求

社交需求也称为爱与归属需求，包括对友谊、爱情、亲情、群体归属感等方面的需求。例如，人们会参加社交活动、加入社团组织、与他人建立亲密关系等，以满足自己的社交需求。孤独感和社交隔离会对人的心理健康产生负面影响，而良好的社交关系则可以带来幸福感和满足感。

### 4. 尊重需求

尊重需求包括对自尊、自信、成就感、他人对自己的尊重和认可等方面的需求。例如，人们会努力工作以获得成就和认可，追求社会地位和声誉，注重自己的形象和尊严等。尊重需求的满足可以增强人的自信心和自尊心，提高人的生活质量。

### 5. 自我实现需求

自我实现需求是马斯洛需求层次理论中的最高层次，是指实现个人理想、抱负，发挥个人的能力到最大程度，完成与自己的能力相称的一切事情的需求。例如，艺术家追求创作的完美、科学家致力于探索真理、企业家追求事业的成功等。自我实现需求的满足可以带来深刻的幸福感和满足感，是人类不断进步和发展的动力。

马斯洛认为，这些需求是按照层次逐级递升的，当低层次的需求得到满足后，人们才会追求更高层次的需求。但这种顺序并不是绝对的，在某些特殊情况下，人们可能会优先满足高层次的需求。此外，马斯洛需求层次金字塔也不是一成不变的，随着社会的发展和个人的成长，人们的需求也会发生变化。

## 1.2.2 赫茨伯格双因素理论

赫茨伯格双因素理论（Herzberg's two-factor theory）是由美国心理学家弗雷德里克·赫茨伯格（Frederick Herzberg）于20世纪50年代提出的，旨在解释影响员工工作满意度的因素，并帮助企业设计出有效的激励机制。这一理论将影响员工工作态度的因素分为两类：保健因素和激励因素。

### 1. 保健因素

保健因素指的是那些与工作环境和基本条件相关的因素。这些因素的存在不会增加员工的满意度，但如果缺乏，会导致员工的不满。也就是说，保健因素是企业需要为员工提供的基础条件，确保员工不会产生负面情绪。常见的保健因素包括以下几项。

（1）薪酬

员工期望得到合理的工资，如果工资不足，员工会产生不满。但即使薪资合理，也未必能激励员工更努力工作。

（2）工作环境

良好的工作环境（如安全、舒适的办公设施）可以减少员工的抱怨，但并不会直接提高员工的积极性。

（3）公司政策与管理

公平透明的管理政策和有效的公司制度能减少员工对公司的不满，但这些政策通常不足以激发员工的高绩效。

（4）人际关系

员工与上级、同事、下属的关系影响工作氛围，良好的人际关系可以防止摩擦，但不会激发更高层次的工作动机。

（5）工作安全感

员工希望有稳定的工作，感到职位安全。如果缺乏安全感，员工可能会担忧未来，进而降低工作满意度。

### 2. 激励因素

激励因素是那些与工作本身的内容和性质相关的因素，它们能直接激发员工的工作积极性和创造力。当这些因素存在时，员工会感到满意，并且愿意投入更多的精力和创造力来工作。常见的激励因素包括以下几项。

(1)成就感

当员工通过完成工作任务获得成就感，他们会感到满足，并且愿意继续挑战新的工作目标。

(2)责任感

赋予员工更多的责任感和自主权可以让员工感到信任和认可，从而激发他们承担更多责任的动力。

(3)工作本身的挑战性

员工倾向于希望承担更具挑战性的工作，认为这不仅能展示他们的能力，还能获得更多的职业发展机会。

(4)认可与奖励

企业对员工表现的认可和奖励(如公开表扬、奖金等)可以提升员工的自我价值感，激发他们继续努力的动力。

(5)晋升机会

员工希望通过努力获得更高的职位和更多的职业发展机会，晋升机制能够激发他们的长期工作热情。

赫茨伯格双因素理论在企业中的应用广泛，例如，谷歌通过提供优越的工作环境(如先进的办公设施、健康饮食等)，确保员工不会因为工作环境而感到不满，这是保健因素的体现。谷歌同时利用了激励因素，通过给予员工自主选择项目的权利，以及提供充满挑战的工作任务和创造力展示的机会，极大地激发了员工的创新精神和工作投入。

又如，华为通过高薪和良好的工作条件(保健因素)，确保员工的基本需求得到满足。同时，华为提供较多的晋升机会(激励因素)，通过实行严格的绩效考核机制和给予员工高自主权，激励员工为了实现职业发展和满足成就感而不断努力。

### 1.2.3 期望理论

期望理论(expectancy theory)是由心理学家维克多·弗鲁姆(Victor Vroom)于 1964 年提出的动机理论，用于解释员工在工作中的行为动机。期望理论认为，员工的工作动机取决于他们对三大因素的判断：期望值(expectancy)、工具性(instrumentality)和效价(valence)。换句话说，员工的行为是基于他们期望努力能带来成果，以及这些成果是否有吸引力。通过理解期望理论，企业可以设计更有效的激励机制，提升员工的工作动机和绩效。

#### 1. 期望值(expectancy)

期望值指的是员工认为自己的努力是否会带来良好的工作表现，简单来说就是员工的自我效能感。如果员工认为，即使付出了努力，也未必能够取得好的工作表现，那么他们的动机就会降低。影响期望值的因素包括以下几项。

(1)技能与能力

员工是否具备完成任务所需的技能和能力。

(2)可用资源

员工是否拥有完成任务所需的资源，如时间、工具和人手。

(3)任务难度

任务的难易程度是否与员工的能力相匹配。

(4)支持与培训

员工是否得到足够的支持和培训，以提升他们的表现。

### 2. 工具性（instrumentality）

工具性指的是员工认为良好的工作表现是否会带来期望的结果或奖励。只有员工相信他们取得了好的表现，就会得到相应的奖励，才能产生工作动机。如果员工认为，绩效与奖励之间并无明显关联，他们的工作动机会受到影响。影响工具性的因素包括以下几项。

(1)绩效与奖励的明确联系

员工是否清楚知道工作表现和奖励之间的关系。

(2)公平性

员工是否认为奖励分配是公平的，是否感到所有人都受到同等对待。

(3)组织的可信度

企业是否信守承诺，兑现其对员工的奖励。

### 3. 效价（valence）

效价指的是员工对某一结果或奖励的重视程度。如果员工对某个奖励(如加薪、晋升、表彰)有高度的兴趣和需求，他们会更加努力去争取。但如果某个奖励对员工没有吸引力，即使员工认为自己能够取得好成绩，他们的工作动机也不会高。影响效价的因素包括以下几项。

(1)个人目标

员工的个人职业目标和工作动机。

(2)奖励的吸引力

企业提供的奖励是否与员工的需求相符(如薪资提升、职业发展、福利待遇等)。

(3)个人价值观

员工的价值观将影响他们对奖励的期望和渴望。

图 1-3 为期望理论流程图，该图展示了期望理论的三个关键要素如何影响员工的动机和最终的工作表现：

期望值：努力→表现；工具性：表现→奖励；效价：奖励→员工期望和动机。

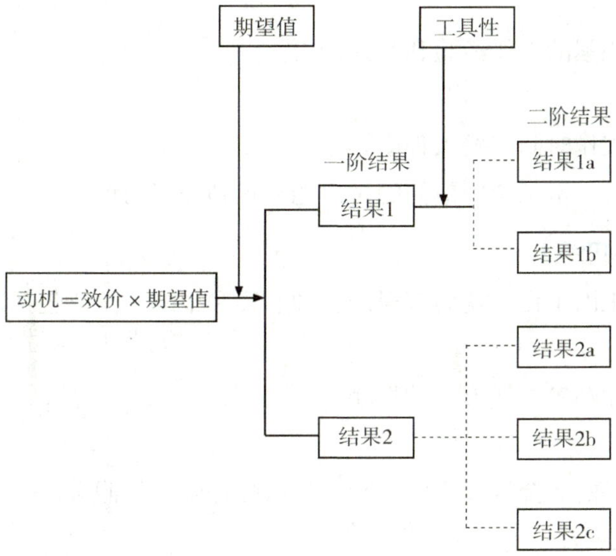


图 1-3 期望理论流程图

期望理论常用于设计绩效评估和激励计划。企业在设定激励时，需要确保奖励足够吸引员工，并且让员工看到他们通过努力可以实现这些奖励。例如，企业可以通过明确的绩效标准，保证员工的努力能够与结果挂钩，进而激发员工的工作积极性。

### 1.2.4 公平理论

公平理论(equity theory)是由美国心理学家约翰·斯塔西·亚当斯(John Stacey Adams)于1963年提出的一种动机理论，旨在解释员工如何通过比较自身的付出与回报来判断公平性，并由此影响他们的工作态度和行为。公平理论认为，员工不仅关注自己得到的绝对报酬，还会将自己的付出与回报同他人的进行比较。如果感到不公平，员工可能会采取各种行动来恢复平衡，这些行动可能包括降低工作努力、要求加薪或甚至离职。

公平理论的基础是员工在工作中的付出(inputs)和回报(outcomes)。员工通过比较自己与他人的付出和回报比值，来判断是否受到公平对待。

#### 1. 付出(inputs)

付出指的是员工为完成工作而投入的各种资源和付出的努力，主要包括以下方面。

(1)努力

员工为完成工作任务所付出的体力和脑力劳动。

(2)技能与能力

员工的专业技能和知识水平。

(3)教育背景

员工为提升工作能力所接受的教育和培训。

(4)经验

员工在工作中积累的工作经验和实践能力。

(5)工作时间

员工所花费的工作时间和投入程度。

就付出层面而言，员工希望他们的付出能够得到公正的评价。

### 2. 回报（outcomes）

回报指的是员工因工作表现而获得的各种奖励和报酬，主要包括以下方面。

(1)薪酬

工资、奖金、津贴等金钱形式的报酬。

(2)福利

企业为员工提供的非金钱形式的福利，如医疗保险、休假等。

(3)职业发展机会

员工通过工作获得的晋升、学习和发展的机会。

(4)认可与荣誉

员工通过努力获得的表扬和认可。

就回报层面而言，员工期望自己的回报能够与其付出相匹配，回报越多，员工越感到满意。

### 3. 参照对象（referents）

参照对象指的是员工在进行付出与回报比较时所选择的对比对象。这些对象可能是同事、行业同行、朋友，甚至是过去的自己。参照对象比较可以分为以下几类。

(1)内部比较

员工将自己的付出和回报与同一个组织中的其他员工进行比较。

(2)外部比较

员工将自己的付出和回报与其他公司相同职位的员工进行比较。

(3)自我比较

员工将自己当前的付出和回报与自己过去的付出和回报进行比较。

### 4. 公平感与不公平感

根据公平理论，当员工比较其付出与回报的比值时，会产生以下两种情况。

(1)产生公平感

员工认为自己所付出的努力与获得的回报成正比，与参照对象的比值相近，此时员工感到公平，对工作感到满意，愿意继续维持当前的工作表现。

(2)产生不公平感

员工认为自己的付出与回报不匹配，特别是当他们感到回报少于参照对象时，会产生不公平感。这种不公平感会导致员工采取以下行动来恢复心理上的平衡：

①调整付出。如果员工感到回报不足，他们可能会减少工作投入，降低工作努力程度。例如，他们可能减少工作时间，或者对任务的执行变得敷衍。

②调整回报。员工可能会通过要求加薪、晋升或其他形式的奖励来增加自己的回报，以恢复平衡。如果企业不能满足这种要求，员工的满意度会下降。

③改变参照对象。员工可能会改变比较对象，选择不同的同事或行业标准进行比较，以减轻不公平感。例如，员工可能将比较对象从高薪职位转向类似职位的员工。

④离职。如果员工认为无法通过调整付出或回报来恢复平衡，他们可能会选择离职，寻求更加公平的工作环境。

知识拓展

## 公平理论与企业的薪酬和激励制度

公平理论为企业提供了制定薪酬和激励制度的重要参考。HR 部门需要确保员工的付出和回报之间的平衡，防止员工因感到不公平而产生负面情绪，进而影响企业的整体绩效。

1. 薪酬与福利设计

公平理论强调员工不仅关注自己的绝对收入，还会与其他员工或行业水平进行比较。企业在设计薪酬体系时，应该确保同一岗位的员工在薪酬和福利方面的待遇相近，避免因差异过大导致员工的不满情绪。例如，通过薪酬调查了解市场薪资水平，并根据行业标准设定合理的工资。

2. 绩效评估与奖励

在绩效评估和奖励机制的设计中，公平性至关重要。企业需要确保每位员工的绩效评估标准透明且合理，并通过公开、客观的方式进行评估与奖励，避免员工因感受到绩效评估不公而降低工作积极性。例如，许多企业会使用关键绩效指标或目标与关键成果(objectives and bey result，OKR)工具，确保绩效评估的标准与结果透明、公平。

3. 激励机制的公平性

激励机制的公平性直接影响员工的工作动机和忠诚度。企业应确保不同部门或职位之间的激励措施具有一致性，避免某些群体感到被忽视或不公平。例如，在销售团队中，企业通常会根据个人销售业绩发放奖金，但必须确保所有销售人员的业绩标准一致，奖金计算方法透明公开。

公平理论在企业中的应用十分广泛，比较著名的当数阿里巴巴的薪酬制度。阿里巴巴通过内部和外部的薪酬调查，确保员工的薪酬待遇在市场上具有竞争力，同时保证同岗位员工之间的薪酬透明度。阿里巴巴通过系统化的薪酬结构，使员工感到薪酬分配的公平性，提升了员工的满意度和忠诚度。

公平理论与其他动机理论，如期望理论和赫茨伯格双因素理论，都涉及员工对工作回报的期望和感知，但其核心区别在于它强调了相对比较过程和心理平衡的重要性，具体对比见表 1-1。

表 1-1　公平理论 vs 其他动机理论

| 理论 | 核心要素 | 应用场景 |
|---|---|---|
| 公平理论 | 员工的付出与回报的比值，与他人的比值相比较，产生公平感 | 薪酬设计，激励计划，员工满意度管理 |
| 期望理论 | 期望值、工具性、效价，员工相信付出能带来相应的回报 | 绩效管理，奖励体系设计，员工激励 |
| 赫茨伯格双因素理论 | 保健因素（减少不满）、激励因素（增加满意度） | 提高工作满意度，减少员工的不满情绪 |

知识拓展

## 现代人力资源管理与传统人力资源管理的对比

现代人力资源管理与经典人力资源管理的根本区别在于其关注点和实施方式的不同。传统人力资源管理通常以日常事务性工作为重点，而现代人力资源管理则以服务企业长期战略目标为核心，将人力资源管理从被动支持转变为主动推动组织发展的关键动力，其详细对比如表 1-2 所示。

表 1-2　传统与现代人力资源管理对比

| 项目 | 传统人力资源管理 | 现代人力资源管理 |
|---|---|---|
| 管理重点 | 日常招聘、培训和基础管理 | 与企业战略目标一致的人才储备和绩效管理 |
| 目标设定 | 短期绩效目标 | 长期战略目标与员工绩效的有机结合 |
| 激励机制 | 基础薪酬与短期奖励 | 长期激励计划，增强员工与企业的长期绑定 |
| 人才管理 | 以岗位为核心，关注当前职位 | 以人才发展为核心，关注员工的长期潜力 |
| 企业文化 | 被动接受企业文化 | 主动通过文化塑造推动企业战略的实现 |

# 1.3 现代人力资源管理中的挑战与创新

## 1.3.1 全球化与技术变革下的人力资源管理挑战

在全球化和技术迅速发展的背景下，现代企业面临着更加复杂的人力资源管理挑战。企业不仅要应对跨文化团队管理、多元化员工需求的挑战，还要适应新兴技术带来的工作方式变革和对技能要求的变化。全球化和技术变革正在从多个层面改变企业的人力资源管理模式，对 HR 部门提出了全新的要求。

### 1. 全球化带来的跨文化管理挑战

全球化使得企业的业务和员工遍布世界各地，带来了巨大的跨文化管理挑战。不同国家的文化、法律、法规、员工期望和工作方式各不相同，如何平衡全球一致性与本地适应性是人力资源管理中的关键问题。这给企业的人力资源管理带来了诸多挑战，主要表现在以下几个方面。

(1)跨文化团队的复杂性

在一个全球化企业中，管理跨文化团队已成为 HR 部门的常见任务。文化差异影响着工作方式、沟通风格、决策过程等方面。例如，在美国等西方国家，员工通常鼓励表达个人观点和独立决策，而在日本等东方文化中，团队合作和集体决策更为重要。这些差异不仅影响团队合作，还可能导致冲突和误解。为了克服这些问题，企业需要加强跨文化培训，帮助员工理解不同文化背景下的沟通方式和工作习惯。一个成功的案例是联合利华(Unilever)，该公司通过全球化的跨文化沟通培训，减少了跨国团队之间的文化冲突，提升了整体团队的凝聚力和工作效率。

(2)本地化适应需求

全球企业在不同地区运营时，必须适应当地的法律、文化和市场条件。例如，劳动法、工作习惯、福利期望等因素在各国都有显著差异。HR 部门需要根据这些差异调整策略，以符合当地的法规要求和员工期望。跨国企业常常需要在多个法律框架下运营，处理不同的劳工关系、福利方案和税务要求。在东南亚市场，许多国家的劳动法规定了员工的特殊权益，如带薪假期和健康保险。跨国企业在进入这些市场时，HR 部门需要灵活调整政策，确保符合本地的法律规定，并且能够吸引当地优秀人才。例如，苹果公司通过在不同国家制定本地化的劳动政策，成功适应了全球不同市场的需求。

(3)全球人才流动与竞争

全球化推动了人才的国际流动，高技能人才在国际市场中的需求激增。企业不仅面临来自本地市场的竞争，还要与其他跨国企业竞争高素质的国际化人才。在技术行业，如人工智能、大数据等领域，全球人才争夺尤为激烈。例如，谷歌和微软(Microsoft)等科技巨头在全球范围内争相招聘顶尖技术人才，通过提供有竞争力的薪酬、全球职业发展机会和灵活的工作环境来吸引和保留顶尖人才。这一趋势使得 HR 部门必须制定更加灵活的招聘策略，并为员工提供全球职业发展机会。

### 2. 技术变革带来的工作方式变革与技能需求变化

随着科技的飞速发展，尤其是人工智能、大数据、云计算、区块链等新兴技术的普及，现代企业的工作方式和对人才的技能要求发生了显著变化。这些技术不仅改变了企业的生产和运营方式，也对人力资源管理提出了新的挑战。

(1)远程办公与混合工作模式的普及

在数字化技术支持下，远程办公和混合工作模式在全球范围内快速普及，尤其是受新冠疫情的推动，越来越多的企业采用了这种灵活的办公方式。这种趋势大大改变了传统的工作模式，使得员工不再局限于在办公室内完成任务，而可以通过数字化工具在全球任何地方工作。然而，远程办公也带来了许多新的挑战，例如，如何确保员工的工作效率和团队的协作，以及如何保持远程办公的员工的归属感和企业文化认同感。为了应对这些问题，企业需要通过新的绩效评估方式(如 OKR 和 KPI 的实时监控)来调整考核标准，同时需要依靠先进的协作工具，如 Slack、Microsoft Teams 等，保持高效沟通。

(2)技能需求的快速变化

技术变革的另一个显著影响是对员工技能的要求发生了快速变化。人工智能、大数据分析、自动化工具等新技术的应用，要求员工具备更多的技术能力和数据分析能力。这些变化使得一些传统岗位逐渐被自动化技术所替代，而新的工作岗位不断涌现。企业需要不断培养现有员工的新技能，以确保他们能够适应技术变革带来的新要求。例如，随着 AI 技术的广泛应用，越来越多的企业开始采用智能化工具进行数据处理、客户管理和生产流程优化。为了跟上这一趋势，HR 部门需要为员工提供相应的技术培训和学习机会，帮助他们提升数字技能，避免技能落后导致的“技能鸿沟”问题。此外，企业还需要通过灵活的招聘策略，吸引具备新兴技术背景的专业人才。

(3)人工智能和自动化对人力资源管理的影响

人工智能和自动化技术的广泛应用不仅改变了企业的运营方式，也极大地影响了人力资源管理的流程。通过 AI 技术，HR 部门能够在招聘、绩效管理、员工发展等方面实现自动化，从而提升工作效率。例如，AI 可以通过自然语言处理技术分析大量求职者简历，并筛选出最符合岗位需求的候选人。此外，AI 还可以预测员工的离职风险，并提供相应的预防措施。例如，在招聘过程中，AI 技术可以通过分析大量求职者的简历数据，快速筛选出最符合岗位要求的候选人。通过自然语言处理(NLP)和机器学习算法，企业能够识别候选人的潜在能力和匹配度，从而缩短招聘时间并提高招聘质量。此外，AI 技术还可以用于员工绩效分析，通过对员工工作表现的大数据分析，帮助 HR 部门制定更加精准的绩效管理策略。然而，尽管技术带来了效率的提升，也带来了一些新问题。例如，AI 技术的使用可能会引发隐私泄露和算法偏见的问题，企业需要确保其使用的技术具有透明性和公平性，避免对员工造成不公平的影响。

### 3. 员工心理健康与工作福祉的管理挑战

随着全球化和技术变革的加速，现代员工面临的工作压力也在增加。尤其是在远程办公和技术驱动的工作环境下，员工的工作与生活之间的界限变得更加模糊，许多人面临着工作过度、心理压力和焦虑问题。这给 HR 部门提出了新的挑战，即如何确保员工的心理健康和工作福祉。现代企业需要更加关注员工的心理健康状况，实施员工支持计划(employee assistance programs，EAP)，为员工提供心理咨询和情感支持。此外，企业还可以通过提供弹性工作时间、设立休息空间和鼓励健康的生活方式，帮助员工平衡工作与生活，减少心理压力。HR 部门还可以通过定期的员工满意度调查和心理健康评估，及时了解员工的需求和困难，并提供相应的支持。

(1)工作压力增加与员工心理健康

全球化和竞争压力加大，使得许多员工面临高强度的工作要求和长期的心理压力。研究表明，超过 70% 的员工表示由于工作压力导致身心疲惫和焦虑。这不仅会影响员工的工作表现，还会导致员工的健康问题和企业的生产效率下降。HR 部门需要建立并完善员工心理健康支持体系，如实施员工支持计划，为员工提供心理咨询、工作生活平衡建议和健康管理服务。此外，许多企业也开始采用灵活的工作制度，提供额外的休假、心理健康日等，帮助员工缓解压力。

(2)工作与生活平衡问题

随着远程办公模式的普及，员工的工作时间和休息时间变得更加模糊，许多人在下班后依然处理工作任务。这种长期的工作状态不仅导致员工的身心疲惫，还容易引发家庭矛盾。为了帮助员工实现工作与生活的平衡，企业需要制定更加灵活的工作政策，例如允许员工设定“工作界限”，即在特定时间段内拒绝接受工作任务。谷歌公司推出的“工作生活平衡计划”就是一个成功的例子，该公司通过安排灵活的工作时间和制定丰富的休假制度，帮助员工保持身心健康，同时提高了员工的工作满意度和忠诚度。

(3)工作福祉的提升

企业越来越多地认识到，员工的工作福祉不仅关乎其心理健康，也影响着企业的整体绩效。提供优质的工作环境、良好的福利待遇和职业发展机会，可以极大地提升员工的工作积极性和忠诚度。例如，胖东来通过为员工提供免费的健康餐、健身房、医疗保险等福利，创造了积极的工作环境，提升了员工的幸福感和工作满意度。这种以员工福祉为导向的管理模式，不仅帮助企业留住了顶尖人才，还提高了整体的生产力。

## 1.3.2 创新应对策略：现代人力资源管理的工具与方法

随着全球化和技术的快速发展，现代企业在人力资源管理中面临着复杂的挑战。为了解决这些问题，HR 部门必须依靠创新的工具和方法来进行高效管理。以下是国内外常见的创新应对策略，帮助企业在全球竞争中保持竞争力，同时有效应对本地化需求。

### 1. 跨文化团队管理工具与策略

在全球化的背景下，企业需要跨文化管理工具来有效地管理分布在不同国家和地区的员工团队。跨文化管理涉及沟通、协作、文化差异、工作方式等多方面的内容，如何应对这些挑战是现代人力资源管理的重要任务。

(1) 跨文化培训与文化敏感性提升工具

全球化的发展使得跨文化培训成为企业在全球业务拓展中的一项核心工作。CultureWizard 和 GlobeSmart 等工具为全球范围内的企业提供跨文化培训，帮助员工理解和尊重不同文化的背景和行为模式。这些培训工具利用在线平台的优势，提供多语言版本，能够定制化培训课程，帮助员工快速掌握在跨文化团队中的沟通技巧。

在中国，越来越多的企业进行了全球化拓展，钉钉和企业微信不仅提供了沟通平台，还结合了多元文化管理的模块，通过实时翻译、语言选择等功能，促进跨国团队间的沟通协作。例如，阿里巴巴旗下的钉钉提供了国际化的版本，帮助分布在世界各地的员工更好地融入全球团队的工作中。

(2) 虚拟协作平台

随着远程办公的兴起，企业愈发依赖虚拟协作工具来维持跨文化团队的高效运作。除了国外的常用工具如 Slack、Microsoft Teams 和 Zoom，中国企业也常用国内的协作平台。这些平台不仅能满足实时沟通的需求，还集成了任务分配、项目管理、文件共享等功能，帮助跨文化团队保持高效的合作。

例如，字节跳动通过企业微信管理其全球的研发团队，并通过钉钉进行项目的实时追踪和进展汇报。在这些平台的支持下，跨文化团队能够突破时区和语言的障碍，保障沟通的畅通无阻，并提高团队的工作效率。

(3) 全球绩效评估与反馈机制

在跨文化管理中，绩效评估的标准往往存在很大差异。例如，西方文化倾向于公开讨论和直接反馈，而在东方文化中，反馈可能更含蓄。因此，企业需要灵活调整全球绩效管理的方法，确保不同文化背景下的员工都能接受合理的评价。Workday 和 SAP Success Factors 等工具为企业提供了一体化的全球绩效管理解决方案，能够根据各地区的文化特点设定绩效考核标准，确保全球员工在统一的框架下进行个性化的评估。在中国，北森是领先的人才管理平台，通过提供灵活的绩效管理系统，帮助企业设定员工绩效目标、实时跟踪表现，并通过定期反馈机制确保员工保持高效的工作状态。北森的系统帮助管理者根据员工的反馈和工作表现及时调整策略，以便员工能够更好地达成个人和团队目标。

### 2. 全球与本地人才招聘管理工具

随着全球化的深入，企业对国际化高素质人才的需求不断增长。在日益激烈的人才争夺战中，企业需要整合全球化与本地化的招聘工具与平台，确保在国际和本地市场中快速、高效地找到合适的候选人。以下从本地与国际化平台、智能化招聘系统和人才评估工具三个方面分析其重要性与实践应用。

(1)本地与国际化招聘平台

在中国，智联招聘、前程无忧和猎聘网等本地平台依然是 HR 招聘的核心工具。这些平台不仅提供简历筛选和人才推荐服务，还整合了 AI 技术和大数据分析功能，帮助企业快速找到匹配度更高的候选人。对于跨国企业，领英(LinkedIn)等国际化招聘平台则提供了全球化的人才搜索服务，帮助企业招聘国际高端人才。例如，阿里巴巴在全球招聘时，结合使用猎聘网和领英，一方面通过本土平台吸引中国本地人才，另一方面通过全球平台拓展国际化的人才储备。这种双轨制的招聘策略使得企业能够在全球范围内找到符合企业文化和岗位需求的候选人。

(2)智能化招聘与人才匹配系统

智能化招聘系统已成为现代人力资源管理的重要工具，通过 AI 和大数据分析显著提升了招聘效率。例如，北森和科锐国际等国内领先的人才管理平台，通过广泛应用 AI 技术，实现了简历智能筛选与人才精准匹配。这类系统能够快速筛选出符合岗位要求的候选人，大幅减少 HR 部门的初筛工作量。阿里巴巴开发的内部 AI 招聘系统就是一个典型案例，它根据岗位需求分析候选人履历，并自动推荐匹配度最高的候选人。通过该系统，企业不仅提升了招聘效率，还优化了初步面试阶段的筛选质量，为 HR 部门节省了大量时间和精力。

(3)人才评估与测评工具

在招聘流程中，科学的测评工具能够帮助企业全面了解候选人的职业能力、性格特质和文化契合度。例如，北森人才测评和测聘网等平台提供了一系列多维度的测评工具，包括心理测评、性格测试以及情景模拟等。这些工具不仅能够为招聘提供依据，还可延伸至员工职业发展的规划和管理。百度在招聘与人才发展中结合北森测评系统，通过对候选人进行职业能力和心理特质的综合评估，深入挖掘员工潜力，并为其制订个性化的发展计划。这种方式有助于企业在招聘阶段就为员工的长期成长奠定基础，同时增强了员工与企业的双向契合度。

### 3. 远程与混合办公管理工具

随着远程办公逐渐成为常态，企业必须依靠现代化的管理工具来确保分散的员工团队能够高效协作并保持生产力。

(1)钉钉与企业微信的远程办公管理功能

在中国，钉钉和企业微信不仅支持远程办公的基础功能(如视频会议、即时通信)，还提供了包括电子审批、考勤管理、任务分配等企业级功能。以钉钉为例，该平台为企业提供了考勤打卡、电子审批、流程管理等功能，帮助企业有效管理远程员工的工作进度和出勤状况。在新冠疫情期间，华为通过企业微信管理其全球范围内的研发团队，确保了员工在远程工作时能够保持高效沟通，并且通过平台实时汇报项目进展，确保各个部门的协作顺畅。

(2)本地化员工体验与绩效管理

对于远程和混合办公模式下的员工，HR 部门需要更加注重员工体验和绩效管理。北森提供的绩效管理系统能够实时跟踪员工的工作进度，并通过智能分析工具帮助 HR 部门进行数据驱动的管理决策。企业可以根据员工的工作表现设置灵活的激励机制，并通过定期反馈确保员工在远程办公环境下保持积极性。例如，腾讯在使用北森绩效管理系统时，通过定期的反馈和实时的数据分析，优化了远程员工的工作流程，并确保各个团队成员之间能够有效协作，达成工作目标。

### 4. 员工健康与福祉管理工具

随着企业越来越注重员工的心理健康和工作福祉，HR 部门开始广泛采用专门的健康管理工具，帮助员工平衡工作与生活，提高员工的幸福感。

(1)员工支持计划

在中国，越来越多的企业开始为员工提供员工支持计划，帮助员工解决工作压力、心理障碍等问题。例如，怡安翰威特(Aon Hewitt)等 HR 咨询公司为中国企业提供定制化的 EAP 服务，通过心理咨询、危机干预、工作压力管理等措施，帮助员工保持心理健康。又比如，京东为员工提供了全面的 EAP 计划，通过心理辅导、健康咨询和生活方式建议，帮助员工在高压工作环境下维持身心健康。这种关注员工福祉的管理策略，不仅提高了员工的工作满意度，还增强了员工对企业的归属感和忠诚度。

(2)在线健康与心理管理平台

随着健康管理的重要性日益凸显，越来越多的企业通过在线平台管理员工的身体和心理健康。例如，咕咚和 Keep 等健身管理应用帮助企业通过实施运动计划提升员工的身体素质。与此同时，企业可以通过简单心理或壹心理等平台为员工提供线上心理咨询和压力管理服务，帮助他们应对生活和工作的双重压力。这些平台提供了从心理评估到一对一心理咨询的全流程服务，确保员工能够获得及时的支持和帮助。

## 本章要点

• 人力资源管理的发展历经人事管理、人力资源管理、战略人力资源管理和数据驱动的人力资源管理等阶段，从传统的事务性工作向战略合作伙伴转变，注重数据在决策中的应用。

• 人力资源管理的核心职能涵盖招聘与选拔、培训与开发、绩效管理、薪酬与福利管理、劳动关系管理，各职能相互关联，共同致力于实现企业的战略目标和提升组织绩效。

• 人力资源管理的理论包含马斯洛需求层次理论、赫茨伯格双因素理论、期望理论、公平理论，分别从需求层次、激励因素、动机判断和公平感知等方面指导人力资源管理实践。

• 现代人力资源管理面临着诸多挑战，全球化带来跨文化管理难题、本地化适应需求以及全球人才竞争，技术变革引发工作方式与技能需求的改变，同时员工心理健康与工作福祉管理也成为挑战。

• 为了应对人力资源管理中的挑战，HR 部门必须采用创新应对策略，包括运用跨文化团队管理工具、全球与本地人才招聘管理工具、远程与混合办公管理工具以及员工健康与福祉管理工具，提升管理效能和员工满意度。

## 思考与练习

### 选择题

参考答案

1. 人力资源管理从传统的人事管理阶段发展而来，以下哪个阶段强调人力资源管理与企业战略目标的紧密结合？(　　)

A. 人事管理阶段

B. 人力资源管理阶段

C. 战略人力资源管理阶段

D. 数据驱动的人力资源管理阶段

2. 以下哪项不属于人力资源管理的核心职能？(　　)

A. 广告策划

B. 招聘与选拔

C. 绩效管理

D. 薪酬与福利管理

3. 赫茨伯格双因素理论中，以下属于激励因素的是(　　)。

A. 薪酬

B. 工作环境

C. 晋升机会

D. 公司政策

4. 期望理论中，以下哪项不是影响员工的工作动机的因素？(　　)

A. 效价

B. 期望值

C. 幸福感

D. 工具性

5. 在现代人力资源管理中，因技术变革引发的挑战不包括以下哪一项？(　　)

A. 远程办公与混合工作模式的普及

B. 跨文化团队的复杂性

C. 技能需求的快速变化

D. 人工智能和自动化对人力资源管理的影响

## 简答题

1. 简述现代人力资源管理的特点。

2. 列举人力资源管理面临的全球化挑战的主要表现。

3. 说明马斯洛需求层次理论在人力资源管理中的应用。

## 讨论题

在当今全球化和技术快速发展的背景下，企业如何平衡人力资源管理中的技术应用与员工关怀？请结合实际案例进行讨论。

## 案例分析题

### “竞”显风采，“聘”贤任能：九芝堂管理人员选拔之道

在九芝堂股份有限公司，随着行业竞争的加剧，管理层决定通过“竞聘上岗”制度进行管理人员选拔。这一决定是九芝堂在公司重组后的战略调整的一部分，旨在打破固有的管理结构，推动公司向“大健康”产业布局迈进。其目的不仅是选拔出更加符合未来发展需求的管理者，更是希望通过这一制度推动公司文化和创新能力的提升。

**缘起：谋求破局**

九芝堂，作为一家有着三百余年历史的中药企业，一直秉持着“老字号”的光环。然而，随着市场环境的变化，单纯的品牌效应已无法支持其持续增长。相比之下，同仁堂

等竞争对手的快速发展，让九芝堂的管理层感到危机。具体来说，九芝堂自 2003 年年营收突破 10 亿元后，直到 2015 年前，年营收始终徘徊在 10 亿元左右，未能实现突破。然而，同仁堂早在 2000 年便突破了 10 亿元营收，并在 2015 年突破了 100 亿元大关。在这一背景下，友搏药业入主九芝堂，并提出了“在传承中创新，在创新中发展”的发展战略。为此，九芝堂决定实施竞聘上岗制度，以此推动组织的变革。首个竞聘岗位设定在质量保证主管和人力资源部部长等岗位上，目的是通过这一变革，激发员工的主动性和竞争意识。然而，实施初期的反响并不如预期，竞聘公告的浏览量很低，报名人数也非常少，仅有五位员工报名，其中包括人力资源部的夏副部长本人。

**尝试：举步维艰**

在实际操作中，九芝堂的人力资源部采取了相对宽松的报名条件，允许工作年限达到一年以上的员工报名，且不限部门或岗位级别。这一举措虽解除了报名的门槛，但面对员工的冷淡态度，管理层开始反思问题所在。为了确保评选的公正性，九芝堂决定采取 360 度评估方式，由与竞聘者相关的同事进行匿名打分，旁听席则允许员工自由参与并提出意见。最终，竞聘活动如期举行，虽然报名情况冷清，但竞聘过程中体现出的公正与透明性，赢得了员工的认可。

竞聘活动的最终结果揭示了员工对新选拔方式的潜在接受度。尽管夏副部长成功晋升，但一位旁听员工的自我反思表明，竞聘的过程让他意识到自己在能力上的不足，对这一结果表示了认可和服气。此时，竞聘制度的作用开始显现，不仅仅是选拔新管理者，更是推动员工自我反思、提升工作能力的过程。

**推进：披荆斩棘**

竞聘活动在公司内部的传开，吸引了更多员工的关注。随着制度逐渐深入，员工们开始意识到这项制度的重要性，尤其是在公司面临业绩压力和产品竞争时，竞聘上岗成为激发员工斗志、推动公司突破困境的有效途径。管理层也开始考虑扩大竞聘的范围，决定实施“全员竞聘”，并为此对岗位进行了重新梳理。

然而，这一变革并非没有阻力。部分年资较长的管理者对于重新洗牌心存不满，认为公司是在迫使他们“腾位置”。这种情绪一度造成了较大的压力，尤其是当管理者们开始质疑“为什么要增加我们的负担”时，夏副部长不得不反复解释制度的意义与目的。最终，经过细致的沟通和解释，“全员竞聘”的活动如期举行，绝大多数管理者因为能够满足公司需求而继续留任，少数管理者则和平地提出了离职申请。

**常态化：渐入佳境**

随着全员竞聘的成功实施，九芝堂的管理人员选拔制度逐渐步入正轨。通过“一年一评”的年终述职制度，管理者的工作进展得到了不断的督促和提升。通过这种机制，员工的工作积极性和创造力得到了有效激励，公司也在业务上取得了突破。具体来说，2023 年九芝堂的年营收为 29.61 亿元，虽然与同仁堂同期高达 178.6 亿元的营收相比仍有差距，但这正是激励九芝堂不断追求更高目标的动力。在新一轮的竞聘中，一位从保安岗位竞聘到培训主管岗位的员工引起了管理层的关注。虽然最终未能成功竞聘，但他通过展示自己的能力和经验，赢得了同事们的尊重，也为自己争取到了更适合的岗位机会。管理层意识到，竞聘不仅仅是职位的调整，更是员工职业发展的重要平台。

**尾声**

九芝堂的竞聘上岗制度在实施初期面临诸多挑战，包括员工的冷漠、管理者的抵触情绪等。然而，通过不断完善制度设计、增加透明度、保障公正性，最终赢得了员工的认可，并推动了公司管理的变革。这一案例体现了组织如何通过激励机制和公平的竞争环境，促进员工的积极性，并在激烈的市场竞争中找到新的发展动力。

（案例来源：赵宜萱，胡陈红，王雨欣，等．“竞”显风采，“聘”贤任能：九芝堂管理人员选拔之道[EB/OL]．(2024-12-12)[2025-01-12]．http：//www．cmcc-dlut．cn/Cases/Detail/9023）

1．九芝堂采用竞聘上岗选拔管理人员的主要动因是什么？

2．九芝堂实施竞聘上岗的具体步骤和采用的人才测评方式是什么？

3．九芝堂竞聘上岗制度在实践中取得了哪些成效？为何能够得到员工的广泛认可？

# 第2章 战略人力资源管理

素质目标：培养具备战略思维能力的人力资源管理者，能够从企业全局视角出发思考问题；增强学生对人力资源管理在组织成功中的关键作用的认识，提升职业道德和社会责任感。

知识目标：掌握战略人力资源管理的基本理论框架；理解如何通过有效的人力资源管理实践促进企业战略目标的实现。

能力目标：学习战略思维，并以此提高解决复杂人力资源问题的能力；培养学生的批判性思维能力和创新能力，鼓励他们探索能够适应快速变化的环境的新型管理模式。

开篇案例

## 森马人力资源三支柱模型的特色应用

森马集团，作为中国休闲服饰行业的领军企业之一，自1996年成立以来，一直致力于企业内部的创新与改革。随着市场竞争的加剧，特别是在大数据时代背景下，森马集团深刻意识到人力资源管理的重要性，于是在2010年年初，正式引入了人力资源“三支柱模型”，以期通过这一先进的管理模式推动企业的进一步发展。

森马集团在引入“三支柱模型”的过程中，充分借鉴了国内外成功企业的经验，如阿里巴巴、腾讯和华为等。这些企业在人力资源管理方面的成功转型，为森马提供了宝贵的参考。森马集团根据自身的发展状况和业务需求，对“三支柱模型”进行了本土化改造，形成了具有森马特色的应用模式。

具体而言，森马集团以HRBP(人力资源业务伙伴)、HRCOE(人力资源专业知识中心或人力资源领域专家)和HRSSC(人力资源共享中心)为依据，重新构建了人力资源系统。其中，HRCOE和HRSSC被置于最上层，负责组织进程、培养人才以及进行专业的人力资源工作。而HRBP则深入企业各个业务部门，为其提供人力资源方面的支持和帮助。

森马集团在“三支柱模型”的应用上，展现出了独特的特色。首先，森马集团注重HRBP的角色转变，使其从传统的管控角色转变为支持业务部门和开发的核心力量。HRBP不仅需要深入了解企业所有业务，还需要为各个部门提供人力资源方面的专业建议和支持。这种转变使得HRBP能够更好地融入业务部门，推动业务的快速发展。

其次，森马集团在发展HRBP的同时，也高度重视专家中心(COE)和共享服务中心(SSC)的建设。COE负责提供技术上的支撑和创新性的解决方案；而SSC则提供咨询和服务，以事务性服务为主。这两个支柱的协同作用，为HRBP提供了强大的后盾支持，使其能够更加专注于业务部门的需求。

最后，森马集团还注重人才培养和进展部的建设。进展部负责制定培训方案、支持企业战略、诠释企业领导力文化等。在HRBP需要培训时，进展部能够及时提供相关的培训资源。这种强大的培训体系，使得森马集团的人力资源队伍能够不断适应企业发展的需求，保持竞争力。

通过引入“三支柱模型”，森马集团的人力资源管理取得了显著成效。一方面，这一模式推动了企业内部的创新和发展，提高了企业的办事效率和经济效益。另一方面，它也使得森马集团能够更好地应对市场竞争，特别是在与国外“快时尚”品牌的竞争中，保持了领先地位。

总之，森马集团在人力资源管理中引入“三支柱模型”的过程和结果，充分展示了这一先进管理模式的有效性和实用性。未来，随着企业环境的不断变化和发展，森马集团将继续深化人力资源管理改革，推动企业的持续创新和发展。

（案例来源：曲金玲，朱艳艳.“三支柱模型”在中小企业人力资源管理中的应用探讨[J].财经界，2022(15)：158-160）

上述案例中森马集团在人力资源管理过程中引入“三支柱模型”，是实施战略人力资源管理的一次重要变革。可见，战略人力资源管理是企业培养竞争优势和提升绩效的关键。它通过与组织战略目标的紧密结合，确保人力资源实践和政策支持整体业务目标，从而提高员工绩效和组织敏捷性。战略人力资源管理帮助企业吸引、培养和保留顶尖人才，构建持续的竞争优势，并适应市场环境的快速变化。此外，它还促进基于数据的决策制定，鼓励创新，支持企业的全球化扩张，并确保人力资源实践的合法合规性。简而言之，战略人力资源管理是现代企业人力资源管理的核心，对于推动组织成功和可持续发展至关重要。

# 2.1 战略与战略管理

## 2.1.1 战略的概念与特点

### 1. 战略的概念

在学习战略人力资源管理知识之前，我们需要先了解什么是战略。战略（strategy）一词源自于古希腊语“strategos”，意为将军或军事指挥者，最初用于军事领域，指代在战争中为了取得胜利而制订的总体规划和行动计划。随着时间的推移，战略的概念已经扩展到了商业和组织管理领域，成为组织为了实现长期目标而制订的一系列计划和行动。关于战略的定义至今没有明确统一，学者们从多种角度进行探讨，赋予企业战略不同的含义。

(1)伊戈尔·安索夫的观点

战略管理的先驱伊戈尔·安索夫(H. Igor Ansoff)将经营战略定义为企业为了适应外部环境，对目前从事的和将来要从事的经营活动进行的战略决策。因此，企业战略的核心应该是：弄清你所处的位置，界定你的目标，明确为实现这些目标而必须采取的行动。安索夫把企业战略限定在产品和市场的范畴内，并认为经营战略的内容由四个要素构成：产品市场范围、增长向量、竞争优势和协同作用。他进一步将企业的决策划分为战略的(关于产品和市场)、行政的(关于结构和资源调配)和日常运作的(关于预算、监督和控制)三类。安索夫认为企业生存是由环境、战略和组织三者构成，只有当这三者协调一致、相互适应时，才能有效地提高企业的效益。同时，他还强调了战略管理的动态性和未来导向性，认为战略管理是面向未来，动态地、连续地完成从决策到实现的过程。在这些理论的基础上，安索夫设计了安索夫模型，这个模型的核心是通过企业和市场的分析确定有效的企业战略。他的这些观点和理论为战略管理领域提供了深刻的见解，强调了战略在企业适应和塑造外部环境中的重要作用。

(2)明茨伯格的观点

加拿大管理科学家亨利·明茨伯格(Henry Mintzberg)认为战略是一种计划，从本质上讲，战略具有“行动之前”的含义，是一种有意识的、有预计的行动，一种处理某种局势的方针。根据这个定义，战略具有两个本质属性：一是战略是在企业发生经营活动之前制定的；二是战略是作为一种计划写进企业正式文件中的，当然不排除一些不公开的只为少数人了解的企业战略。明茨伯格同时认为战略是一种计策，这是指在特定的环境下，企业把战略作为威慑和战胜竞争对手的一种“手段”。例如，一个企业的竞争对手想要扩大生产能力时，该企业便提出自己的战略是扩大厂房的面积和产量。由于该企业资金雄厚、产品质量优异，竞争对手无力竞争，便会放弃扩大生产能力的设想。然而，实际情况却是，虽然竞争对手采取了放弃的态度，但该企业并没有将扩大生产能力的战略付诸实施。因此，这种战略只能称为一种计策，对竞争对手构成威胁。明茨伯格借鉴市场营销学中四要素(4P 理论)对战略的概念提出了一个多维度的定义，即著名的“战略 5P 模型”。这个模型包括计划、计策、模式、定位和观念五个方面。明茨伯格的 5P 模型提供了一个全面的战略视角，强调战略的多重含义和动态性，以及战略在不同情境下的不同表现形式。这个模型帮助我们理解战略不仅仅是一个静态的计划，而是一个包含计划、行动、结果和认知的复杂过程。

(3)迈克尔·波特的观点

著名战略管理学家迈克尔·波特(Michael E. Porter)对战略的定义则强调了企业在市场中的定位和竞争优势。他认为战略的核心是为公司提供一个独特的价值定位，使公司能够与竞争对手区分开来。战略涉及选择，即企业必须决定在哪些领域竞争以及在哪些领域不竞争，这种选择帮助企业集中资源和能力，以在选定的领域建立优势。波特强调企业内部活动之间的相互配称(fit)，即企业的各项运营活动必须相互支持，以实现战略目标。战略旨在创造持久的竞争优势，这种优势不容易被竞争对手模仿或替代。波特的战略观点还包括对产业环境的分析，通过“五力模型”来识别影响产业竞争强度和盈利能力的关键因素。波特提出了三种基本的竞争战略：总成本领先、差异化和专注化(专注成本领先和专注差异化)，企业可以根据自己的资源和能力选择适合的战略。他的价值链模型分析了企业内部活动如何创造价值并影响成本，以及如何通过优化这些活动来获得竞争优势。总的来说，迈克尔·波特的观点为企业提供了一个框架，以理解和实施有效的竞争战略。他的战略理论帮助企业理解如何在竞争激烈的市场中获得并维持竞争优势。

综上，结合本教材的立意与初衷，本书中将企业管理中的战略定义为：战略是为实现企业长期目标和愿景而制订的一系列行动计划，并在这一过程中伴随着系统化的决策，旨在使企业能够适应不断变化的外部环境，并充分利用其内部资源与能力。这一过程包括识别和选择一个或多个具有潜在竞争优势的经营领域及产品组合，从而构建起独特的核心竞争力，同时该过程也是多层次、多维度的，涵盖了从宏观层面的公司整体发展方向(即公司战略)到更为具体且操作性强的职能层面(如人力资源、市场营销等职能战略)、业务单元层面以及产品线层面的详细规划。

### 2. 战略的特点

当今世界充满了易变性(volatile)、不确定性(uncertain)、复杂性(complex)和模糊性(ambiguous)，这些共同构成了乌卡时代(VUCA)的典型特征。乌卡时代(VUCA)与企业战略之间存在着紧密的联系，乌卡的典型特征共同构成了当今商业环境的典型背景。在这种环境下，企业需要保持敏锐的洞察力和灵活的应变能力，以应对不断变化的环境和挑战：一方面，企业需要制定更具灵活性和适应性的战略，以便在快速变化的市场环境中迅速调整方向。这要求企业具备敏锐的市场洞察力和高效的决策机制，以便在机会窗口期迅速抓住机遇；另一方面，企业还需要加强创新和学习能力，以不断提升自身的竞争力和适应能力。在乌卡时代，创新是企业持续发展的关键驱动力，而学习则是企业不断适应新环境、新挑战的重要途径。因此，企业的战略制定需要与乌卡时代的特征相匹配，既要具备灵活性、适应性，又要注重创新和学习，只有这样，企业才能在充满挑战和机遇的乌卡时代中立于不败之地。结合乌卡时代的商业环境，当今的企业战略呈现出如下特点。

(1)全局性

企业战略的全局性体现在其对企业整体发展的指导作用。它不是局限于某个部门或单一业务单元的局部优化，而是从整个企业的角度出发，考虑如何整合内外部资源，实现整体效益最大化。这种全局视角要求企业高层管理者具备宏观思维能力，能够超越日常运营的细节，站在更高层次上审视企业的未来。

(2)长远性

企业战略关注的是长期目标和可持续发展。这意味着企业在制定战略时，必须考虑到未来几年甚至几十年的市场趋势、技术变革和社会经济发展等因素。长远性的战略规划有助于企业在短期内作出有利于长期发展的决策，避免陷入短期利益与长期目标之间的冲突。

(3)动态性

市场环境和竞争态势是不断变化的，因此企业战略也需要具备一定的灵活性和适应性。动态性的战略意味着企业能够根据外部环境的变化及时调整自身的战略方向和行动方案。这种灵活性不仅体现在对市场变化的快速响应上，还包括在必要时对战略目标进行修正和完善。

(4)竞争性

企业战略的核心在于构建和维持竞争优势。通过深入分析竞争对手的优势和劣势，企业可以制定出有针对性的竞争策略，如成本领先、差异化、集中化等。竞争性的战略要求企业不断创新，无论是产品创新、服务创新还是商业模式创新，都是保持竞争力的关键。

(5)系统性

企业战略是一个复杂的系统工程，涉及多个层面和环节。从宏观的公司战略到微观的产品战略，每一个层级都需要相互协调和支持。系统性的战略设计要求企业在制定战略时，不仅要关注单个部分的优化，还要确保各个部分之间的协同效应，形成合力推动企业发展。

(6)风险性

任何战略决策都伴随着一定的风险。企业战略的风险性主要体现在对未来市场预测的不确定性、技术创新失败的可能性以及外部环境突变带来的挑战等方面。因此，企业在制定战略时需要进行充分的风险评估，并制定相应的风险管理措施，以降低潜在的负面影响。

(7)创新性

企业战略鼓励创新，在快速变化的市场环境中，企业需要不断创新其产品、服务和业务模式，以适应客户需求和市场变化。

(8)可执行性

无论战略多么宏大，如果不能落地实施，都是徒劳无功的。可执行性是企业战略的重要特点之一。这要求企业在制定战略时，必须考虑到实际操作的可行性，包括资源配置、组织结构调整、人员培训等方面。同时，还需要建立有效的监控机制，确保战略执行过程中的每一步都能按照预定计划进行。

综上所述，企业战略是一个多维度、多层次的复杂体系，它既需要前瞻性的视野，又离不开实际操作的支持。成功的企业战略应当是全局性、长远性、动态性、竞争性、系统性、风险性、创新性和可执行性的有机结合。只有这样，企业才能在激烈的市场竞争中立于不败之地，实现持续稳定的发展。

知识拓展

## 中国古代兵家思想对现代企业管理的启示

孙武，中国古代春秋时期著名军事家，被后人尊称为兵圣、百世兵家之师、东方兵学的鼻祖，其所著的《孙子兵法》是中国古代著名的军事战略著作，《孙子兵法》中的战略思想不仅在军事领域有着深远的影响，也被广泛应用于现代商业竞争中，其对现代企业管理的启示如下：

1. 知己知彼，百战不殆

这是《孙子兵法》中的核心思想之一，强调了对自身和对手的深入了解是取得胜利的关键。在商业竞争中，这意味着企业需要深入了解自身的优势和劣势，同时研究竞争对手的战略和市场行为，以便制定有效的竞争策略。

2. 以逸待劳

孙子提倡在敌人疲惫时出击，以最小的代价取得胜利。在商业中，这可以理解为在竞争对手处于不利地位时，利用自身优势进行市场竞争，或在市场低迷时期保持实力，等待时机出击。

3. 避实击虚

孙子强调攻击对手的弱点，而不是硬碰硬。在商业竞争中，企业应寻找并利用竞争对手的弱点，如市场份额较小的区域、产品线的不足等，以实现差异化竞争。

4. 兵贵神速

孙子认为迅速行动可以取得战争的主动权。在商业中，快速响应市场变化、快速推出新产品或服务，可以帮助企业在竞争中占据先机。

5. 上兵伐谋

孙子提出最好的战争是不用武力就能使敌人屈服。在商业竞争中，这可以理解为通过战略联盟、合作、谈判等非对抗性手段来实现商业目标，减少直接竞争带来的消耗。

6. 形兵之极，至于无形

孙子强调在战争中要达到无形的境界，使敌人无法捉摸。在商业中，这意味着企业要灵活多变，不断创新，使竞争对手难以预测和应对。

7. 利而诱之，乱而取之

孙子提出利用敌人的贪婪和混乱来取得胜利。在商业竞争中，企业可以通过提供诱饵或制造市场混乱来吸引竞争对手的注意力，从而在其他领域取得优势。

### 2.1.2 战略管理的概念

战略管理的核心显著区别于其他管理层面。传统意义上的具体管理，其核心聚焦于日常运营与控制的细微环节，诸如确保产品的高效产出、优化销售人员的管理策略，以及财务系统的严密监控等。这些实践活动构成了在既定战略框架下，针对特定环境条件的组织运作的组成部分。事实上，众多管理者在日常工作中，绝大部分时间都是沉浸在这些经营控制的细节之中。然而，战略管理则是一个更为宏观且具前瞻性的领域，它不仅仅局限于当前事务的处理，而是侧重于为组织谋划长远的发展蓝图，其是企业为了实现长期目标和维持竞争优势，制定、实施和评估企业战略的全过程。它涉及对企业内外部环境的分析，确定企业的使命和目标，制定相应的战略，并确保这些战略得到有效执行。战略管理要求管理者跳出日常琐碎的框架，以全局视角审视组织的发展方向，确保企业在复杂多变的环境中稳健前行。

战略管理的核心在于识别企业的核心竞争力，明确企业在市场中的定位，并制定出能够使企业在竞争中获得优势的策略。这要求企业不仅要关注当前的业务运作，还要预测和适应未来市场的变化，以实现可持续发展。

伊戈尔·安索夫强调了战略管理的动态性和未来导向性，认为企业需要不断地调整其战略以适应外部环境的变化。亨利·明茨伯格的 5P 模型进一步丰富了战略管理的内涵，指出战略不仅仅是计划，还包括计策、模式、定位和观念。迈克尔·波特则提出，战略管理需要考虑如何通过总成本领先、差异化或专注化战略来构建竞争优势。

综上所述，战略管理是一个持续的、动态的过程，它是企业为了实现长期目标和愿景，通过分析内外部环境、制订战略计划、实施战略行动以及评估战略效果的一系列管理活动。它涉及企业的全局性、长远性和系统性思考，旨在帮助企业在竞争激烈的市场环境中获得竞争优势并实现可持续发展。

## 2.1.3 战略管理的过程与层次

### 1. 战略管理的过程

战略管理的过程是一个基于全面信息掌握而展开的决策与执行流程，它涵盖了三个紧密相连的核心阶段：首先是战略分析阶段，其次是战略选择阶段，最后是战略实施阶段。一些教科书倾向于将战略管理的三个阶段描绘为一条直线式的流程(战略分析—战略选择—战略实施)，意味着一个阶段完成后才进入下一个阶段。然而，在实际操作中，这些阶段并非孤立存在，而是相互交织、紧密相连。评估战略的过程中，战略实施可能已经悄然启动，导致战略选择与战略实施之间存在明显的重叠；同样，战略分析也并非一次性的任务，而是一个持续进行的过程，因此，它也可能与战略实施并行不悖，产生重叠。这揭示了战略管理在实践中是一个灵活、动态的循环过程，而非简单的线性序列，其过程模型如图 2-1 所示。

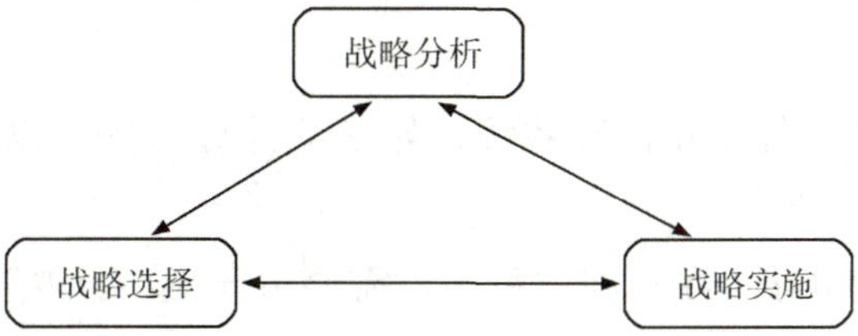


图 2-1 战略管理的过程模型

(1)战略分析阶段

战略分析是战略管理的起点，其目的是评估企业内外部环境，识别机会和威胁，以及企业的优势和劣势。这一阶段包括以下几个关键内容：

①环境扫描。企业需要扫描宏观环境(如采用考量政治、经济、社会和技术因素的 PEST 分析法)和行业环境(如采用波特的五力模型)，以识别影响企业战略的外部因素。

②内部分析。通过分析企业的资源和能力，识别企业的核心竞争力和关键成功因素。这通常涉及价值链分析、SWOT 分析等工具。

③利益相关者分析。识别和分析所有对企业战略有影响的利益相关者，包括股东、员工、客户和供应商等，理解他们的需求和期望。

④愿景和使命分析。明确企业的愿景和使命，这将指导企业的战略方向和长期目标。

(2)战略选择阶段

在战略分析的基础上，企业进入战略选择阶段，这一阶段的目标是制定能够利用企业优势、克服劣势、抓住机会和应对威胁的战略。具体内容包括：

①战略制定。基于分析结果，制订不同的战略方案，如成本领先、差异化、集中化等，并评估这些方案的可行性和潜在风险。

②战略评估。使用各种评估工具，如 BCG 矩阵、GE 矩阵等，对备选战略进行评估，

确定最符合企业资源和能力的战略。

③战略决策。在评估的基础上，作出最终的战略选择。这通常涉及高层管理者的决策和判断。

④资源分配。确定战略实施所需的资源，并进行合理分配，以支持战略目标的实现。

(3)战略实施阶段

战略实施是将选定的战略转化为具体行动的过程，这一阶段的关键在于确保战略得到有效执行。实施阶段包括：

①行动计划制定。将战略目标分解为具体的行动计划，明确每个部门和团队的责任和任务。

②组织结构调整。根据战略需要调整组织结构，确保组织结构与战略目标相匹配，以提高执行力。

③资源配置。根据战略实施的需要，对人力、资金、技术和信息等资源进行配置。

④领导和激励。领导者需要通过领导力和激励机制，确保员工理解并致力于战略目标的实现。

⑤监控和控制。建立监控和控制系统，如平衡计分卡等，以跟踪战略实施的进展，并及时调整。

⑥文化塑造和变革引导。在实施过程中，需要引导变革并塑造企业文化，以确保员工接受新战略，并积极参与变革。

⑦反馈和学习。通过收集反馈信息，学习实施过程中的经验教训，不断改进和调整战略。

需要再次强调的是，这三个阶段是相互联系、相互影响的，战略分析为战略选择提供基础，战略选择指导战略实施，而战略实施的结果又反过来影响战略分析和选择。企业需要不断地循环这个过程，以适应不断变化的外部环境和内部条件，确保战略的持续有效性。

### 2. 战略管理的层次

在企业组织架构内部，通常构建有多个管理层级，诸如最高管理层、中间管理层以及基层操作单元(基层组织)。尽管战略管理的最终责任由最高管理层承担，但其他管理层的管理者也要参与，甚至要制定和实施各自范围内的某种战略，这样便会在企业内形成战略管理层次。一般来说，拥有多个战略业务单位(strategic business unit，SBU)的企业的战略至少可以分为三个层次：公司层战略、业务层战略和职能层战略。需要说明的是，有些组织或者中小型企业，由于扁平化管理或者无边界组织的存在，其内部没有相对独立的经营单位，因此，其企业战略也未必一定要分为三个层次。

(1)公司层战略

公司层战略，或称总体战略，是企业最高管理层指导和控制企业一切行为的最高行动纲领。公司层战略的对象是企业整体，在大中型企业，特别是多元化经营的企业里，公司层战略是企业战略中最高层次的战略。它需要根据企业的目标，选择企业可以竞争的经营领域，合理配置企业经营所必需的资源，使各项经营业务相互支持、相互协调。从公司的经营发展方向到公司各经营单位之间的协调，从有形资源的充分利用到整个公司价值观念、文化环境的建立，都是公司层战略的重要内容。

(2)业务层战略

业务层战略，也称为竞争战略，是在公司层战略的指导下，经营管理某一战略业务单位的战略，是企业总体战略之下的子战略，为企业的整体目标服务。从事多元化经营的企业往往拥有多个战略业务单位。业务层战略是由分管各战略业务单位的管理者制定的，它主要侧重于在特定的细分市场中获取竞争优势，包括进行准确的市场定位和选择有效的经营模式。例如，发现或创造新的市场机会；针对市场需要开发新的产品和服务；依据市场份额是否增加或投资收益率是否提高，评估产品和服务在多大程度上满足了客户需求；有效地利用分配的资源；等等。

(3)职能层战略

职能层战略是属于企业运营层面的战略，是为贯彻、实施和支持公司层战略与业务层战略而在企业特定的职能管理领域制定的战略。它是企业内主要职能部门的战略计划，旨在帮助职能部门的管理人员更加清楚地认识到本部门在实施企业总体战略中的责任和要求，从而有效地发挥研究开发、制造、市场、财务、人力资源等方面的经营职能，确保企业目标的实现。职能层战略一般可分为研发战略、生产战略、营销战略、财务战略、人力资源战略等。

以上三个层次的战略共同构成了企业完整的战略体系，只有不同层次的战略彼此联系、相互配合，企业的目标才能实现，具体层次关系及实施内容如图 2-2 所示。

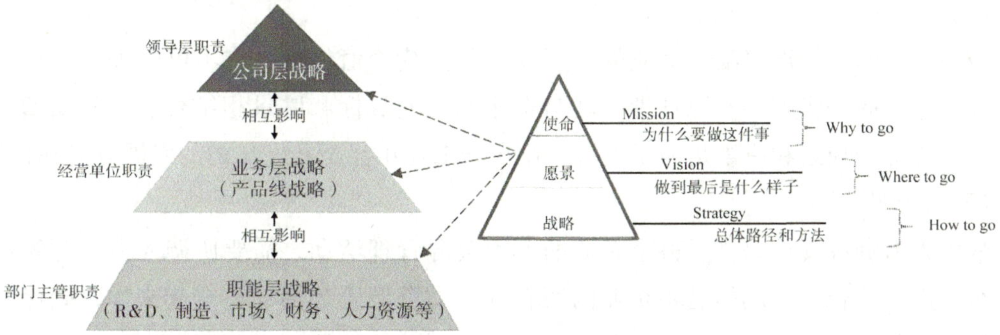


图 2-2 战略管理的层次关系与实施内容

# 2.2 战略人力资源管理概述

## 2.2.1 战略人力资源管理的概念与特征

### 1. 战略人力资源管理的概念

战略人力资源管理起源于20世纪80年代，戴瓦纳(Devanna)等学者在1981年于《人力资源管理：一个战略观》一文中首次提出并深入分析了企业战略与人力资源之间的关系，这标志着战略人力资源管理的诞生。随后，迈克尔·比尔(Michael Beer)等学者在1984年出版了《管理人力资本》一书，进一步推动了这一领域的发展，这也标志着人力资源管理向战略人力资源管理的重大转变。

战略人力资源管理是一种与组织的长期战略目标和竞争优势密切相关的人力资源管理方法，其目的是提高企业绩效水平，培育富有创新性和灵活性的组织文化。它强调将人力资源管理与组织的战略目标紧密结合，以确保员工的能力和行为与实现这些目标一致。它将人力资源视为获取竞争优势的关键资源，强调通过系统的人力资源规划、政策制定和具体实践，实现人力资源与企业战略的垂直匹配以及企业内部活动间的水平协调，从而构建具有竞争优势的人力资源配置体系。

### 2. 战略人力资源管理的特征

(1)长期性

战略人力资源管理着眼于企业的长期发展和持续价值创造，它不仅仅关注短期的人力资源操作，而是将人力资源管理活动与企业的长期目标和愿景相结合。这种长期性意味着人力资源的规划和决策是为了支持企业在未来几年甚至几十年内的发展方向和目标。

(2)综合性

战略人力资源管理综合了整个企业的人力资源管理活动，需要协调人力资源管理中的各个方面。综合性强调的是将企业内所有的人力资源管理活动整合起来，以确保它们相互协调并共同支持企业战略，这包括招聘、培训、绩效管理、薪酬福利管理等各个方面，确保它们不是孤立运作，而是形成一个统一的整体，共同推动企业目标的实现。

(3)战略性

企业拥有的人力资源是企业获得竞争优势的源泉。战略性人力资源是指在企业的人力资源系统中，具有某些特别知识(能力和技能)，或者拥有某些核心知识或关键知识，处于企业经营管理系统的重要或关键岗位上的那些人力资源。它特别关注那些拥有关键技能和知识的员工，这些员工在企业中扮演重要或关键角色，通过有效的战略性人力资源管理，企业可以确保这些核心人才得到适当的培养和发展，以维持和增强企业的竞争力。

(4)系统性

系统性指的是将人力资源管理视为一个整体系统，其中包含各种政策、实践、方法和手段，它们共同作用以实现企业的可持续竞争优势。这个系统不仅包括人力资源部门的操作，还包括所有与人力资源相关的决策和活动，它们相互依赖，共同影响企业的绩效。

(5)契合性

契合性涉及两个层面：纵向契合和横向契合。纵向契合指的是人力资源管理必须与企业的整体战略紧密相连，确保人力资源活动与企业的长期目标一致。横向契合则是指人力资源管理系统内部各组成部分之间的一致性和协调性，确保各个人力资源职能之间相互支持，形成合力。

(6)目标导向性

目标导向性强调的是战略人力资源管理的目的是通过有效的人力资源管理实践来提升组织绩效。这意味着人力资源管理不仅仅是为了管理员工，而是为了通过员工的绩效来实现组织目标，从而最大化组织的价值和绩效。

知识拓展

## 企业人力资源战略与企业整体战略之间的关系

在当今社会，人力资源被视为组织中最活跃且最具能动性的核心资源，如何吸引优秀人才以及如何最大化现有人力资源的效用，以支持组织战略目标的实现，是每位领导者都需要深思熟虑的问题，这也是越来越多企业最高领导层来自人力资源领域的原因之一。战略人力资源管理认为人力资源是实现组织战略不可或缺的重要组成部分，涵盖了通过人员配置、培训、开发等人力资源管理各个方面来达成公司整体战略目标的所有活动，如图 2-3 所示。

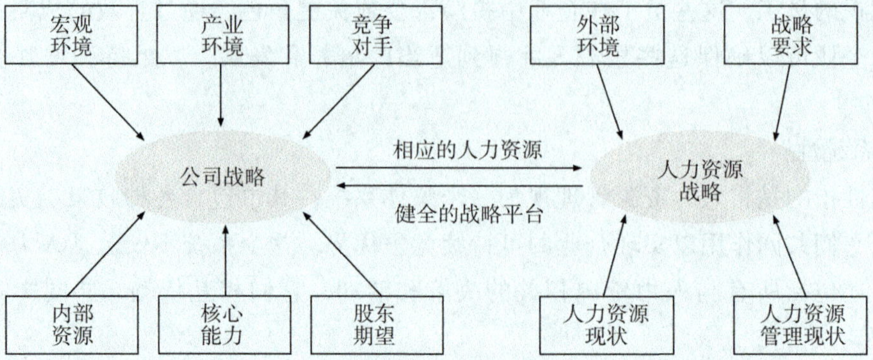


图 2-3　公司人力资源战略与整体战略之间的关系图

## 2.2.2 战略人力资源管理的关键要素

在战略人力资源管理中，有几个关键要素需要企业和人力资源管理者高度关注，以确保人力资源管理与企业战略的有效结合。

### 1. 人才规划与管理

人才规划与管理是战略人力资源管理的核心内容之一，旨在确保企业拥有足够的高素质人才来支持其未来的发展战略。HR 部门需要根据企业的长期战略目标，制订和实施有效的人才招聘、储备和管理计划。

（1）招聘与选拔

战略人力资源管理中的招聘不只是满足当前岗位需求，还要考虑员工的未来发展潜力和与企业发展方向的契合度。

（2）人才储备

企业需要通过内部培养和轮岗计划，建立核心人才储备，确保在关键岗位上有适合的人选。

（3）员工发展

持续的培训与发展是战略人力资源管理中的关键，企业应通过技能提升、职业发展规划等措施，帮助员工不断成长，从而推动企业的整体发展。

### 2. 绩效评估与管理

绩效评估与管理在战略人力资源管理中起着至关重要的作用，不仅仅是衡量员工的工作表现，更是确保员工的目标与企业的战略目标保持一致。

(1)目标设定

通过 OKR(目标与关键成果)或 KPI(关键绩效指标)等工具，将企业的战略目标转化为具体的个人和团队绩效目标。

(2)反馈机制

绩效评估不仅是定期评估，更应包含持续的反馈和指导，帮助员工更好地达成目标。

### 3. 薪酬与激励体系

战略人力资源管理中的薪酬与激励体系设计不仅应关注短期回报，还需要与企业的长期发展战略相结合。企业应通过有效的激励措施，确保员工的个人发展与企业的发展目标保持一致。

(1)长期激励计划

包括股票期权、长期奖金等，能够增强员工的长期忠诚度和投入感，确保他们的个人目标与企业的长期目标保持一致。

(2)薪酬与绩效挂钩

企业需要通过将薪酬与绩效挂钩，激励员工通过高效工作达成企业的战略目标。

### 4. 企业文化与员工参与

在战略人力资源管理中，企业文化被视为推动战略目标实现的关键工具。通过塑造良好的企业文化，企业可以增强员工的归属感，并鼓励员工积极参与企业的战略实施。

(1)文化一致性

确保员工在工作、培训等过程中始终遵循企业的文化价值观，从而更好地推动组织目标的实现。

(2)员工赋权

通过赋予员工更多的决策权和责任感，企业可以提升员工的工作积极性，并增强其对企业目标的认同感。

## 2.2.3 战略人力资源管理的实施步骤

战略人力资源管理旨在通过人力资源的优化配置支持企业的长期战略目标，其有效实施需要系统性规划和分步骤推进。

### 1. 制定企业战略

企业的长期发展战略是战略性人力资源管理的基础。无论是市场定位、产品创新还是技术研发，明确的企业战略能够为人力资源部门提供清晰的方向。例如，一家科技公司计划未来三年内进入国际市场，其全球化战略需要以具有跨文化管理能力和多语言能力的高素质国际化人才为支撑，这一目标为人力资源管理指明了方向。

### 2. 制定人力资源战略

在企业战略的指导下，人力资源部门需要制订与之匹配的人力资源战略规划，包括人才招聘计划、员工培训方案和激励机制设计等，关键在于确保人力资源管理活动与企业整体目标高度一致。例如，为支持企业的技术创新战略，人力资源部门可能会设计专项的技术培训计划，或引入高潜力研发人员培养机制。

3. 执行人力资源管理计划

人力资源部门需要将战略转化为具体的行动措施，确保在招聘、绩效管理、员工激励等方面能够有效支持企业战略的实现。例如，一家企业通过实施系统化的招聘流程，包括智能化简历筛选和行为面试方法，快速甄选出适合岗位需求的高潜力候选人。同时，通过绩效管理的实时反馈机制，确保员工的工作方向与企业战略保持一致。

4. 评估与反馈

战略人力资源管理需要在实施过程中不断优化，因此定期的评估与反馈至关重要。企业可以通过员工满意度调查、绩效评估等手段，识别当前管理措施的效果和存在的问题。例如，某公司在实施新的员工发展计划后，通过数据分析发现部分员工的参与度不高，随后调整了培训内容和形式，以增强员工的兴趣和参与感，从而提升管理效果。

## 2.3 战略人力资源管理的挑战与趋势

### 2.3.1 乌卡时代的战略人力资源管理

在乌卡时代，战略人力资源管理面临着易变性、不确定性、复杂性和模糊性带来的挑战。本小节将介绍一些关键的注意事项和应对策略。

1. 混合办公模式

远程和混合工作模式的普及，要求人力资源管理适应这种变化，制定灵活的工作政策，确保员工能够在不同地点高效工作。这包括线上协作工具的引入、远程沟通和团队建设活动，以及对远程工作绩效的评估和管理。

2. 员工体验

员工体验成为组织成功的关键因素，企业在实施战略人力资源管理过程中需要关注员工的整个工作历程，从入职到离职，提供积极的员工体验，包括职业发展机会、工作环境和员工福利等内容。

3. 快速行动与战略校准

在快速变化的环境中，人力资源管理需要能够快速响应市场变化，并根据实际情况调整人力资源战略，以保持组织的灵活性和竞争力。例如，企业在进行绩效管理时，不仅需要更加灵活和快速地适应组织战略的变化，还需要定期评估和调整绩效管理体系，以确保其有效性。

#### 4. 战略管理理念创新

战略人力资源管理需要创新其理念，以适应不断变化的外部环境，包括采用新的组织结构、领导模式和工作方式等，以提高组织的适应性和创新能力。例如，组织变革是乌卡时代的常态，战略人力资源管理需要引导和管理变革过程，确保员工参与并接受变革，减少抵抗和不确定性。管理者在乌卡时代扮演着更加重要的角色，他们需要具备领导力和适应力（例如管理者应培养变革型领导力、创新型领导力等），以指导团队应对不确定性和复杂性。

#### 5. 关注员工心理健康

关注员工的心理健康可以帮助他们更好地应对乌卡时代的环境挑战，企业可以实施员工支持计划等项目提高员工的心理韧性、降低职业倦怠率，这对于提升组织活力和效率至关重要。

**知识拓展**

### 员工支持计划

员工支持计划（employee assistance program，EAP）又称员工心理援助项目、全员心理管理技术，它是由企业为员工设置的一套系统的、长期的福利与支持项目，通过专业人员对组织的诊断、建议和对员工及其直系亲属提供专业指导、培训和咨询，旨在帮助解决员工及其家庭成员的各种心理和行为问题，以提高员工在企业中的工作绩效，并改善企业的管理氛围和组织绩效。其作用详见图 2-4。EAP 提供的服务包括管理员工问题、改进工作环境、提供咨询、提供培训和帮助、将反馈信息传递给组织领导者，以及对员工和其家属进行有关 EAP 服务的教育等内容。完整的 EAP 包括压力评估、组织改变、宣传推广、教育培训、压力咨询等环节，同时根据分类标准的不同可以分为长期 EAP 和短期 EAP（根据实施时间长短）、外部 EAP 和内部 EAP（根据服务提供者的属性）。

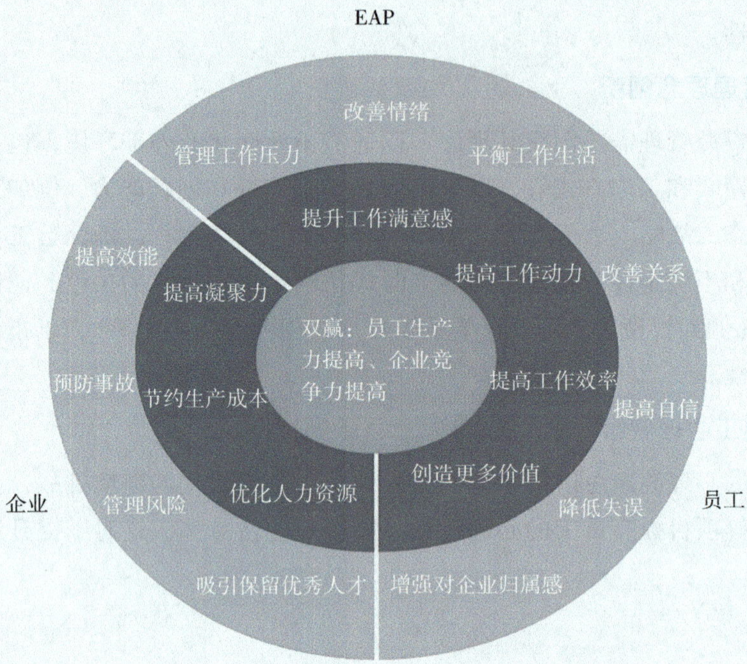


图 2-4　EAP 对企业及员工的作用图示

## 2.3.2 人机共生组织新形态下的战略人力资源管理

在人机共生（man-computer symbiosis）组织新形态下，站在人工智能的交叉路口，人力资源管理工作对技术依赖性明显增强，战略人力资源管理面临着前所未有的挑战和机遇。人机共生是指人类与电子计算机之间合作互动的一个预期发展，这种合作涉及人类和电子设备之间非常密切的结合。在这种共生关系中，计算机促进人类的公式化思维，而人类则负责设定目标、制定假设、确定标准并进行评估。这种合作关系预示着战略人力资源管理需要将技术作为合作伙伴纳入管理体系，重视技术在提升员工工作效率和决策能力中的作用。本小节将从如下几方面进行探讨。

### 1. 以人为本的发展战略

在人机共生时代，战略人力资源管理需要更加注重以人为本的包容发展、价值提升和底线坚守。这意味着 AI 技术的应用是为了赋能人类，而非取代人类，应成为向善的科技。人力资源管理需要确保技术的发展能够让每个企业和个人都能享受到 AI 带来的益处，并且在 AI“普惠之路”上得到深化和升华。

### 2. 组织结构的变革

人机共生系统理论提出了人、机、组织之间交互关系的整合理论框架，其形态呈现出“人-组织二元系统”→“人-技术-组织三元交互系统”→“人-机-组织三元共生系统”的演化态势。这要求战略人力资源管理在组织结构设计上进行创新，以适应人机协同共生化、员工-组织合作共赢化、机器-组织交互赋能化、人-机-组织共生一体化等特征。

### 3. 员工发展与技能升级

随着智能技术的发展，人类工作者需要从心理上接受人工智能对人类生活与工作的参与，并尽快学习和掌握利用人工智能提升工作效率的新技能。战略人力资源管理需要重视员工的技能发展和终身学习，以确保员工能够与智能技术协同工作，共同创造价值。

### 4. 决策过程的人机协同

人机协同决策正在成为组织决策的新形式，但这一过程面临着信任、控制、透明度和协作等方面的挑战。战略人力资源管理需要探索如何提高人机协同决策的质量、效率和用户体验，这可能涉及增加代理决策的透明度和为人类员工提供决策反馈等方法。

综上所述，在乌卡时代的人机共生组织新形态下，战略人力资源管理需要重视技术与人力资源的深度融合。新时代下的新变化要求人力资源管理者不仅要具备传统的人力资源管理知识，还需要对技术趋势有深刻的理解和应用能力，以确保组织能够在快速变化的环境中保持竞争力。

## 本章要点

- 战略是为实现企业长期目标和愿景而制订的一系列行动计划，并在这一过程中伴随着系统化的决策，旨在使企业能够适应不断变化的外部环境，并充分利用其内部资源与能力。而战略管理的核心在于识别企业的核心竞争力，明确企业在市场中的定位，并制定出能够使企业在竞争中获得优势的策略。
- 在战略资源中，无形资源往往发挥着更为重要的作用。诸多实践表明，多数企业在竞争中的失败并非源于有形资源的不足，而是无形资源的缺失，这其中领导力薄弱、人才缺乏、人力资源配置不当等“人”的因素的问题尤为关键。因此，组织的人力资源是决定一个组织是否可以基业长青的关键所在。
- 战略人力资源管理强调将人力资源管理与组织的战略目标紧密结合，以确保员工的能力和行为与实现这些目标一致。它将人力资源视为获取竞争优势的关键资源，强调通过系统的人力资源规划、政策制定和具体实践，实现与企业战略的垂直匹配以及企业内部活动间的水平协调，从而构建具有竞争优势的人力资源配置。
- 在乌卡时代，人力资源管理面临着易变性、不确定性、复杂性和模糊性带来的挑战。因此，企业管理者要特别注重观察组织内外部环境的变化，善用新理念、新技术赋能战略人力资源管理。

## 思考与练习

### 选择题

参考答案

1. “知己知彼，百战不殆”主要体现了我国古代哪种哲学思想？(　　)

A. 儒家思想

B. 道家思想

C. 兵家思想

D. 法家思想

2. 战略管理的核心在于(　　)。

A. 识别企业的核心竞争力

B. 寻求外界智库支持

C. 优先制定战略计划

D. 整合已有资源

3. 战略管理的起点是(　　)。

A. 战略选择

B. 战略分析

C. 战略控制

D. 战略实施

4. 以下哪项不属于乌卡时代的典型特征？(　　)

A. 易变性

B. 模糊性

C. 复杂性

D. 丰富性

5. 以下哪种战略不属于从层次上所划分的战略？(　　)

A. 职能层战略

B. 业务层战略

C. 公司层战略

D. 多元化战略

### 简答题

1. 明茨伯格的“战略 5P 模型”包括哪些方面？

2. 战略人力资源管理有哪些特征？

3. 战略人力资源管理的实施步骤是什么？

## 讨论题

假如你是一名高新产业的人力资源部的负责人，在乌卡时代你认为如何运用新技术赋能人力资源管理工作？

## 案例分析题

**勇立潮头，智领农业：浙农控股集团人力资源数字化转型之路**

浙农控股集团，成立于 1952 年，经过多年的发展，成功转型为一个多元化经营的大型集团，业务涵盖农资、汽车、医药、塑化、房地产等多个领域。随着数字化浪潮的到来，浙农控股意识到传统的人力资源管理模式已经无法适应集团快速扩展和复杂业务需求的挑战。于是，浙农控股决定通过数字化转型来提升人力资源管理效率，以更好地服务于公司的长远发展目标。

在转型初期，集团面临两大难题。首先，随着子公司数量增加，员工信息变得复杂，传统的人力资源管理方式已难以应对业务扩展带来的挑战。其次，政策变化如电动汽车的推进、禁塑令实施等，也要求人力资源管理迅速适应新的业务需求。基于这些问题，姜道明，浙农控股人力资源部部长，深刻意识到数字化技术是解决当前问题的关键。通过数字化转型，集团不仅能优化员工信息管理、提升运营效率，还能增强总部的管控能力，确保各子公司之间的协同工作更加高效。为此，浙农控股制定了数字化战略，提出了“智慧总部”和“数智人力”两个关键目标。智慧总部的建设重点是通过数字化平台提升运营效率，整合财务、绩效、薪酬等信息，实时监控公司运营状况。而“数智人力”平台的建立，旨在统一管理人力资源事务，确保各子公司能够实现数据共享，避免数据孤岛现象。这个平台不仅支持招聘、培训、绩效评估等传统功能，还引入了移动端自助服务，方便员工随时随地进行操作，极大提升了员工的参与感和满意度。为了实现这一战略目标，浙农控股与浙江宏服数字科技公司合作，借助其技术力量打造了人力资源管理的数字化基础设施。通过与集团其他系统的集成，实现了数据的流畅传递与共享，确保了信息的及时更新和准确性。这一系统的建立，不仅解决了员工信息管理中的低效问题，也提高了薪资、考勤等业务流程的管理效率。此外，集团还通过数字化系统优化了干部管理流程，通过 360 度评估系统，帮助管理层更加透明和高效地进行干部选拔、任命和培养。

随着数字化转型的深入，浙农控股还进一步推动了薪酬分析和人才流动分析。通过实时数据分析，管理层能够精确掌握各子公司薪酬支出和人才流动的情况，及时调整策略，以确保薪酬支出的合理性和人才的有效流动。这一系统不仅提升了人力资源管理的透明度，也帮助集团更好地制定未来的人才发展战略。数字化转型的成功，帮助浙农控股在提升人力资源管理效率的同时，推动了企业的可持续发展。展望未来，浙农控股将继续深化数字化建设，进一步加强员工体验，并通过数据驱动的决策机制，推动集团在激烈的市场竞争中保持领先地位。通过数字化转型，浙农控股为其他企业提供了宝贵的经验，展示了国有企业如何在数字化浪潮中走向成功的可能路径。

（案例来源：聂锟，张颖，王晓辰，等．勇立潮头，智领农业：浙农控股集团人力资源数字化转型之路[EB/OL]．(2025-02-11)[2025-02-19]．http：//www．cmcc-dlut．cn/Cases/Detail/9215）

1．什么是人力资源数字化转型？浙农控股为何要推动人力资源数字化转型？

2．从数字化战略的角度，分析浙农控股人力资源数字化转型是如何规划的？

3．浙农控股的人力资源数字化转型经历了哪几个阶段？每个阶段解决的痛点和难点是什么？

03

# 第3章 人力资源规划

**素质目标：** 培养具备人才管理能力的人力资源管理者，能够从企业人才需求出发思考人力资源问题；让学生深入理解人才盘点的意义及其在人力资源管理中的关键作用，并熟悉其主要过程。

**知识目标：** 掌握战略人力资源规划的主要内容和意义；了解人力资源需求预测与供给预测的考虑因素。

**能力目标：** 学会人力资源供给预测方法，了解企业人才盘点的具体操作；掌握协调人力资源供给需求平衡的基本方法。

开篇案例

## 葛兰素史克：打造面向未来的企业人力资源管理模式

葛兰素史克(Glaxo Smith Kline，GSK)是一家全球性的医疗健康公司，其进行了一项全面的人力资源转型，将公司拆分为制药和消费者健康两部分。在拥有超过10万名员工、覆盖90多个国家的情况下，GSK需要简化人力资源流程并提升员工体验。GSK与普华永道(Pricewaterhous Coopers，PwC)合作，优化了其核心人力资源系统，使用了如Workday和ServiceNow等工具。此次转型包括整合服务中心、制定标准化流程，并增强自动化，从而建立更高效的HR运营，提升员工服务体验，支持企业的战略目标。

"在葛兰素史克的全球布局中，企业文化是实现战略的重要行为准则，更是面向未来的发展要求。"作为以创新为导向的跨国企业，葛兰素史克一直将企业文化置于其全球战略和产业布局的重要地位。葛兰素史克(中国)投资有限公司人力资源部负责人施慧敏介绍了企业文化对葛兰素史克发展的重要性。

施慧敏表示，企业文化在公司人力资源管理中具有举足轻重的地位：无论是员工招聘、绩效管理还是系统管理，都要保证每位员工的价值观不仅与公司价值观步调一致，还要与业务流程和市场配置一致。

施慧敏用"培养决策指引型人才"描述公司现有的人才培养制度：从基层员工到中上层管理者，葛兰素史克为不同职阶的人才提供了多样化的项目培养方案，在培养面向未来的领导型人才方面，探索出了一套卓有成效的培养体系。员工作为个人贡献者，能够在贯穿业务流程的企业文化氛围中发展定制化的个人能力。

在葛兰素史克引才流程中，企业人事将招聘员工的形式逐渐转化为"销售岗位""宣传岗位"，主动为岗位"带货"。如今企业岗位以多媒体形式更生动、更立体地被介绍给求职者。施慧敏以2020年校招为例介绍说，招聘应届生通过多元的短视频呈现企业特色，引起求职者代入感，融合创新元素提升应届生招聘的获得感。

(案例来源：张红叶. 葛兰素史克：打造面向未来的企业人力资源管理模式[EB/OL].(2021-02-23)[2024-09-20]. http://www.why.com.cn/wx/article/2021/02/23/16140528591069478855.html)

人力资源规划是人力资源战略在较短时间内的体现，旨在预测未来一定时期内组织面临的任务以及环境对组织的要求，并据此设计相应的人力资源管理过程，从而确保组织能够顺利完成这些任务以满足相关要求。人力资源规划信息的质量和精确性取决于企业的决策者对企业战略目标的明确程度、组织结构、财务预算和生产计划等因素，同时也需要资源部门提供的工作分析资料和人力资源信息系统提供的有效数据。

## 3.1 人力资源规划概述

### 3.1.1 人力资源规划的概念

企业中的人力资源规划存在狭义与广义之分。广义的人力资源规划通常包括人力资源的战略规划、企业员工的供给与需求规划、员工的开发与培训规划、员工的绩效规划、相关的薪酬福利规划、内部员工关系规划和组织中层、高层管理人员的接续等与企业人力资源相关的各类规划活动。狭义的人力资源规划专指企业内部的人员供给与需求规划，要求企业根据未来的人力资源需求与供给进行分析，发现供求之间存在的矛盾与差距，进而帮助企业制订在未来平衡人力资源供求关系的各种相关计划。本章讨论的人力资源规划即指狭义上的人力资源规划。这种人力资源规划要求企业根据自身的战略发展和经营需要，采用科学的手段预测未来企业将要面临的人力资源需求与供给状况，制订必要的人力资源获取、利用、保留以及开发的计划，满足企业对于自身发展所需的人力资源的质量与数量，从而更好地促进企业实现其战略发展目标以及确保更加有效地使用企业的人力资源。

如图 3-1 所示，企业的人力资源规划起始于企业明确的战略规划。企业在进行人力资源规划的过程中，需回答三个重要问题：第一，组织在未来的某一特定时期内对人力资源的需求是什么？简而言之，组织所需要的人员数量有多少？这些人员的构成及其相关要求是什么？第二，组织在同一时期内能够获得的人力资源供给是怎样的？这些人力资源供给在数量和类型上适应组织未来的人力资源需求吗？第三，对组织未来的人力资源需求和供给加以比较之后得到的结果是什么？组织应当通过哪些方式来达到自己在未来的人力资源供求平衡？一个组织未来的人力资源供求状况可能会出现三种不同的情况。第一种情况是人力资源供求达到平衡，组织便无须采取特别的人力资源措施。第二种情况是人力资源需求大于供给，这时组织便要考虑是通过增加现有人员的工作时间来应对，还是必须雇用新的人员作为对策。第三种情况是人力资源需求小于供给，在这种情况下，一个组织所要做的事情与前一种情况下的相反，它必须考虑是否应当通过限制人员雇用、缩短工作时间、促使员工提前退休，或者是与合同到期的员工解除劳动合同等措施，来平衡组织所面临的供求关系。

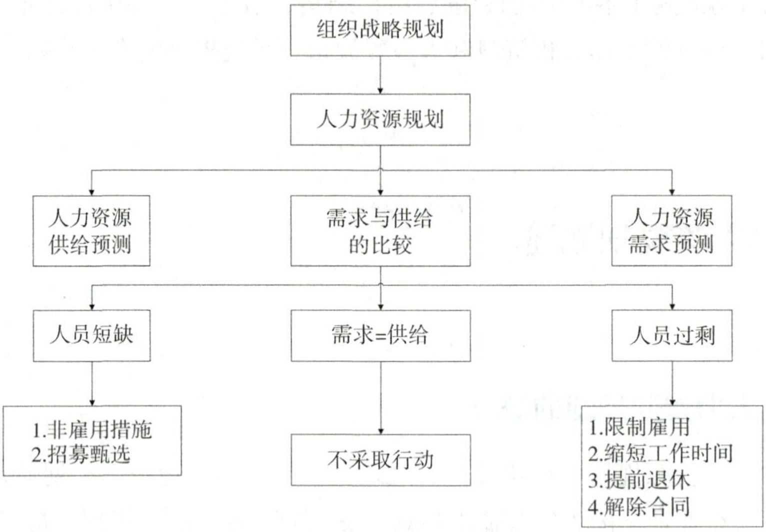


图 3-1　人力资源规划过程

## 3.1.2　人力资源规划的意义

人力资源规划(human resource planning，HRP)是企业管理中的一项核心功能，旨在确保企业能够拥有适当数量和质量的员工，以支持其战略目标的实现。人力资源规划不仅仅是对员工数量的预测，更是对组织未来需求、人才供应、员工技能和发展的全面考量。通过有效的人力资源规划，企业能够在竞争日益激烈的市场环境中保持竞争力，同时提高员工的工作效率和组织的整体绩效。

### 1. 人力资源规划促进组织战略目标的实现

人力资源规划与企业战略的结合是其最为重要的意义之一。企业在制定长期战略时，通常需要预测未来的市场需求、技术变化以及其他可能影响业务运营的因素，而这些都与人力资源有密切的关系。通过科学的人力资源规划，企业可以确保在人力资源方面与其战略目标保持一致。例如，当企业计划进入新市场或进行技术转型时，HRP 可以帮助企业确定哪些新技能和岗位是必需的，并规划相应的招聘、培训和发展策略。人力资源规划与企业战略的紧密结合能够确保企业在实现其战略目标时，拥有所需的关键人才支持。

### 2. 优化人力资源配置

合理的人力资源配置是企业提升运营效率的关键。通过有效的规划，企业可以准确预测未来的人员需求，避免因人员短缺或过剩导致的资源浪费。例如，当企业遇到季节性波动或项目高峰期时，HRP 可以帮助企业及时调整人员配置，以满足临时的工作需求。同样地，通过分析现有员工的技能和未来发展方向，企业可以更好地规划内部晋升、调岗等措施，从而最大化利用现有的人力资源。这不仅有助于提高员工的工作积极性，还能够避免频繁的招聘和解雇所带来的高昂成本。

### 3. 应对外界环境变化

在现代商业环境中，技术变革、经济波动、人口结构变化等外部因素时刻影响着企业的人力资源需求。人力资源规划能够帮助企业更好地应对这些外部环境的变化。例如，随着全球数字化转型的加速，许多传统岗位正在被自动化技术取代，而新的技术岗位需求急剧上升。通过 HRP，企业可以提前预见这些变化，并制订相应的人员调整和技能培训计划，以应对可能的人才短缺或技能错配问题。这样，企业在面对充满不确定性的外部环境时，能够更加从容应对，保持业务的连续性和竞争力。

### 4. 提升员工满意度与组织承诺

人力资源规划不仅仅是企业高层的战略工具，它对员工的职业发展也具有重要的影响。当员工看到企业为其未来发展进行规划，并提供培训、晋升等机会时，员工的满意度和组织承诺都会显著提高。例如，HRP 可以通过继任规划、内部晋升和个人发展计划等措施，明确员工的职业发展路径，帮助员工实现自我价值的提升。同时，企业可以通过合理的人力资源配置，减轻工作压力和减少加班现象，从而提高员工的工作幸福感。员工的高满意度和强烈的组织承诺有助于降低离职率，提升整体绩效。

### 5. 降低人力资源管理成本

有效的人力资源规划可以显著降低企业的人力资源管理成本。通过精确的需求预测和供给分析，企业可以避免招聘过多或过少的员工，从而减少人员过剩带来的裁员成本或人才短缺引发的加班成本。此外，通过规划培训和员工发展的长远策略，企业可以减少技能错配带来的浪费，提高员工的工作效率。例如，HRP 可以帮助企业在招聘前明确所需的技能需求，避免因招聘错误而带来的高昂招聘和培训成本。同时，通过合理的工作设计和岗位调配，HRP 能够有效减少外包和临时工的使用，降低长期的用工成本。

### 6. 促进组织的灵活性与适应性

现代企业面对的环境处于快速变化之中，充满了不确定性。人力资源规划可以帮助企业拥有更强的灵活性和适应性。通过制定多种人力资源应对方案，企业可以更快地对市场变化、技术发展或竞争对手的行动作出反应。例如，HRP 可以帮助企业建立临时员工池、进行灵活的工作安排以及打造与时俱进的培训体系，以应对突发的业务增长或技术革新。此外，HRP 还能够预测员工的流动性，帮助企业规划继任者，并减少因关键岗位员工离职而带来的业务中断风险。

#### 7. 提升组织的长期竞争力

长远来看，人力资源规划能够帮助企业建立起一支具有竞争力的核心团队。通过对内部人才的发掘、培养和对外部市场的人才吸引，HRP 可以确保企业在行业内保持领先地位。例如，企业可以通过 HRP 系统地提升员工的领导能力、技术技能和创新能力，从而使企业在市场中脱颖而出。此外，企业通过有效的人才储备和继任规划，可以确保在关键岗位上始终有合适的人选，从而提升整体管理水平和业务能力。长期的竞争力不仅依赖于技术和市场，还依赖于企业的人才储备，而 HRP 正是实现这一目标的关键工具。

## 3.2 人力资源的需求预测

### 3.2.1 人力资源需求预测的内容

人力资源需求预测是人力资源管理中关键的一环，旨在确定组织在未来一段时间内对人才的需求，以便为人力资源的引进、培训和开发提供依据。人力资源需求预测涉及多个层面，主要包括对数量、质量、时间和地点等需求的预测。

首先，企业要进行人力资源需求的数量预测，确定组织在未来各个部门或岗位上所需的员工数量，通常是根据组织的发展战略、生产计划和预期的业务增长来估算。这种预测一般会考虑现有员工的流动率、退休计划以及组织扩张计划等因素。其次，预测人力资源需求的质量，预测未来需要具备哪些技能和能力的员工，以满足组织发展的需要。这涉及分析未来岗位对技能、知识和经验的具体要求，确保组织具备适应市场变化和技术进步的核心竞争力。再次，预测人力资源需求的时间，明确组织在何时需要补充或增加人力，以确保不影响生产和运营。时间预测的目的是协调招聘、培训等计划的实施，以保证在合适的时间获得所需人才。最后，是组织对人力资源地点的预测，确定组织的哪个地点或部门需要增加人力，通常用于跨地区的企业或多元化的组织。这种预测能够有效支持人才调配和资源的合理配置。

### 3.2.2 人力资源需求预测的考虑因素

#### 1. 组织战略与业务发展

组织的长期发展战略和短期业务计划对人力资源需求有直接影响。比如，如果组织计划扩大市场份额、进入新市场或增加生产线，则需要相应增加人手。

### 2. 技术进步和数字化转型

技术的快速发展对人力资源需求提出了新的要求，特别是在数字化转型过程中，许多岗位对技能的要求发生了显著变化。组织需要考虑未来技术应用对人力资源质量和数量的影响。

### 3. 外部市场环境

外部市场环境包括经济状况、行业趋势、劳动市场供需状况等。经济环境的变化(如经济衰退或繁荣)可能会影响对员工的需求，而行业的发展趋势也可能影响对某些特定技能的需求。

### 4. 员工流动与退休计划

员工的离职、退休和流动都会影响人力资源需求预测。组织需要通过分析员工的流失率、年龄结构、退休计划等来预测未来的人员缺口。

### 5. 组织内部资源和人才梯队

现有员工的能力、技能和培养潜力是预测人力资源需求的重要参考因素。组织可以通过内部晋升、轮岗和培训来满足部分需求，减少外部招聘的压力。

### 6. 劳动法规和政策

政府的劳动政策、法规和社会保障制度也会对人力资源需求预测产生影响。例如，劳动法对工作时长、工资水平的规定以及社保等政策的变化可能会增加用人单位的人力成本，进而影响对人力的需求。

### 7. 突发性因素

如疫情、经济危机、自然灾害等突发事件可能对组织的人力资源需求产生突发性影响。这类因素要求组织具备一定的灵活性并制订应急计划，以应对人力资源需求的变化。

人力资源需求预测需要多维度的考量和动态的调整，以适应外部环境变化和内部需求转变。有效的预测不仅可以帮助企业规避人才短缺和过剩的风险，还能够为长期的人力资源规划提供可靠的数据支撑。

## 3.2.3 人力资源需求预测的主要方法

首先，从预测的角度来说，人力资源需求既可以根据组织的总体经营状况或未来的产品或服务数量从宏观层面进行预测，也可以根据组织内部各种职能或职位的具体数量变化从微观层面进行预测。比如，某手机零配件供应商每年都会收集采购本公司零部件的手机生产商的相关信息，比如销售量、库存量、员工人数、利润水平等，以判断这些整机生产厂对本公司零配件的需求数量，再据此判断本公司来年的人力资源需求水平。表 3-1 中的这家生产企业采用先考虑每一个职能领域中的人力资源需求变动状况，再将其加总以获得整个公司的人力资源需求数量的人力资源需求预测方法。

**表 3–1 某手机零配件生产企业的人力资源需求预测**

| 部门 | 现有员工 | 变化条件 | 变动人数 | 预测人数 |
| --- | --- | --- | --- | --- |
| 生产部 | 181 | A. 木箱加工全部外发 OEM，变卖设备，改为组装车间<br>B. 增加 4 条组装及包装流水线<br>C. 购进 5 台自动打包机，将人工打包改为机器打包 | −55<br>+40<br>−10 | 156 |
| 营销部 | 36 | D. 设立海外销售部，负责开拓海外市场<br>E. 全国增建专卖店 30 家，每家 4 人<br>F. 原每省一个业务员，调整为两省一个业务员 | +5<br>+120<br>−15 | 146 |
| 行政部 | 19 | G. 公司食堂外包给 XXX 酒店，由行政主管监督质量 | −7 | 12 |
| 人力部 | 6 | H. 增加培训与企业文化职能<br>I. 考勤、档案、计薪调整为两人 | +1<br>−1 | 6 |

人力资源需求预测是为了帮助企业确定未来需要多少员工以及员工需要具备什么样的技能，以便确保在组织目标和业务计划中能够有效配置人力资源。预测的方法多种多样，通常可以分为定量方法、定性方法以及混合方法。

### 1. 定量方法

定量方法主要依赖于可量化的数据和统计分析，适用于数据充足且变化相对可预测的情况。这类方法通过构建数字模型和运用统计技术，对企业内部的人力资源需求进行较为精确的预测。

(1)趋势分析法

通过分析过去几年中员工人数的变化趋势，以此来预测未来的人力需求。例如，过去几年每年的员工增长率都在 5% 左右，那么可以推测未来几年员工数量将继续保持这一增长率。这种方法的优点是简单直接，适用于增长稳定的组织，缺点是不能应对外部环境的重大变化。

(2)回归分析法

通过建立数学模型，将员工需求与业务指标(如销售额、生产量等)之间的关系量化，并用这些关系来预测未来需求。例如，可以通过回归模型分析销售额与员工人数之间的关系，以便在销售额增长时预测需要增加多少员工。这种方法适合拥有大量历史数据的企业，能够提供较为精确的预测。

(3)时间序列分析法

依赖时间序列数据，分析人力需求数据的周期性和季节性变化趋势，通过模型如自回归移动平均模型(auto-regressive integrated moving average，ARIMA)进行预测。此方法适用于有规律性变化的行业，比如存在季节性需求波动的零售业。优点是能够识别出数据中的长期趋势和周期性波动，但模型的构建和分析需要一定的数据量和技术支持。

(4)马尔科夫分析法

用于分析员工在不同岗位之间的流动情况。通过计算员工从一个状态(如在职)转移到另一个状态(如离职或晋升)的概率，预测未来各岗位所需的人数。适用于大型企业，能够很好地预测不同部门之间的人员流动，但需要有详细的员工流动数据支持。

### 2. 定性方法

定性方法主要依赖于专家的判断和经验，适用于数据不足、变化较为复杂的情境。这类方法可以提供对未来环境变化的前瞻性预测。

(1)德尔菲法

邀请多名专家进行多轮匿名调查和反馈，每轮调查后专家根据前一轮的结果进行修改，直至达成共识。此方法适用于难以通过数据建模的复杂问题，比如行业发展趋势或技术革新对人力需求的影响。优点是可以整合多个专家的意见，获得较为全面的预测结果，缺点是过程较为耗时。

(2)管理人员判断法

依赖于企业内部管理人员的经验和对未来业务发展的判断进行预测。管理人员根据对市场和业务的了解，预估未来各部门的用人需求。这种方法简单直接，适合小型企业或变化较快的行业，但受主观因素影响较大，预测精度不高。

(3)情景分析法

构建不同的未来情景(如乐观、悲观和中性)，并根据每种情景对人力资源的需求进行预测。此方法适用于面对高度不确定性和复杂市场环境的行业，比如新兴技术行业。优点是可以应对多种可能的未来情况，帮助企业作出更灵活的决策。

### 3. 混合方法

混合方法结合了定量和定性方法，适用于需要平衡数据分析与专家判断的情境，是企业常用的综合预测手段。

(1)比率分析法

通过分析员工数量与业务指标(如销售额、产量等)之间的比率，预测未来的人力资源需求。例如，如果过去每百万美元销售额需要 10 名员工，当预计销售额增长时，可以据此调整人员需求。此方法可以结合历史数据进行定量分析，同时也可以根据管理层的判断进行适度调整。

(2)定编定岗法

通过分析每个岗位的工作量和工作标准，确定每个岗位需要多少员工。适用于明确岗位职责和标准的企业，特别是在生产制造业中，可以根据生产线的工作负荷来确定人力需求。此方法能够帮助企业精确地控制人力成本，但需要对工作内容和工作量进行详细分析。

#### 4. 其他方法

除上述三类外，还有一些专门针对某些情境的预测方法。

(1)劳动定额法

根据每项工作的劳动定额，即完成特定任务所需的标准时间来预测人员需求。例如，通过计算每个生产环节所需的标准工时，推算出整体生产线所需的人数。此方法适用于生产型企业或流程型企业，能够有效减少人力浪费，但需要对每个流程有详细的了解。

(2)人员替代模型

这种方法侧重于在员工退休、离职或晋升后，预测其岗位所需替代的人数和技能要求，特别适用于组织内部有大量资深员工逐步退休或人员流动较为频繁的情况。

不同的预测方法各有其适用场景和优势，企业往往需要根据自身的具体情况选择合适的方法，或者结合多种方法进行人力资源需求预测。定量方法适合有充分历史数据支持的场景，能够提供精确的预测；定性方法则适用于数据不足或需要对未来环境进行预判的场景；混合方法则能够兼顾数据分析和管理经验，是实际操作中最常见的方式。

## 3.3 人力资源的供给预测

### 3.3.1 人力资源供给预测的内容

人力资源供给预测是人力资源规划中的重要组成部分，旨在评估组织内部和外部可用的人力资源，以满足未来对员工数量和技能的需求。供给预测主要包括对现有人力资源状况的分析和对未来人力资源供给能力的评估。

内部供给预测关注组织内部现有员工的状况，包括他们的技能、经验、工作状态、职业发展路径和未来的晋升或离职情况。主要分析员工是否能够胜任未来的岗位需求，是否有可能通过培训、调岗或晋升满足组织的需求。外部供给预测是指对组织外部劳动力市场的供给情况进行评估，以便在内部人力不足时，可以从外部招聘合适的人才。

人力资源供给预测是一项复杂且多维度的工作，要求企业既要了解内部员工的动态和潜力，又要紧密跟踪外部劳动力市场的变化。通过结合内部与外部供给的预测，企业能够更精准地制定人力资源战略，确保组织在未来能够获得所需的人员支持，为实现业务目标提供人力保障。

## 3.3.2 人力资源供给预测的考虑因素

### 1. 现有员工数量与结构

了解现有员工的数量、性别、年龄、学历、技能水平、工作年限等是评估内部人力资源供给能力的基础。员工的年龄结构直接影响未来的退休情况，例如，某部门的员工年龄集中在 45 岁以上，意味着未来几年该部门可能面临较大的退休潮。员工的技能结构决定了企业内部人才的多样性和适应性，能够帮助企业判断是否需要进行技能培训。

### 2. 晋升与职业发展路径

评估员工的晋升潜力和职业发展路径有助于企业预测内部人员填补高层岗位的可能性。如果组织有完善的职业发展规划，可以通过内部调配或晋升填补未来的职位空缺，减少对外部招聘的依赖。例如，企业可以通过为现有员工提供领导力培训，为管理岗位储备人才。

### 3. 离职、流动与退休

员工的离职率和流动率会直接影响内部人力资源供给的稳定性。高离职率意味着组织内部的人才流失较大，可能需要加大外部招聘力度。退休员工的数量和时间是评估未来内部供给的重要因素之一。尤其是对一些关键技术岗位，组织需要提前做好接替人才的准备。对于高流动率的岗位，企业应分析离职原因，并制订相应的保留和替代计划。

### 4. 内部培训与开发能力

企业通过培训和开发计划，能够提升现有员工的技能和能力，以满足未来岗位的需求。如果企业具备较强的培训能力，则可以将内部培训作为一种重要的人才供给来源，特别是在外部市场难以获得具备某些特定技能的人才时。例如，通过建立内部人才发展计划，可以培养现有员工的数字化技能，从而减少对外部高技能人才的需求。

### 5. 工作氛围与员工满意度

员工对工作环境的满意度、工作氛围、公司文化等因素会影响员工的留任意愿，从而影响企业的人才保留率。高满意度有助于稳定现有人力资源，减少企业对外部招聘的依赖，而低满意度则可能导致更多员工选择离职。企业应关注员工的反馈，通过改善工作环境来提升内部供给的稳定性。

### 6. 劳动力市场状况

了解外部劳动力市场的供求关系是企业进行人力资源供给预测的关键因素之一，包括人才总量、失业率、人才短缺情况等。如果某一行业的人才需求过大、供给不足，则企业可能需要付出更高的薪酬或提供更多的福利才能吸引人才。例如，在高科技行业，具备人工智能和大数据分析技能的专业人才往往供不应求，企业需要考虑到这一点，对招聘策略进行调整。

### 7. 经济环境

宏观经济环境对劳动力供给有重要影响。经济增长时，企业对人才的需求增加，而经济衰退时，企业可能面临裁员和招聘冻结的情况。经济环境还影响到人才的流动意愿，比如在经济不稳定时，员工的流动性通常会降低，因为他们更倾向于选择稳定的工作。企业应根据经济环境的变化调整人力资源战略，确保在不同经济周期中都有足够的人员供给。

### 8. 行业发展趋势

行业的发展趋势会影响对某些专业技能的需求，比如技术变革、新兴行业的发展、产业升级等。如果行业中对某种技能的需求快速增长，但市场上具备该技能的人才供应有限，则企业需要考虑通过内部培养人才或从竞争对手处吸引人才。例如，随着企业数字化转型的推进，掌握数字化技能的员工在各行各业中的需求迅速上升，企业可能需要从招聘传统技术领域的人才转向招聘具有新技术背景的人才。

### 9. 政府政策与法规

政府对劳动市场的政策（如最低工资标准、劳动合同法、外籍劳工政策等）会影响企业从外部市场招聘人才的成本和灵活性。社会保障、人才引进政策、移民政策等因素也会影响外部劳动力的可用性。例如，政府鼓励高新技术人才落户，可能会增加企业在某个区域获取高端人才的机会。企业应时刻关注政府政策的变化，以调整自身的人才策略，从而更有效地利用外部人力资源供给。

### 10. 竞争对手的人才战略

同行业或区域内的竞争对手的招聘策略、薪酬水平、雇佣条件等会直接影响企业吸引外部人才的能力。如果竞争对手提供更高的薪酬、更灵活的工作条件，可能导致企业难以吸引或保留人才。企业需要通过市场调研了解竞争对手的做法，并根据自身情况调整薪酬结构、福利待遇等，以确保在人才市场中的竞争力。

### 11. 地域因素

地域因素包括企业所在地的生活成本、工作机会、教育资源等对人才吸引力产生影响的因素。在大城市，虽然有较多的高端人才，但生活成本较高，可能导致员工期望更高的薪酬；而在小城市，虽然生活成本低，但可能面临人才供给不足的挑战。企业需要根据地域特点调整招聘策略，比如在人才供给不足的地方，可以考虑远程办公模式或提供搬迁补助以吸引外地人才。

### 3.3.3 人力资源供给预测的主要方法

人力资源供给预测是为了了解未来某一时期内组织能够从内部和外部获得的人力资源状况。供给预测帮助企业确保在需要时能够获得所需的人员，以支持业务运营。根据数据可得性、分析深度以及预测精度的不同，主要的人力资源供给预测方法包括管理人员判断法、情景分析法、人员替代模型、内部人才库和外部市场分析结合。

#### 1. 管理人员判断法

依赖企业内部管理人员的经验和直觉，根据对未来业务和市场的预测，估算未来的人力资源供给情况。此方法适用于中小型企业，或快速变化的行业。管理层首先进行内部讨论和市场分析，然后根据业务发展预测未来各部门的人才需求与内部供给情况。这种方法简便且灵活，能够适应快速变化的市场环境。缺点是受主观因素影响较大，缺乏数据支持，可能存在预测误差。

#### 2. 情景分析法

通过构建不同的未来情景（如乐观、中性、悲观情景），预测在不同情景下的人员供给情况。此方法适用于在不确定性较高的环境下进行战略人力资源规划。企业首先确定几个可能的未来发展情景，然后分析每个情景下的人力资源需求和供给变化，最后设计在不同情景下的应对策略。这种方法有助于企业在面对不确定性时做好准备，制定灵活的应对策略。缺点是需要耗费大量时间构建情景，且对每种情景的准确性依赖较高。

#### 3. 人员替代模型

结合员工的离职、晋升、退休等情况，预测未来一段时间内需要替代或补充的员工数量。该方法既可以利用历史数据进行分析，也可以结合管理层的经验判断，适用于员工流动性较大的企业，或者管理层变动频繁的组织。企业首先分析当前各岗位的员工离职率、退休率和晋升情况，然后预测未来需要替补或晋升的人员数量，最后根据预测结果制订招聘计划或内部培养计划。这种方法能够针对具体岗位进行人员供给预测，适应企业内部的人事变动。缺点是需要长期跟踪员工的职业发展数据，数据收集和分析较为烦琐。

#### 4. 内部人才库和外部市场分析相结合

结合企业内部人才库分析与外部劳动力市场的变化，综合预测未来的人力资源供给。该方法适用于需要进行长期的战略性人才规划的大型企业。企业首先分析内部人才库，包括员工的技能、经验、培训记录等，然后研究外部劳动力市场的发展趋势、人才供给状况、薪酬水平，最后综合内部和外部数据，制定未来的人才招聘和培养策略。这种方法能够提供更全面的预测结果，平衡内部发展与外部招聘。缺点是分析过程复杂，对数据收集和市场调研的要求较高。

# 3.4 人力资源规划的平衡

当企业一旦完成了对组织的人力资源需求和人力资源供给两个方面的预测，人力资源规划者就可以对两个方面的数据进行比较，然后确定在各种不同的职位类型中将会出现的是人力资源过剩还是人力资源短缺。一旦明确了这一点，组织就可以确定应当采取何种措施来解决这些潜在的问题。

如果仅从数量的角度来看，人力资源供求对比的结果无非是三种：一是供小于求，二是供大于求，三是供求平衡。其中，当人力资源的供求平衡时，组织不需要采取特别的行动，因此，组织的主要工作是如何解决供求不平衡时的两种情况。当然，组织的人力资源供求不均衡并不仅仅体现在数量上，更多的时候实际上可能存在的是供求结构不匹配的问题。因此，下面分三种情况来讨论。

## 3.4.1 人力资源需求大于供给时的企业对策

当企业面临人力资源需求大于供给的情况时，意味着企业现有或潜在的人才储备难以满足实际业务发展的需要。这种情况可能导致关键岗位空缺、员工工作负担过重、业务扩张受阻等问题，甚至影响企业核心竞争力的提升。为应对这一挑战，企业需要采取积极的对策，以确保人力资源的充足供应，维持业务运营的顺畅，同时降低员工的工作压力。

### 1. 加大招聘力度

利用更多的招聘渠道，如社交媒体、招聘网站、猎头公司、校园招聘等，以扩大候选人的来源。组织专场招聘会或参加行业招聘会，争取短时间内吸引大量潜在求职者。在招聘广告上增加预算，提高在招聘网站和社交媒体平台上的曝光率，从而吸引更多的应聘者。优化招聘流程，提高简历筛选、面试安排和录用的效率，以缩短招聘周期，快速补充人员。在人才市场上，提供高于行业平均水平的薪酬，以吸引更多求职者。薪酬水平的提升可以在短期内迅速提高企业的招聘吸引力。完善福利体系，增加非薪酬福利，如健康保险、员工关怀计划、弹性工作时间、带薪休假等，以提高对人才的吸引力。对于特殊岗位或紧缺人才，企业可以提供签约奖金。同时，可以设置员工内部推荐奖励制度，以鼓励现有员工推荐合适的候选人。在企业所在地人才供给不足时，可以扩大招聘范围到其他城市或地区，吸引外地人才加入。对于愿意从其他城市迁移到企业所在城市的员工，可提供搬迁费用补助，以减少他们的顾虑，从而吸引外地高技能人才。在短期人手紧缺的情况下，企业可以雇用临时工或兼职人员，这尤其适用于季节性需求或项目型工作。可以将一些非核心业务外包给第三方公司，以缓解人手不足对企业运营带来的压力。

### 2. 提升现有员工的生产力

通过简化工作流程和采用新技术，减少员工在日常工作中的重复劳动，提高生产效率。在适合的岗位上引入自动化和数字化工具，以减少人工需求，从而提升整体生产效率。对现有员工进行技能提升培训，特别是那些可以使员工胜任人才紧缺岗位的技能培训，如新技术应用、管理技能等。通过岗位轮换，使员工熟悉多个岗位的工作内容，从而在某些岗位人员短缺时可以临时调配其他岗位的员工支援。对于有潜力的员工，通过管理培训、领导力培养等措施，使他们能快速承担起更高层级的职责。通过提高员工满意度、建设积极的企业文化，来增强员工的归属感和工作投入度，减少离职率，稳定现有的人才供给。实施灵活的工作安排，如远程办公、弹性工作制等措施，以适应员工的个性化需求，从而提高员工的工作生活平衡，减少离职率。建立内部人才档案，记录员工的技能、经验和发展潜力，为未来的人才调配和岗位补充提供依据。对于核心岗位和关键岗位，建立接替计划，确保在这些岗位上有人才储备，以应对人员流失或晋升所带来的空缺。

### 3. 重新评估岗位需求

在某些岗位短缺时，可以考虑将部分岗位职责进行合并或优化，减少对特定岗位的依赖。重新评估关键岗位，将有限的招聘资源优先分配给核心业务岗位和对企业战略目标有直接影响的岗位。实行灵活用工模式，采用全职、兼职、临时工、外包人员的组合方式来满足业务需求，以增强用工的灵活性。与同行业或关联行业的其他公司建立合作关系，进行人才共享或互相借调，尤其适用于项目型工作和季节性需求高峰。在短期内人力严重不足时，可以考虑推迟某些非核心业务的扩展计划，集中有限的人力资源支持核心业务。对于必须推进的业务项目，可以分阶段实施，将有限的人力资源集中在最重要的环节上，以保证核心项目的顺利开展。

## 3.4.2 人力资源需求小于供给时的企业对策

当企业面临人力资源需求小于供给的情况时，意味着企业现有或潜在的员工数量多于实际业务所需。这种情况可能导致人力资源的闲置和浪费，增加企业的人工成本。为应对这一挑战，企业需要采取有效的对策，以优化人力资源配置，提高工作效率，同时保持员工的士气和积极性。

### 1. 岗位优化与工作设计调整

对现有岗位的职责进行重新设计和整合，减少重叠岗位和重复工作的出现。例如，将两个职责相近的岗位合并成一个，或者增加员工在岗位内的职责范围，以充分利用现有人员。实施多技能培训，使员工能够在不同岗位间灵活调动，增加企业应对人员过剩的灵活性。同时，可以通过岗位轮换让员工接触更多领域的工作，提高他们的综合素质。对于需求波动较大的部门，可以推行弹性工作时间、缩短工时或实施轮休制度，以减少员工的工作时长，从而降低人力成本。当某部门人力资源富余时，可以将多余的员工调配到人手不足的部门，充分发挥员工的作用。这种方式适用于企业内部存在业务繁忙和人手空闲不均的情况。支持项目型工作，将多余的人员配置到临时项目或研发项目中，支持新业务的探索和创新。即使在短期内这些项目不会直接产生收益，也能通过创新为未来业务增长打下基础。可以鼓励员工组建内部创新团队，进行新产品、新业务的开发，以充分利用现有人力资源。同时，这种方法也能提升员工的工作动力和企业的创新能力。

#### 2. 推行自愿离职和提前退休计划，精简冗余人员

企业可以为希望离职的员工提供一定的经济补偿或支持，鼓励他们自愿离职，降低企业的人力成本。此举可以减少强制性裁员带来的负面影响。对于年龄较大、即将退休的员工，可以提供提前退休的经济激励措施，鼓励他们提前离开岗位。这不仅能减少员工数量，还能为年轻员工创造晋升机会。在其他措施不足以缓解人力过剩时，企业可能需要制定有计划的裁员措施。裁员时，应优先考虑绩效较低、岗位重叠的员工。在裁员过程中，必须遵守劳动法规，确保对员工的补偿合理合法，同时保持透明的沟通，以减少员工的负面情绪和对企业形象的损害。对于被裁员工，可以提供职业再培训、职业咨询等支持，帮助他们在离开企业后更容易找到新的就业机会，减轻企业与员工之间的紧张关系。

#### 3. 加强员工培训与技能提升，制定长期职业发展路径

通过培训计划，提升员工在新兴领域的技能，帮助他们适应企业未来的发展。比如，培养员工在数字化、数据分析、项目管理等方面的能力。为有潜力的员工提供管理培训，使他们在未来有机会承担更高层级的职责，从而为企业的长期发展储备管理人才。帮助员工制定清晰的职业发展计划，以保持他们对企业的归属感和积极性。这可以减少员工因担心职业前景而主动离职的风险。鼓励员工在公司内部进行横向发展，让他们从事其他部门或业务单元的工作，以拓宽他们的职业视野。

### 3.4.3 人力资源需求与供给结构不平衡时的企业对策

当企业面临人力资源需求与供给结构不平衡的情况时，即使总的人力资源供需数量基本相符，供需两端在技能、岗位、经验、部门和地域等结构性方面的匹配仍然存在差异，这种不平衡可能会导致某些岗位的过度供给或紧缺，或某些技能的需求无法得到满足，进而影响企业的整体运营效率。为应对这一挑战，企业需要采取综合性的对策，以

优化人力资源的配置。

事实上，在绝大多数组织中，往往会同时遇到人力资源需求和供给的数量不平衡以及结构不匹配的问题。甚至在人力资源供求的数量大体平衡的情况下，却存在供求结构不一致的问题。在这种供求结构不对等的情况下，组织需要采取的措施可能包括：第一，在可能的情况下，加强对现有人员的培训开发，以使他们能够胜任当前尤其是未来的工作需要。但是，这要看这些员工的可培养程度如何，并非所有员工都有能力接受未来的工作所需要的培训。第二，在现有人员胜任未来的工作有困难的情况下，组织可能需要通过到期终止劳动合同、自然退休等方式，逐渐让现有的一些员工离开组织，同时从组织外部招聘高素质的新员工，从而为未来新的工作需要储备足够的人才。第三，如果组织仍然处于扩张期，人力资源需求在不断增长，则可以在可能的情况下将原来的一些技能不足的老员工逐渐替换到辅助性的工作岗位上，把一些重要的生产、管理类岗位留给那些后来招聘的有能力的候选人。

## 本章要点

- 人力资源规划就是指组织根据自身战略的需要，采用科学的手段来预测组织在未来可能会遇到的人力资源需求和供给状况，进而制订必要的人力资源获取、利用、保留和开发计划，来满足组织对于人力资源数量和质量需求的过程。有效的人力资源规划可以帮助组织节约人力成本，维持整个人力资源系统的稳定性，从而实现组织的战略目标。
- 人力资源规划依靠对人力资源需求和供给两方面的预测及匹配来实现。人力资源需求预测的方法主要有马尔科夫分析法、德尔菲法、比率分析法、趋势分析法、回归分析法、定编定岗法等；人力资源供给预测的方法主要有管理人员判断法和情景分析法等。人力资源规划者通过对人力资源供给和需求这两个方面的数据进行比较和匹配，确定在各种不同的职位类型中将会出现的是人力资源过剩还是人力资源短缺，并有针对性地采取措施来应对这两方面的问题。

## 思考与练习

### 选择题

参考答案

1. 人力资源规划的核心目标是(　　)。

A. 提高员工满意度

B. 优化人力资源配置

C. 提高企业利润

D. 降低劳动成本

2. 以下哪一项不是人力资源规划的主要内容？（　　）

A. 人力资源供需预测

B. 员工绩效评估

C. 人力资源配置

D. 人力资源流动管理

3. 在人力资源规划中，供给预测的主要目标是(　　)。

A. 确定企业未来的人才需求

B. 评估企业现有人才的适应能力

C. 预测内部和外部可用人力资源的数量与质量

D. 制定企业员工的培训计划

4. 人力资源需求预测的常用方法中，以下哪一项属于定量预测方法？（　　）

A. 德尔菲法

B. 经验判断法

C. 回归分析法

D. 情景分析法

5. 以下哪一项不属于人力资源规划的实施策略？（　　）

A. 招聘外部人才

B. 培养内部人才

C. 加强企业文化建设

D. 制定晋升与继任计划

## 简答题

1. 什么是人力资源规划？人力资源规划对于组织的意义何在？

2. 在进行人力资源需求预测时需要考虑哪些因素？

3. 人力资源需求预测的主要方法有哪些？

## 讨论题

假如你是一名新创业的人力资源部负责人，你将如何开展人力资源的供给预测？

## 案例分析题

### 破困局，谋出路：润尔科技用工短缺应对之道

润尔科技有限公司(以下简称“润尔科技”)是四川国光农化股份有限公司设立的全资子公司，专注于植物生长调节剂的生产，以及以杀菌剂为主的农药制剂和水溶肥的研发与销售。随着市场需求的增长，润尔科技面临了生产部门人员短缺的严重挑战，尤其在

公司新厂投产后，员工数量无法满足生产需求。这个问题自2018年起就已存在，但随着订单量的激增，生产部门的困境愈加明显，迫切需要通过一系列创新措施解决人力不足的问题。

**用工短缺的现状与挑战**

自2019年起，润尔科技的订单量猛增，生产部的现有员工已无法满足需求，尤其是生产线的需求。在2019年初，生产管理部部长杨强华意识到，员工数量严重不足，尤其是新厂的投产后，人员的缺口更加明显。通过分析生产部人员需求表，发现生产部门的缺口问题相当严重：如机修车间原计划员工20人，但实际仅有12人，缺口十分明显。尽管进行了多次招聘和调整，但由于生产工种的特殊性，年轻人不愿意从事重体力劳动和化工行业的工作，使得招聘进展缓慢。

**招聘措施的尝试与反思**

面对不断增长的生产需求，杨强华与人力资源部负责人老刘共同商讨解决方案。他们首先制定了详尽的人员需求表，明确了各车间的人员需求。尽管通过常规的招聘渠道努力招募新员工，但仍未能满足生产需求，且有一部分新员工在短期内离职。为了改变这一局面，杨强华召开了各车间负责人会议，集思广益，希望通过不同的方式解决人员不足的问题。

在讨论中，团队认识到，润尔科技的生产工人多为中老年人，且工作环境和薪酬待遇普遍较低，导致新员工的招聘困难。杨强华提出是否可以通过外部协作，如委外和劳务外包来解决部分生产问题，但最终意识到这些解决方案无法从根本上解决问题，生产的核心工作仍需依赖内部人员。

**加班与临时工的应用**

在外部招聘难以奏效的情况下，杨强华决定尝试延长现有员工的工作时间，以应对短期内的生产需求。然而，这一举措也面临着不少挑战。加班使得员工的工作强度加大，长时间的劳动导致员工的不满和频繁请假，进一步影响了生产效率。面对这一困境，杨强华与小张商讨，决定尝试引入临时工。

临时工的加入在短期内缓解了生产压力，特别是在需求高峰期，临时工提供了灵活的劳动力支持。然而，临时工的流动性大、工作不稳定等问题也开始显现。临时工与公司的劳务关系较为松散，缺乏归属感，导致了较高的离职率。因此，杨强华与人力资源部决定对临时工进行长期管理，通过签订长期劳务合同和提供一定的福利政策，增强他们的工作稳定性。

**长期解决方案：福利与关怀政策的引入**

为了提高临时工的稳定性，杨强华与小张提出了几项具体方案，包括为临时工提供年度体检、岗位补贴以及节假日福利等。通过这些措施，临时工的离职率得到了有效控制，部分临时工签订了长期劳务合同，从而增强了员工的稳定性与工作动力。

在这个过程中，杨强华意识到，尽管临时工能够在短期内填补生产缺口，但这种解决方案并非长久之计。随着新厂的投产，公司的产能需求持续增加，特别是新厂的高自动化生产线对工人的文化和技术要求更高，导致人员缺口问题更加严峻。因此，润尔科技决定进行人员技能提升与再培训，尤其是对粉剂生产车间进行优化。

**解决粉剂车间人员不足的问题**

粉剂类产品的生产车间一直存在人员短缺的问题，许多员工由于健康原因不愿意从事这一工种。杨强华与团队决定提高粉剂车间的薪资补贴，并通过思想动员，鼓励老员工尝试从事该工种。在多次动员后，部分员工成功转岗，粉剂车间的人员逐渐补充充足，生产也逐步跟上了市场需求。

**展望未来：更高效的人员配置与生产管理**

尽管临时工和加班方案缓解了短期内的用工问题，但润尔科技依然面临着如何在长期内实现人员配置的平衡与高效管理的挑战。杨强华提出的“师带徒”模式和技能分级制度为未来的生产管理提供了新的思路。他认为，通过多能工的培养，分解生产任务，提高生产效率，将是未来的核心竞争力。

润尔科技的用工挑战不仅仅是数量上的短缺，更涉及员工的稳定性、工作满意度和技能水平。通过综合运用加班、临时工、福利政策以及人员培训等多种措施，润尔科技逐步解决了用工短缺的问题，为公司未来的稳步发展打下了坚实的基础。

（案例来源：王双龙，杨强华，唐启娟，等. 破困局，谋出路：润尔科技用工短缺应对之道[EB/OL].（2023-03-24）[2025-01-10]. http：//www. cmcc-dlut. cn/Cases/Detail/7195）

1. 润尔科技生产部门遇到的瓶颈是什么？是什么原因导致这个问题的产生？

2. 为了摆脱用工困境，杨强华主要采取了哪些措施？如何评价这些措施的效果？

3. 临时工有什么特点？为了让“临时新人不临时”，杨强华应如何进行临时工的长期管理？

# 第4章 职位分析与工作设计

**素质目标：** 培养具备职位分析专业技能和对工作任务具有深入认知的人力资源管理者；提高学生对于优化人力资源配置、提升工作绩效和员工满意度的重视程度。

**知识目标：** 理解职位分析在招聘、培训、绩效评估等人力资源管理环节中的核心作用，熟悉主要的职位分析方法及其适用场景、优缺点；理解工作设计的主要类型及其应用场景，掌握职位特征模型的关键因素以及胜任素质模型在实际管理中的构建与应用。

**能力目标：** 能够基于职位与工作分析的方法，结合企业实际需求，制定精准的职位描述和岗位要求；能够在工作设计中综合考虑任务复杂性、自主性及员工激励因素，优化工作流程并提升员工的工作体验和组织效率；熟练应用职位特征模型和胜任素质模型分析岗位需求，制订科学的招聘、培训及绩效管理方案；具备将职位分析的成果转化为优化企业人力资源管理决策的能力，从而提升组织整体效能。

开篇案例

## 人工智能助力J公司家装顾问的工作转型

J公司成立于2003年，总部位于成都，专注于全屋设计与装修。多年来，公司凭借个性化服务和诚信经营积累了良好口碑。然而，随着互联网家装平台的崛起和市场竞争的加剧，传统家装企业面临越来越多的挑战。J公司以家装顾问为核心的运营模式逐渐暴露出效率低、成本高、客户满意度下降等问题，急需转型以应对新形势。

在传统模式下，家装顾问的主要职责集中在售前客户筛选和初步沟通上，约80%的工作时间用于拨打电话收集客户信息和安排基础咨询。这种工作内容高度重复且机械化，不仅让顾问缺乏深入服务客户的机会，也使他们的职业发展空间受到限制。同时，公司对家装顾问的绩效考核过于关注电话数量和签单率，而对服务质量和客户体验的关注较少，导致员工成就感低、工作积极性下降。此外，客户频繁更换顾问和重复提交信息的问题也显著降低了客户体验，转化率持续走低。

为突破传统模式的局限性，J公司于2020年引入人工智能对话机器人，通过技术赋能优化业务流程。AI系统承担了大量基础性工作，如客户信息收集、需求匹配和常见问题解答，将顾问从低效的机械劳动中解放出来，使其能够专注于高价值的客户需求分析、方案设计和后续服务。这一转型显著提升了客户筛选的效率，优化了顾问的工作内容，改善了服务质量，并增强了员工的成就感与职业参与度。

尽管AI技术的引入为J公司带来了明显的效率提升，其应用过程中也遇到了一些挑战。部分员工对新技术的使用感到担忧，认为其可能导致岗位替代或增加压力。为解决这些问题，公司通过开展专项技能培训和心理疏导，帮助员工掌握新工具的使用方法，并明确AI是支持员工的工具，而非取代其价值的替代品。这些措施有效化解了员工的抵触情绪，增强了他们对技术的接受度和对岗位的认同感。

除了顾问职责的优化，AI技术还对客户服务的流程进行了重塑。客户在前端的需求分析由AI高效完成后，家装顾问能够将更多精力投入客户方案的个性化定制中，实现服务的深度与广度同步提升。AI的应用显著改善了客户的体验感，客户对服务响应速度和对方案的满意度大幅提高。此外，公司利用数据分析功能不断完善 AI 模型，将不同阶段的客户需求与历史数据相匹配，从而进一步提高转化率和客户忠诚度。

通过人机协作模式的优化，J 公司不仅改善了客户满意度和员工工作积极性，还显著提升了整体业绩。顾问员工从基础性工作中解放后，得以更好地服务客户，为客户提供个性化的方案，推动了签单率的提升。转型后，公司员工流失率下降，客户忠诚度和企业竞争力显著增强。这一案例为传统家装企业的数字化转型提供了宝贵的实践经验，也揭示了人机协作在优化工作流程和提升服务质量中的潜力。同时，它展示了技术与人为因素的协同发展如何推动传统行业实现创新转型。

（案例来源：谢梦影，徐珊，张琪若，等. 人工携手智能：J 公司家装顾问的工作转型[EB/OL].（2024-04-01）[2024-10-11]. http：//www. cmcc-dlut. cn/Cases/Detail/8265）

通过职位和工作分析，J 公司能够识别出当前工作模式中的问题和改进空间，并据此进行有效的技术引入和流程优化。职位分析不仅帮助 J 公司提升了工作效率、员工满意度和客户体验，还为公司在竞争激烈的市场中实现成功转型提供了动力。这一案例说明了职位和工作分析在帮助企业适应新技术、优化岗位设置和提升整体业绩中的重要作用。

## 4.1 职位分析

职位分析是一种系统性地搜集、分析和整理有关特定职位的信息，以更好地对候选人和职位进行匹配、优化工作流程和组织架构，从而提升整体效率的管理工具。职位分析不仅能够通过改善招聘、培训、评价和薪酬管理的效果，帮助组织优化员工管理，还能够准确识别职位之间的关系和工作流程，帮助企业优化组织架构，提高员工之间的协作性和企业效率。

### 4.1.1 职位分析的目的

职位分析的主要目的是通过系统地收集和分析职位相关的信息，以便更好地理解和管理组织内的职位设置、人员需求及其职责。对现有职位进行分析，企业可明确岗位变化，并评价岗位是否适应企业未来发展的需要；设置新职位时，也可通过职位分析了解拟设新职位的工作任务以及未来该职位持有者的“画像”，以更好地指导招聘工作；通过职位分析了解岗位对员工知识、技能以及态度的需求，以及现有职位持有者的相关素质，明确是否需要举行员工培训。

### 4.1.2 职位分析的方法

职位分析的方法包括问卷调查法、访谈法、观察法、专家评估法、职位说明书分析法、工作日志法和工作样本法等。这些方法各有适用的场景，通常在实际应用中需要根据职位分析目的、职位的特性、组织的规模及资源的可用性来选择最合适的方法。在大多数情况下，多种方法的结合使用能够互补不足，对结果进行相互印证，提供更全面、准确的职位分析结论。这不仅有助于改进招聘、培训、绩效评估等人力资源管理决策，还能够帮助企业更好地理解员工的工作需求，提高工作效率和员工满意度。

#### 1. 问卷调查法

问卷调查法是一种常用且较为高效的职位分析工具，通过使用标准化问卷收集职位持有者对其工作内容、职责和岗位要求的认识或是相关职位员工的反馈，帮助组织决策者了解各个职位的实际情况。问卷调查法对职位进行分析时，所采集的信息包括：①基本信息，如岗位名称、部门、工作年限等。②工作职责，包括日常工作任务的内容及其要求。③技能要求，即开展工作所需的知识、技能和态度等。④工作环境，包括工作条件、团队合作和日常沟通方式等。⑤个人感受，包括对工作的满意度、对岗位优化的意见等。

问卷调查法的实施过程如下：首先，应明确调查目标，清晰传达问卷的目标及重要性。以此为基础确定调查对象，确保调查对象具有代表性。其次，应合理设计问卷，搜集职位分析所需要的具体信息，并尽可能避免模糊的问题。选择合适的渠道和方式进行问卷分发和回收，以保证调查效率与回复质量。最后，针对所搜集到的数据进行分析，得出调查结果和结论。

问卷调查法相较于其他职位分析方法有几大优点：一是高效性，问卷调查法可在较短时期内收集大量信息，适合在组织内部进行较大规模的调查；二是真实性，通过合理地设置问题，并采用匿名的方式进行调查，能够有效地搜集员工的真实反馈；三是标准化，通过采取标准化的形式进行问卷设计，能够增强数据的可比性；四是可量化，可采取量表（如李克特量表）的形式，对问卷搜集到的信息进行统计分析。

该方式的缺点也十分明显，首先是问卷设计难度高，制定有效的问卷需要专业知识，设计不当可能使被调查者对于问题产生误解，从而提供不全面、不准确的回答，导致出现测量误差；其次，问卷通常难以反映职位的复杂性和捕捉不同职位间的细微差别，从而难以进行较深层次分析；最后，员工可能受到特定工作环境和文化背景的影响，导致他们反馈的信息与真实情况不符或片面。

## 2. 访谈法

作为职位分析的另一种方法，访谈法通过与职位持有者、上级管理者和相关职位员工进行面对面访谈，客观深入地了解职位的职责、技能要求、工作环境和绩效标准。相较于问卷调查法，访谈法可以使调查者通过面对面访谈收集更详细和具体的信息，并且能够根据受访者的回答调整问题，深入挖掘重要信息。但访谈法一定程度上受空间和时间影响，不适合大规模开展。

访谈法的实施过程一般如下：首先进行访谈前的准备，包括制定访谈问题，涉及职位的工作内容、日常任务、必要技能、工作挑战等，同时与受访者沟通，安排合适的访谈时间和地点。其次在访谈过程中，通过营造合适的访谈环境，鼓励受访者真实表达，积极倾听受访者的反馈，适时提出相关问题以获得更多细节；同时，详细记录访谈内容，确保信息完整，并且在访谈结束后将信息分类整理和分析，识别出职位分析所需要的关键信息。最后，根据需求也可将分析结果反馈给受访者，以确认信息的准确性。

## 3. 观察法

观察法是一种通过直接观察员工在岗位中的表现来收集职位信息的定性研究方法。该方法可帮助人力资源管理者更好地理解职位的实际操作、具体任务和技能需求。相较于问卷调查法和访谈法，观察法可以使调查者通过观察获取与现实职位相关的信息，避免主观偏差，并且能够观察职位上难以被明确描述的任务和流程。但是观察法的缺点也十分明显，一是观察过程较为耗时，尤其是需要观察多个员工时，观察法难以准确获取完整信息。二是观察主体的主观判断可能影响记录的准确性。三是被观察者的行为可能因接受观察而发生“扭曲”，即产生所谓的“霍桑效应”。

观察法的实施过程如下：首先明确观察的目的和对象，这通常包括了解这一职位的日常职责、工作流程、所需技能和工作环境；然后选择观察对象，即确定所要观察的具体职位和员工，并确保观察对象具有代表性；同时应该明确观察类型，调查者可选择参与式观察，即参与到被观察者的日常工作中，深入了解工作任务和流程，也可选择非参与式观察，不参与被观察者工作，只是作为旁观者进行记录；正式开始观察时，可以使用标准化的观察和记录工具，搜集员工行为、工作环境等信息，也可以根据调查者自身经验，记录一些有助于职位分析但容易被忽视的重要细节；完成观察后，应围绕观察目标，对所搜集到的信息进行分析，并可将分析结果与被观察者或管理者进行讨论，确保信息的准确性和完整性。

## 4. 专家评估法

专家评估法是一种邀请行业或本领域内的专家来搜集和分析职位信息的方法。这种方法高度依赖于专家的知识和经验，能够获得深入的行业见解，并且这一方法能够相对快速地获取有关职位的较全面的信息，适合于对较为复杂或新兴的职位进行分析。但是这一方法的局限也十分明显，寻找合适的专家并不容易，并且分析结果可能高度依赖，甚至受限于专家的经验。

专家评估法的一般流程如下：首先，选择具有相关经验和知识的专家，通常是拥有本职位或者相关职位背景的前任或现任员工，也可是行业内的专业顾问等。其次，职位分析者需与专家共同确定分析目标、具体内容、关键指标等；准备工作完成后，可通过访谈、问卷调查或小组讨论的方式，收集专家对职位的见解和意见。最后，对收集到的信息进行整理和分析，总结关键信息，形成对所分析职位的深入理解；将分析结果反馈给专家，确保信息的准确性，并根据专家的反馈进行调整。

### 5. 职位说明书分析法

职位说明书分析法是一种通过对现有职位说明书(job description)的分析以理解职位信息的方法。职位说明书通常具有标准格式，包括职位的基本信息、职责、技能要求和工作条件等信息，提供了关于特定职位的全面概述。职位说明书分析法便于分析比较不同职位，有助于系统性地分析和评价。值得注意的是，职位说明书可能无法反映职位的最新变化或实际情况，并且难以捕捉到职位的所有细节和复杂性，特别是对于需要发挥职位持有者主观能动性的职位(例如销售)来说，职位说明书分析法可能存在一定局限。

职位说明书分析法实施步骤如下：首先通过组织内部的人力资源部门或其他相关部门获取目标职位的职位说明书。其次对职位说明书中的各项内容进行细致分析，重点关注以下内容，包括本职位的正式名称以及在组织架构中的位置，该职位的核心职责、任务和工作内容，该职位所需的知识、技能和态度，以及职位的工作环境、工作时间和其他相关内容。在对职位说明书中的内容进行分析整理后，识别出职位的重要特征和要求，包括工作的复杂性和难度、该职位对组织的重要性，以及该职位与其他相关职位的关系和协作需求。在此基础上，将职位说明书的关键内容与实际工作情况进行对比，明确可能的差异和更新需求，确保职位说明书分析结果的准确性和时效性。最后可与相关员工或者管理者进行讨论和进一步验证。

### 6. 工作日志法

工作日志法是一种通过记录和分析员工日常工作的详细日志来获取职位信息的方法。该方法通过搜集和分析真实的工作活动记录，形成对职位任务、时间分配和工作流程的深入理解。工作日志分析有助于捕捉日常工作的细节和变化，识别潜在问题和可改进之处，帮助员工优化时间分配和工作流程。但是有效使用工作日志法的前提是具备完整且详细的工作日志，而记录工作日志会增加员工的工作负担，并且这一方法需要整理和分析大量数据，对职位分析者的能力要求较高。

开展工作日志法主要有以下五个步骤：首先是设计社会结构化的工作日志模板，以便员工记录日常工作活动，内容涉及工作任务的目的和具体活动、每项任务和活动所花费的时间，以及遇到的问题及挑战。其次是选择参与者，即需要分析的职位和职位持有者，确保参与者具有代表性。接下来记录工作活动，邀请参与者在一定时间段(通常为一至两周)内每日尽可能详细地记录工作活动和描述每项任务。在记录周期结束后，收集所有的工作日志，对信息进行分类整理，识别常见的任务操作过程、相应时间分配、工作频率和负荷，以及可能的瓶颈和问题。最后可邀请参与者对分析结果进行分析讨论，确保结果和结论的准确性，并根据反馈进行必要的调整。

### 7. 工作样本法

工作样本法是指通过观察和评估员工在实际工作中的真实表现，并将这一表现作为相关职位信息的具体样本的方法。工作样本法侧重评估员工执行职务相关任务的能力和表现。通过直接观察和评估员工在实际工作中的表现，该方法能够提供真实的数据，并且可以通过这一方法评估员工在具体任务中的技能和能力，帮助人力资源管理部门识别培训需求或改善工作流程。但值得注意的是，采用工作样本法对职位相关信息进行搜集，可能需要较长时间和较多人力资源，并且观察者的主观判断可能影响结果的客观性。工作表现样本的选择对结果有较大影响，因此需要确保工作表现样本对职位具有代表性。

进行工作样本法分析主要涉及以下六个步骤：第一，确定需要分析的具体职位，明确分析的目的，如识别职位技能需求、确立绩效评价标准等。第二，识别该职位关键任务和责任，重点关注该职位绩效评价的核心任务。第三，基于关键任务，设计具体的工作样本，包括具体任务情景或案例、工具或材料的使用、解决问题的情景。第四，在实际工作环境中观察并记录员工执行任务的过程。第五，对任务执行情况信息进行分析和评估。第六，就分析结果与员工进行反馈讨论，确保信息的准确性，并根据反馈进行必要的调整。

不同的职位分析方法在不同的应用场景下发挥着各自的优势和作用。为了确保职位分析结果的准确性与全面性，企业应根据分析的目的、职位的性质、组织的目标以及可用资源来选择合适的方法。例如，对于较为简单、稳定的岗位，可以采用问卷调查法和职位说明书分析法；而对于复杂或多变的岗位，访谈法、观察法和工作日志法可能更为适用。此外，结合多种方法的混合式分析可以最大限度地避免单一方法的局限性，确保分析结果的可靠性。通过精准的职位分析，企业能够更好地理解职位需求，优化招聘、培训、绩效管理等人力资源管理流程，从而提升整体组织效能和员工满意度。

# 4.2 工作设计

工作设计是人力资源管理的一个核心概念，指的是通过对工作内容、工作结构、工作流程以及工作环境等方面的系统规划与安排，提升工作效率、提高员工满意度、优化组织结构，从而实现企业战略目标和提升整体组织效能的过程。良好的工作设计不仅能帮助企业提升生产力和效益，还能提高员工的工作动力、减少工作压力，增强员工对组织的归属感和忠诚度。

## 4.2.1 工作设计的对象

工作设计的对象主要包括以下六项。

### 1. 工作内容

工作内容是指员工在工作中所承担的具体任务和职责。工作内容设计关注如何合理安排和优化这些任务，以提升工作效率和员工的工作满足感。在进行工作设计时，需要确保工作内容既能满足组织的需求，又能与员工的技能、兴趣和职业发展目标相匹配。工作内容设计需要考虑到任务的多样性、复杂性、挑战性等。例如，增加员工的工作多样性(如跨部门协作)可以降低工作的单调性，而适当的挑战性则可以激励员工提升技能和实现职业成长。

### 2. 工作流程

工作流程设计是指对工作过程中各个步骤、活动和资源流动进行优化，使得工作能够更加高效、有序地进行。优化的工作流程能够减少冗余、降低时间浪费、提高工作效率。例如，在生产型企业中，工作流程设计往往侧重于生产线的优化，旨在通过缩短生产周期、降低库存、提高资源利用率来降低成本；而在服务型行业中，工作流程设计则可能更加注重客户服务体验的改善。高效的工作流程设计不仅能够降低企业运营成本，还能够提升客户满意度和员工工作成就感。

### 3. 工作环境

工作环境是指执行职位任务相关的物质和心理方面的条件，包括工作场所的布局、相关设备和安全条件的硬件环境，以及组织文化、团队形式和人际关系等心理环境。硬件环境如办公空间的布局、照明、空气质量、噪声控制等，直接影响员工的身心健康和工作效率；而组织文化、领导风格、同事关系、工作压力等因素构成的心理环境，则直接影响员工的心理安全感和工作热情。

4. 工作角色与责任

工作角色和责任的设计是工作设计中的一个关键环节，它指的是对员工在组织中所扮演的角色以及这些角色所对应的责任进行明确划分和合理安排的过程。合理的工作角色和责任设计能够确保各个岗位的任务不重叠、责任清晰、协作顺畅，从而提升组织的工作效率，避免内部冲突，提高员工的工作满意度。

5. 员工参与

随着工作环境的变化和管理思想的不断发展，传统的自上而下的工作设计方式逐渐暴露出局限性。过去，管理层往往根据自身的观察和对市场的理解，设计员工的工作任务和职责。然而，这种方法忽视了员工的实际感受和工作需求。员工在设计过程中没有发言权，可能导致任务不合理、工作压力过大或工作环境不适宜等问题，最终影响工作效率和员工的满意度。在工作设计的过程中，组织应主动邀请员工参与，并鼓励其对工作设计的决策过程提供意见和反馈。这一理念强调员工在工作内容、职责、流程、环境等方面的直接参与，使得工作设计更符合员工的需求和实际情况，同时增强员工的责任感、工作动力和满意度，进而促进组织的整体效能提升。

6. 灵活程度和适应程度

灵活性与适应性是现代工作设计中的关键要素，它强调工作设计应具备足够的弹性，以应对快速变化的外部环境和内部需求的波动。随着市场环境、技术进步以及员工工作习惯的不断变化，组织必须具备动态调整的能力，以确保职位的工作流程、职责分配和工作条件能够有效适应组织外部环境变化、支持组织目标的达成，并最大程度地提高员工的工作满意度和绩效。例如，在新冠疫情暴发后，许多企业迅速调整了工作设计，实施了远程工作和灵活的工作安排。在疫情初期，组织面对无法预见的健康危机，传统的办公室工作方式显得不再可行。为了保证工作继续进行，许多企业迅速转向远程办公，采用了视频会议、在线协作平台等工具，以支持员工在家办公，确保工作不间断。这样的转变不仅要求组织在短时间内进行工作流程和沟通方式的重新设计，还涉及为员工提供远程办公所需的资源和支持，如云存储服务、在线培训工具，以及相应的技术支持等。同时，员工也需要在这种新环境下调整自己的工作方式，适应更加灵活的工作时间和地点安排。

## 4.2.2 工作设计的类型

工作设计的类型主要有以下三种。

1. 机械式工作设计

机械式工作设计是一种以效率为核心的工作设计方法，强调工作任务的高度分工、标准化与专业化，旨在通过简化工作过程，减少变动、提升生产力和降低成本。这种设计方法受到早期科学管理理论的强烈影响，尤其是弗雷德里克·泰勒(Frederick Taylor)的科学管理原理。泰勒提出，通过细致的工作分析和任务分配，可以找到“最佳工作方法”，从而大幅提高生产效率和降低资源浪费。机械式工作设计的核心理念是将工作分解为极其具体和标准化的任务，每个员工只负责其中的一小部分工作，这样可以最大化工作效率、减少错误和重复劳动，并提高生产力。

机械式工作设计有以下三大主要特点：①标准化。该工作设计将复杂的工作分解为简单的、重复的任务，制定统一的工作标准和严格的执行程序，以确保所有员工按照相同的方式完成任务。②效率优先。通过高度分工、优化工作流程和减少价值创造活动，提升工作效率和生产力。③目标导向的高效管理。管理层通常会设置明确的量化目标(如生产数量、工作速度等)，并通过精细的时间研究与动作研究来不断优化工作过程。

机械式工作设计的优缺点十分明显，优点是：①可以通过分工和标准化，显著提高生产效率和产量。②管理者可以通过明确的标准和流程对员工进行监督和评价。③由于任务明确，员工能较快适应，可较大程度缩短培训时间。缺点是：①通常难以适应快速变化的市场和环境需求，缺乏创新和应变能力。②重复性的工作忽略员工的社会需求，可能导致员工感到乏味和不满，影响工作动力和士气。③员工在高度专门化的工作中缺乏体验工作任务多样性和技能提升的机会，可能导致职业发展受限。

机械式工作设计有其适用的场景，适合在一些特定的生产环境下使用，尤其是那些对效率和生产规模有较高要求的行业。对于流水线生产、重复性高的制造业工作和一些低技术含量的操作，机械式设计可以通过精细分工和标准化流程大幅度提高生产效率，降低生产成本。在这些行业中，标准化作业和任务分配的优化对整体生产力的提升至关重要。以汽车制造厂为例，流水线上的每位工人负责特定的装配任务，例如安装车门、发动机或轮胎。每位工人只需执行单一任务，这样可以迅速提高生产效率。同时，生产流程严格标准化，确保每辆车都符合相同的质量标准。

### 2. 人际式工作设计

人际式工作设计是一种注重员工之间互动、沟通与协作的工作设计方法，强调通过优化工作环境和组织结构来满足员工的社会需求，从而提升员工的工作满意度、创造力、团队合作精神以及组织的整体绩效。这种设计方法与传统的机械式工作设计相对立，后者强调高度标准化与任务分工，而人际式工作设计则更加关注员工在工作中的情感联系、社交互动和团队合作。人际式工作设计的核心理念是，员工不仅仅是完成任务的工具，他们在工作过程中还具有社交需求和心理需求，而对这些需求的满足程度在一定程度上影响工作表现。通过设计一个能促进良好沟通、互动与合作的工作环境，可以激发员工的积极性、创新力和集体效能。

人际式工作设计有三大特点：①团队合作。强调通过团队协作来完成任务，鼓励成员之间的沟通和信息共享，促进团队内部及跨部门的沟通和合作，强化人际关系。②员工在工作中享有更多的自主权，并且参与管理决策。③注重人际关系，促进团队内部及跨部门的沟通和合作。

人际式工作设计的优点包括：①通过关注员工的社交需求和工作参与感，能够提升其工作满意度和士气。②多样化的工作任务和团队合作能激发创造力，带来更多创新的解决方案。③通过协作和互动，能够增强团队的凝聚力和合作精神，并减少可能出现的冲突与摩擦。缺点包括：①可能导致管理上的复杂性，尤其是在团队目标和个人目标之间的协调这一方面。②由于强调灵活性和合作，可能在某些情况下影响工作效率。

人际式工作设计在许多需要高度协作、创造性和灵活性的工作中，发挥着重要作用。尤其是在那些强调创新、灵活应对市场变化和团队合作的行业，采用人际式工作设计能够更好地促进员工之间的互动和知识共享，进而提升组织整体的表现。例如，在一家广告公司中，员工被分为多个项目小组，每个小组负责不同客户的广告活动。每个项目小组成员通常来自多个不同的专业领域，如文案、设计、市场调研、客户管理、媒体策划等。这样跨职能的团队合作设计，是人际式工作设计的典型应用。每个成员的专业知识和技能可以在小组内得到最大程度的发挥，同时，团队成员之间的交流和互动能够激发不同领域的创意和思维的碰撞。

### 3. 综合式工作设计

综合式工作设计是一种融合了工作效率、组织内部互动、员工创新能力和发展潜力的工作设计方法。它不仅考虑如何提升工作任务的执行效率，还强调优化组织内部的协作流程，并为员工提供更多的创新空间和成长机会。综合式工作设计的核心理念是通过全方位、系统化的设计方法，将传统的机械式工作设计（以标准化和分工为特点）与人际式工作设计（注重团队协作与创新）的优点有机结合，进而创造一个既能满足组织目标，又能提升员工工作体验的高效工作环境。

综合式工作设计相较于以上两种工作设计的特点是：①同时关注工作任务的结构、员工的社会需求和工作环境，确保各方面的协调和优化。②以人为本，重视员工的需求、反馈和参与，推动工作设计过程的民主化。③灵活的工作环境。创建一个灵活的工作环境，能够适应不同工作方式（如远程工作、弹性工作时间等），并且在实施后持续评估和优化工作设计，以适应变化的环境和需求。

综合式工作设计的优缺点同样明显，优点是：①通过关注员工的多维需求，能够提高工作满意度和忠诚度。②综合优化工作流程和团队协作，有助于提高整体工作效率和产出。③多样化的任务和合作氛围能够激发员工的创造力，促进创新。缺点是：①需要同时关注多个因素和层面，增加管理的复杂性。②在多元化目标和需求之间可能存在冲突，需要有效的管理和协调机制。

综合式工作设计是一种在工作设计过程中充分考虑员工需求与组织业务目标之间平衡的工作设计方法。它不仅注重提高工作效率和业务目标的实现，还重视员工的心理需求、职业发展、参与感与创新能力，力求实现企业与员工的双赢。这种设计方法尤其适用于那些面临快速变化和高创新需求的行业，比如科技、咨询、创意设计等行业。例如，许多科技公司采用敏捷开发方法(agile development)，通过定期的迭代更新、快速反馈和集体决策，确保项目能在最短时间内达到最优结果。

## 4.3 职位特征模型和胜任素质模型

### 4.3.1 职位特征模型

职位特征模型(job characteristics model)是人力资源管理和组织行为学中一个具有广泛影响力的理论框架。该模型最早由心理学家理查德·哈克曼(Richard Hackman)和格雷格·奥尔德汉姆(Gred Oldham)在20世纪70年代提出，旨在探讨工作设计的特征如何影响员工的动机、工作满意度以及工作绩效，如图4-1所示。其核心思想是，通过优化工作特征，能够增强员工的内在动机，从而提升其对工作的投入度、满意度和工作表现。哈克曼和奥尔德汉姆认为，五大主要工作特征通过影响员工的三类心理状态来间接提高员工的工作投入度、满意度和表现。

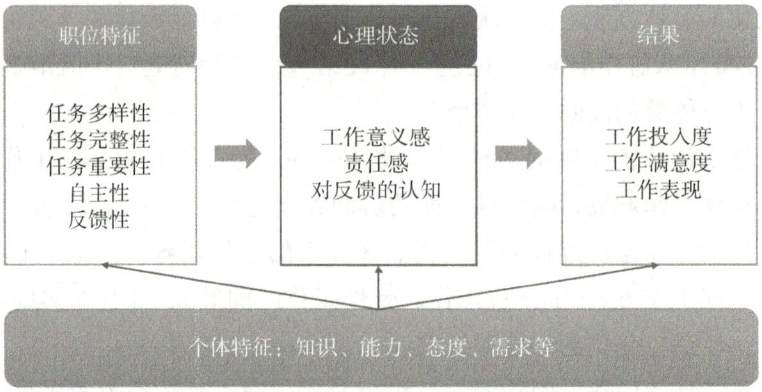


图4-1　职位特征模型

### 1. 主要工作特征和心理状态

(1)主要工作特征

①任务多样性(skill variety)。指工作中要求员工具备不同技能和能力的程度。任务的多样性越高，员工的工作体验便越丰富，工作也更具挑战性，进而能激发员工的积极性和创造性。相比单一重复的工作，高多样性的工作更能使员工保持兴趣和专注度。

②任务完整性(task identity)。指员工在完成工作任务时，能够从头到尾参与整个工作过程的程度。任务完整性高的工作让员工能够看到自己工作的最终成果，增强成就感和责任感。完成一个完整的任务，特别是能够看到工作对组织或社会的直接影响，会让员工更有动力并感受到自我价值得到实现。

③任务重要性(task significance)。指员工所做工作的意义和价值感，即员工的工作对他人或组织的影响程度。任务重要性高的工作能够让员工感受到自己的工作对社会、对团队或对客户的重大影响，从而增强他们对工作的认同感和责任感。当员工觉得自己的工作能为他人或组织带来实质性改变时，他们会更有动力去投入和执行任务。

④自主性(autonomy)。指员工在工作中所拥有的独立性和自由度，即能够在多大范围内自主决定如何完成任务。高自主性的工作能够给予员工更多控制权，使他们能够根据个人喜好和工作需要来调整工作方式，促进创新和提高解决问题的灵活性。给予员工充足的自主性不仅能够提高他们的工作动力，还能帮助员工培养解决问题的能力和创新思维。

⑤反馈性(feedback)。指工作中员工能否从任务本身或他人处获得的关于工作表现的反馈信息。良好的反馈机制能够帮助员工了解自己工作的效果，并提供改进的方向。当员工能够及时获得清晰的反馈时，他们可以更有效地调整自己的行为，提升工作质量，同时增强对工作的投入度。

(2)心理状态

①工作意义感。工作特征中的任务多样性、任务完整性和任务重要性都会显著提升员工的工作意义感。员工认为自己在做“有意义的事情”时，会产生较高的工作投入度和成就感，进一步增强内在动机。

②责任感。员工在高自主性的工作中会具有更强的责任感，因为他们能够自行决定如何执行任务。这种责任感不仅提高了工作表现，也增强了员工对工作成果的归属感和自豪感。

③对反馈的认知。反馈性特征能够帮助员工获取关于自己工作成效的反馈，进而促使员工在工作中不断学习和调整。及时、具体的反馈能够帮助员工清晰了解自己的工作表现，并为他们提供进一步提升的机会。这种反馈不仅能促进个人能力的提升，还能帮助员工找到更加高效的工作方式。

### 2. 职位特征模型的应用

职位特征模型在实际的人力资源管理中具有重要的应用价值，它帮助人力资源管理人员从工作设计、招聘、员工激励、培训与职业发展等多个方面系统地优化工作岗位和管理方式，提升员工的工作动机和满意度，从而促进员工绩效的提高和组织目标的达成。通过将职位特征模型与企业的人力资源管理实践相结合，企业能够更好地理解和满足员工的需求，提高员工的工作投入感和工作效率，进而推动组织的可持续发展。

(1)岗位设计与工作内容优化

在职位设置与工作设计过程中，职位特征模型为人力资源管理人员提供了有力的理论支持。通过关注工作中的核心特征(如技能多样性、任务完整性、任务重要性等)，人力资源管理人员可以设计出既能满足组织目标，又能激发员工内在动机的工作岗位。例如，在职位设计时，可以根据员工的兴趣和技能水平调整任务的复杂度和挑战性，确保员工在工作中能够获得成就感和成长机会。这种个性化的工作设计不仅提升了员工的工作满意度，还能提高工作效率和生产力。

(2)员工招聘与岗位匹配

职位特征模型可以帮助人力资源管理人员在招聘过程中精准匹配求职者与岗位要求。通过对岗位特征的分析，人力资源管理人员能够明确岗位的技能要求、任务复杂度、决策自主性等方面的需求，从而有针对性地评估候选人的能力与个性是否符合该岗位的要求。例如，对于需要高度创新和自主决策的职位(如研发工程师)，人力资源管理人员可以通过面试和能力测试来筛选具有较高自主性和创造力的候选人；而对于操作性较强的职位，则更侧重技能多样性和任务可控性的评估。这种岗位匹配方式能有效减少员工与岗位的匹配度差异，提高招聘成功率和员工的工作满意度。

(3)员工激励与工作动机提升

在员工激励与绩效管理中，职位特征模型为人力资源管理人员提供了改善工作设计、提升员工动机的思路。人力资源管理人员可以通过对工作特征的优化来增强员工的内在动机。例如，在设计员工的工作任务时，可以增加更多有挑战性的任务，并提升任务的完整性，使员工能感受到工作的成就感和意义。同时，给予员工更多的自主权，使他们在工作中拥有更多的决策权和控制权，从而增强员工的责任感和主动性。此外，通过提供及时的反馈，帮助员工了解自己工作的价值和表现，进一步提升员工的工作积极性。

(4)员工培训与职业发展

职位特征模型在员工培训与职业发展规划中也具有重要应用。人力资源管理人员可以通过分析职位特征，识别员工的技能需求与发展潜力，为员工设计个性化的培训方案。例如，针对技能多样性较低的岗位，人力资源管理人员可以安排跨部门的培训或工作轮岗机会，提升员工的技能水平和任务多样性；对于任务完整性较低的岗位，可以通过增强岗位的责任感和自主管理权利，让员工参与更多的工作决策，从而增加其工作参与感和满意度。此外，职位特征模型还可以作为员工职业发展的指导工具，帮助人力资源管理人员制定合理的晋升路径和职业发展规划。

(5)员工满意度与组织文化建设

职位特征模型强调员工内在动机的激发，这对于提高员工的工作满意度和构建积极的组织文化至关重要。通过优化岗位设计，人力资源管理人员可以增强员工的工作参与感和归属感。例如，任务完整性和任务重要性的提升可以让员工更加明确自己工作的意义和对组织的贡献，从而增强员工对公司的认同感；而增加工作的自主性和反馈机制，则可以让员工在工作中获得更多的掌控感和成就感，进而提高其工作满意度。此外，职位特征模型还为组织文化的建设提供了思路，强调创造一个能够激发员工内在动机的工作环境，从而建立积极向上的企业文化。

(6)绩效管理与员工发展评估

在绩效管理和员工发展评估中，职位特征模型也能为人力资源管理人员提供有效的参考。职位特征模型可以帮助人力资源管理人员分析各岗位的工作特征，确定不同岗位的绩效评估标准和激励方式。例如，对于任务重要性较高的岗位，可以制定更高的绩效目标，并根据员工的绩效表现给予相应的奖励；而对于那些任务完整性较强、需要高度自主性的岗位，则可以根据员工在工作中的创新能力和自我管理能力进行评估和奖励。通过合理地结合职位特征和员工的工作表现，人力资源管理人员能够为员工提供更加公平和个性化的绩效管理方案，进一步激发员工的潜力和创造力。

职位特征模型为组织提供了一种深入理解工作特征与员工动机之间关系的框架。通过优化工作设计中的五个核心特征，组织能够有效提升员工的工作动机、满意度和绩效，从而提高组织的整体工作效能。职位特征模型强调工作内容本身对员工心理状态的深远影响，能够为人力资源管理者提供设计高效激励机制、优化工作环境和提升员工绩效的有效工具。

### 4.3.2 胜任素质模型

胜任素质模型(competency model)是对个体在特定岗位或职业中所需的知识、技能、能力、行为特征以及动机与价值观的全面描述，如图 4-2 所示。该模型主要用于确定一个组织或行业不同职位的核心胜任力，帮助企业对员工进行招聘、培训、绩效评估及职业发展规划等方面的管理。胜任素质模型不仅关注具体的工作任务或技术要求，还强调员工在岗位上表现出的一系列行为、态度和动机。

#### 1. 胜任素质的维度

(1)知识

知识是指员工在某一领域或岗位上所需掌握的理论、概念、专业技能和技术信息。它可以通过教育、培训、工作经验或自学等方式获得的，是员工履行工作职责的基础，

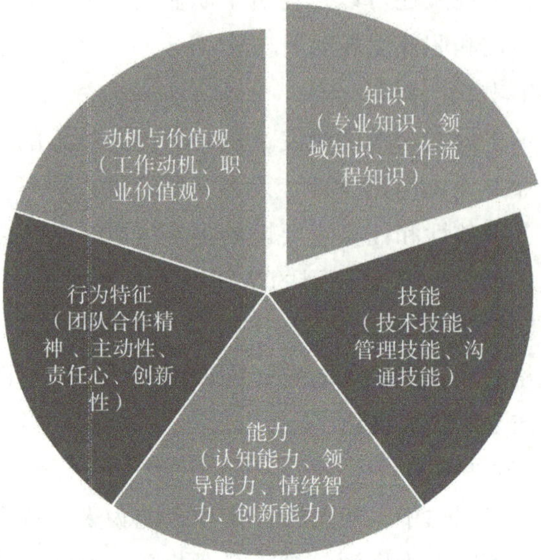


图 4-2　胜任素质模型

主要包括以下三点：

①专业知识。包括与行业、技术、市场、产品、法律、法规等相关的具体知识。例如，财务经理需要掌握财务分析、会计准则、税法等专业知识。

②领域知识。指的是在特定业务领域内的知识，例如营销经理需要了解市场趋势、消费者行为、品牌建设等。

③工作流程知识。包括对公司内部工作流程、标准操作程序（SOP）和跨部门协作要求的理解。

应用实例：一名工程师需要掌握设计软件的使用技能，同时了解相关技术规范和行业标准，以确保工程项目的顺利推进。

（2）技能

技能是指个体在特定工作中，通过实践积累和操作经验，能够熟练、有效地完成任务和解决问题的能力。技能通常可通过培训、重复练习以及工作经验来提高和发展。技能主要包括以下三类：

①技术技能。这些技能涉及某一具体技术或工具的应用，如编程技能、数据分析能力、操作机器设备的技能等。例如，一名数据分析师需要具备熟练使用 Excel 或数据分析软件（如 SPSS、Python）的技能。

②管理技能。包括项目管理、时间管理、团队协作、资源分配等方面的能力。这类技能通常在领导岗位或项目管理岗位上尤为重要。

③沟通技能。包括口头和书面沟通、谈判技巧、演讲能力等。这些技能对任何职位的员工都非常重要，特别是那些需要与团队成员或客户进行频繁沟通的职位。

应用实例：一名项目经理需要具备优秀的项目规划和执行技能，同时能够与团队成员和客户进行有效的沟通。

(3)能力

能力指的是个体在一定时间内执行任务的潜力和持续稳定的表现。与技能不同，能力更多地与个人的天赋、潜能和个人素质相关，通常是影响个人长期表现的关键因素。能力主要有以下四类：

①认知能力。包括逻辑思维、分析问题、推理和决策的能力。例如，一名财务分析师需要具备较强的数学计算和数据解读能力，以确保作出准确的财务决策。

②领导能力。涉及激励、管理团队，以及推动团队协作和制定战略目标的能力。

③情绪智力。包括自我意识、自我管理、社交技能等，能够帮助员工在职场中与他人建立积极的人际关系，管理自己的情绪和压力。

④创新能力。能够不断提出新的创意和解决方案，并应对变化和挑战的能力。这在快速变化的行业和岗位中尤为重要，如在技术研发岗位或创意产业中。

应用实例：一名人力资源经理需要具备较强的情绪智力，能够有效管理团队的工作氛围和解决员工的情绪问题，提升员工满意度。

(4)行为特征

行为特征是指员工在工作中表现出的具体行为和工作方式，这些行为是员工工作绩效和职业成功的直接体现。行为特征通常与个体的态度、动机和价值观有关。行为特征主要包括以下四个方面：

①团队合作精神。表现为个体在团队工作中表现出的合作意愿，以及分享信息、支持他人等行为。例如，在团队项目中，员工能够主动承担责任，并与团队成员协作完成任务。

②主动性。指员工在工作中主动提出建议、改进方案，并自我驱动执行任务的能力。这种行为特征是评估员工自我管理和工作积极性的关键因素。

③责任心。指员工对自己的工作任务和工作质量的高度重视，能够在工作中承担起相应的责任，并为自己的行为负责。

④创新性。表现为员工在工作中持续提出新的思路或解决方案，推动工作流程和项目的改进。这类行为特征在技术、营销等创新型岗位尤为重要。

应用实例：一名客服人员在与客户互动时，不仅解决问题，还主动提出改进建议，并能有效处理客户的情绪，展现出较高的客户导向行为和解决问题的能力。

(5)动机与价值观

动机与价值观是指员工在工作中所体现出的内在驱动力和工作态度。动机决定了员工的工作投入程度和持续性，而价值观则影响员工对工作的认知和态度。胜任素质模型中通常会涉及员工的工作动机、职业目标、对企业文化的契合度等方面的内容：

①工作动机。员工对于完成工作任务的驱动力，通常与其内在成就感、奖励机制或职业发展等因素相关。不同岗位对员工的动机需求不同，例如，销售岗位可能更侧重于外部激励(如奖金、提成)，而研发岗位可能更注重内部动机(如创新、成就感)。

②职业价值观。员工在工作中持有的价值观念，例如对工作的意义、对组织文化的认同、对职业发展路径的期望等。价值观的契合度对于员工的工作满意度、组织忠诚度以及留任率具有重要影响。

应用实例：一名产品设计师可能更关注产品创新和用户体验，对工作中的自主性和创造性有较高的需求，而一名财务人员则可能更看重稳定性和按部就班的工作流程。

### 2. 胜任素质模型的应用

胜任素质模型在现代人力资源管理中发挥着至关重要的作用，它通过明确岗位所需的核心素质，帮助企业从招聘、培训、绩效管理到职业发展等各方面优化人力资源管理流程。胜任素质模型不仅帮助企业选拔和培养高效能员工，还能有效推动组织文化的建设和战略目标的实现，是一种高效、科学的管理工具。

(1)优化招聘与岗位匹配

胜任素质模型为招聘提供了科学的框架。通过明确每个岗位所需的核心素质，人力资源管理人员可以在招聘过程中针对性地识别和评估候选人的能力、动机和行为特征。例如，在招聘过程中，人力资源管理人员可以通过行为面试法、能力测试等方式来评估候选人是否具备模型中所列出的关键素质，从而确保员工能够在岗位上发挥最大潜力，减少人员流动和人岗不匹配的风险。

(2)提升对员工的绩效管理水平

在绩效管理过程中，胜任素质模型帮助明确员工在工作中的关键行为和绩效标准。这不仅让绩效评估更加客观和公正，还能引导员工朝着公司的期望和目标努力。通过对照胜任素质模型，企业可以更清晰地设定绩效指标，并帮助员工识别自身的优势和改进空间，进而促进个人成长和组织目标的实现。

(3)支持员工培训与发展

胜任素质模型为员工的培训与发展提供了明确的方向。通过分析岗位所需的关键素质，人力资源管理人员可以为员工设计定制化的培训方案，帮助他们提升在工作中所缺乏的能力或技能。例如，对于某个管理岗位，若模型中明确了“决策能力”和“团队管理能力”为核心素质，人力资源管理人员可以提供相关的领导力培训和团队协作课程，以帮助员工在这些方面有所成长。

(4)推动人才继任与职业发展

胜任素质模型是制订人才继任计划和职业发展路径的重要工具。通过对员工的现有能力与岗位要求的对比，人力资源管理人员可以识别哪些员工有潜力担任更高层次的职位或承担更复杂的工作任务，进而为他们提供适当的职业发展机会和支持。模型帮助明确员工未来发展的关键素质，有助于为公司培养和储备接班人，确保组织的可持续发展。

(5)加强组织文化建设

胜任素质模型不仅聚焦于岗位技能的要求，还强调了员工在工作中应展现的价值观和行为特征。这些价值观和行为特征有助于塑造企业文化，并确保员工在履行岗位职责时，能够与公司文化保持一致。例如，一家公司可能特别重视创新和持续改进的精神，这就会体现在其胜任素质模型中，要求员工不仅具备专业能力，还要有积极的创新思维和变革意识。通过这一过程，企业能够加强文化的一致性，并推动组织的价值观在员工中广泛传播。

胜任素质模型是一个多维度的框架，通过对“知识、技能、能力、行为特征、动机与价值观”这些核心要素的全面分析，帮助企业识别出特定岗位或职位所需要的综合素质。通过构建明确的胜任素质模型，企业能够更加精准地进行招聘选拔、绩效评估、员工培训和发展规划，从而推动组织整体绩效的提升和员工个体成长的实现。同时，胜任素质模型的实施也能帮助企业保持人才的高匹配度和高效能，增强组织的竞争力和可持续发展能力。

## 本章要点

- 职位分析是一种系统性地搜集、分析和整理有关特定职位信息，以更好地对候选人和职位进行匹配、优化工作流程和组织架构，从而提升整体效率的管理工具。
- 职位分析的主要目的是通过系统地收集和分析与职位相关的信息，以便更好地理解和管理组织内的职位设置、人员需求及其职责。对现有职位进行分析，企业可明确岗位变化，并评价岗位是否适应企业未来发展的需要；设置新职位时，也可通过职位分析了解拟设新职位的工作任务以及未来该职位持有者的“画像”，以更好地指导招聘工作；通过职位分析了解岗位对员工知识、技能以及态度的需求，以及现有职位持有者的相关素质，明确是否需要举行员工培训。
- 职位分析的方法包括问卷调查法、访谈法、观察法、专家评估法、职位说明书分析法、工作日志法和工作样本法等。企业应根据分析的目的、职位的性质、组织的目标以及可用资源来选择合适的方法。
- 工作设计是通过对工作内容、工作结构、工作流程以及工作环境等方面的系统规划与安排，提升工作效率、提高员工满意度、优化组织结构，从而实现企业战略目标和提升整体组织效能的过程。
- 工作设计的主要类型包括机械式工作设计、人际式工作设计和综合式工作设计。
- 职位特征模型是由心理学家哈克曼和奥尔德汉姆在 20 世纪 70 年代提出，该模型认为任务多样性、任务完整性、任务重要性、自主性、反馈性五大工作特征影响工作意义感、责任感以及对反馈的认知。

• 胜任素质模型常用于描述和分析个体在特定岗位或职业中所需的知识、技能、能力、行为特征，以及动机和价值观。

## 思考与练习

### 选择题

参考答案

1. 下列选项中不属于职位分析的主要目的的是(　　)。

A. 改进招聘、培训、薪酬与绩效管理

B. 优化组织架构与工作流程

C. 消除所有职位间的相互依赖关系

D. 帮助企业更好地理解员工工作需求

2. 下列哪种方法属于职位分析的常用方法？(　　)

A. 数据挖掘法

B. 问卷调查法

C. 角色扮演法

D. 战略模拟法

3. 工作设计类型中，强调工作效率和标准化分工的是(　　)。

A. 机械式工作设计

B. 人际式工作设计

C. 综合式工作设计

D. 创新式工作设计

4. 职位特征模型(JCM)中被认为能够提升员工内在动机、满意度和绩效的五大特征不包括以下哪项？(　　)

A. 任务重要性

B. 反馈性

C. 市场份额增长率

D. 自主性

5. 胜任素质模型中的“胜任素质”主要包括以下哪些层面？(　　)

A. 知识、技能、能力、行为特征、动机与价值观

B. 知识、技能、外观、家庭背景、年龄

C. 动机与价值观、家庭条件、经验水平、性格

D. 行为特征、团队人数、绩效数据、竞争对手信息

## 简答题

1. 简要说明职位分析的主要目的。
2. 什么是机械式工作设计？简述其优缺点。
3. 简述人际式工作设计同机械式工作设计的区别。

## 讨论题

结合职位特征模型与胜任素质模型的内容，谈一谈企业在进行岗位设计与人才管理时应如何综合考虑职位特征和员工胜任素质，以实现组织绩效的最大化。

## 案例分析题

### GZYD 公司职位管理系统问诊之旅

GZYD 公司自 1999 年从原贵州省邮电管理局分离并独立运营以来，已经成为全省市场占有率达到 70%左右的通信巨头。在人力资源方面，公司拥有一支年轻的员工队伍，其中本科及以上学历的员工占比 76%，40 岁以下的员工占比 74%。但是，随着公司的战略转型，公司在人力资源管理方面面临着巨大的改革压力。为了应对这一挑战，GZYD 公司决定通过创新和优化其职位管理系统，打造更加科学合理的职位管理体系。

**职位管理系统建设历程**

2013 年，GZYD 公司开始着手建立职位管理系统。系统采用华信惠悦的全球职位评定系统(get genuine solution，GGS)，旨在为公司提供一种科学的职位评估工具。GZYD 公司设立了多个岗位序列，并将职级划分为 15 个层级。普通员工的职级从 1 至 9 级不等，分布在操作层、执行层、专业层等五个层级，而 10 至 15 级则为管理层和专家层的职级，涵盖三级经理、二级经理等多个岗位。

这一系统的实施重点是针对职级 9 级及以下的非管理层员工，目的是通过职级的合理划分和能力认证，提升员工的综合素质和工作绩效。公司设置了两种认证方式：在岗认证和职业发展认证。在岗认证主要评估员工是否具备胜任当前岗位的能力，而职业发展认证则评估员工是否具备晋升到目标岗位的能力。

**遇到的问题与挑战**

尽管职位管理系统实施初期取得了一定的成效，但在实践过程中，仍然暴露出一些问题。首先，公司的职级体系存在“倒三角形”结构，高职级岗位数量有限，导致员工晋升难度较大，很多员工即使通过了职业发展认证，依然很难获得晋升机会。特别是对于像小 C 这样在综合部工作多年但因部门岗位有限无法晋升的员工来说，职位晋升的瓶颈使其产生了失落感。其次，员工在职级晋升中普遍感到困惑。例如，很多员工在晋升过程中，虽然提升了职级，但工作内容和职责并没有实质性的变化。对于一些员工，如小

B，他从“操作层”晋升到“执行层”后，虽然收入有所增加，但实际工作并没有发生太大的变化，导致荣誉感逐渐消失。此外，公司现有的职位管理体系也未能有效激励员工的个人发展，尤其是在技术岗位上，员工的晋升通道和薪酬激励未能与其技术贡献和工作成果形成有效的匹配。例如，小 M，作为信息技术部的资深员工，虽然具备晋升到专家层级的能力，但由于缺乏发表专业学术论文的机会，他未能顺利晋升。

**对标华为：优化方向**

为了解决现有问题，GZYD 公司决定借鉴华为公司的成功经验。华为在职位管理方面的成功，主要体现在以下几个方面：首先，华为的职业通道设计更加符合企业发展战略，技术类和管理类岗位的职级设置清晰且具有发展潜力，且通过与绩效和能力挂钩，激励员工在工作中持续提升。其次，华为的任职资格体系明确，所有职位的名称和职级差异清晰，能有效激发员工的晋升动力。

GZYD 公司根据华为的经验，提出了几项优化措施：首先，进行岗位梳理，合并职责相似的岗位，增加岗位层级的带宽，以便为员工提供更多的职业发展机会。其次，更新岗位职级标准，拉伸职业发展通道，使员工能够在更多的层级中竞争，消除现有的晋升瓶颈。最后，优化任职资格认证体系，增强其对员工绩效的导向作用，确保员工的晋升与实际贡献相匹配。

**管理层决策与实施**

在项目组的建议下，GZYD 公司管理层决定开始实施这些优化方案。通过对现有岗位的梳理与优化，调整岗位职责和职级结构，并结合公司战略需求和员工反馈，制定出一套更加符合企业发展和员工需求的职位管理体系。与此同时，GZYD 公司还加强了对员工职业发展的支持，不仅通过提升薪酬，更通过增加员工的资源调度权力，增强员工的工作动力和责任感。

GZYD 公司通过职位管理系统的优化，力求解决人才瓶颈，提升员工的职业发展空间，并通过更加合理的职级设置和职业通道设计，激发员工的工作积极性。这一改革方案为公司未来的发展打下了良好的基础，同时也为其他类似企业提供了宝贵的经验。在人才竞争日益激烈的时代，优化职位管理系统，建设科学合理的职业发展通道，对于企业的长远发展具有至关重要的意义。

（案例来源：刘宁，余鹏，印兴阳. GZYD 公司职位管理系统问诊之旅[EB/OL].（2018-11-27）[2025-01-04]. http：//www. cmcc-dlut. cn/Cases/Detail/3497）

1. 请分析导致 GZYD 公司出现小 B 晋升后荣誉感消失以及小 M 无法晋升现象的原因是什么？

2. GZYD 公司采取了哪些方式优化职位管理体系？

3. 综合案例，分析理想的职位管理体系需要具备哪些特征？

# 第 5 章 招聘与选拔

**素质目标：** 培养具备严谨的逻辑思维与敏锐的洞察力，能够精准分析招聘与选拔过程中的潜在问题，并提出创新性解决方案的综合素质，以应对复杂多变的人才市场环境；增强自我学习与知识更新意识，持续关注人力资源领域前沿理论和实践动态，不断优化招聘与选拔策略和方法，适应行业发展对人才招聘提出的新要求和新挑战。

**知识目标：** 理解招聘与选拔的基本概念及其在组织中的作用，掌握招聘与选拔流程的关键环节，包括需求分析、招聘信息发布、简历筛选和面试评估等；掌握招聘与选拔的主要方法和原则，例如因事择人、公平公正原则以及人岗匹配原则，了解数字化技术（如人工智能和大数据）在招聘中的应用。

**能力目标：** 能够结合组织战略和岗位需求，制订科学合理的招聘与选拔计划，设计有效的招聘流程和评估方法；能够应用现代工具和技术，如智能筛选简历、大数据分析和在线测评，提高招聘与选拔的效率和准确性，解决实际的招聘问题。

开篇案例

## 西贝餐饮的招聘难题与创新招聘策略

在中国餐饮行业，西贝餐饮集团作为领先的连锁餐饮品牌之一，凭借其独特的文化和运营模式，取得了显著的市场份额。然而，在其快速扩张的过程中，招聘与人员流动成为重大的挑战，在节假日和旺季期间的用工短缺问题尤为突出。西贝餐饮的招聘总监小杨，在面对每年春节前的员工离职潮时，常常倍感压力。

**西贝的招聘困境与挑战**

西贝餐饮的快速扩张计划要求在短时间内大规模增加门店数量，这对基层岗位员工的需求非常大。然而，餐饮行业的用工特征决定了这一行业的招聘难度：基层员工流动性大、待遇水平较低、社会认可度不高，导致人才储备不足。此外，由于西贝餐饮在扩张过程中实行的是"创业分部+赛场制"机制，各个分部的用工需求急剧增加，且每个分部的招聘标准和节奏不统一，加剧了招聘的难度。每年年底的招聘高峰期，尤其是在春节之前，员工的离职潮与新员工的培训和储备给西贝带来了巨大的压力。

**招聘渠道的多样化与创新**

面对上述挑战，西贝餐饮对招聘策略进行了创新和调整。传统上，西贝依靠内部推荐和社会招聘两种主要渠道，但随着门店数量的扩张和岗位需求的增加，招聘方式和渠道逐渐丰富和创新。具体来说：

1. 线上与线下招聘相结合：西贝利用互联网平台如"58 同城"和"猎聘网"等在线招聘平台进行大规模的人才搜寻，同时结合门店自招和校企合作等线下渠道，全面覆盖了各类岗位的招聘需求。通过这些渠道，西贝不仅可以精准找到符合岗位要求的人才，还能吸引到更多的求职者，尤其是在大城市和新一线城市。

2. 创新的"西贝微招聘平台"：为了解决基层岗位的人员短缺问题，西贝开发了"西贝微招聘"平台。这一平台通过员工推荐的方式，激励现有员工邀请亲朋好友加入，利用员工自身的社交网络扩大招聘范围，从而缩短了招聘周期，并提高了招聘的效率。这种方式既解决了传统招聘渠道难以满足的高需求，又通过员工参与的方式增强了员工的归属感和参与感。

3. 校园招聘与校企合作：西贝还与全国多所院校建立了校企合作关系，尤其是与设有餐饮管理、酒店管理等相关专业的院校合作，推动学生到西贝进行实习和定向培养。西贝不仅通过校企合作为门店提供了源源不断的“新鲜血液”，而且通过与院校的长期合作关系，提升了品牌的社会影响力，为企业在未来招聘中创造了更多的机会。

**招聘管理创新：打造“赛场制”和“合伙人计划”**

西贝的另一项招聘管理创新体现在其“赛场制”和“合伙人计划”中。西贝将每个门店视为一个“小型创业团队”，通过“赛场制”机制对员工和分部进行评比和激励。这一机制的核心是通过业绩排名、顾客评价等指标对门店进行考核，考核结果直接影响到每个分部的奖励与资源分配。这种模式不仅激发了员工的竞争意识，还推动了分部和门店的运营效率。

1. “赛场制”：每个门店都像一个“赛场”，员工们在这一平台上通过绩效表现来争夺奖项和奖励。门店的考核内容包括顾客服务质量、团队建设、菜品标准化等多个维度，以不定期的抽查和检查的方式进行考核。这种机制激励员工在工作中注重细节，不断提升个人和团队的绩效。

2. “合伙人计划”：西贝为员工提供了明确的晋升通道和股权激励制度，特别是在“创业分部”模式下，每个分部的经理都是合伙人，拥有一定的分红权。通过这一制度，员工在长期服务的过程中，可以通过自身努力从普通员工晋升到高级经理、区域经理等管理岗位，享受公司发展的红利。通过这种合伙人机制，西贝在一定程度上增强了员工的忠诚度，减少了员工流失率。

**西贝的员工晋升机制与文化建设**

西贝餐饮的员工晋升机制和企业文化建设也是其招聘管理创新的核心部分。公司为员工设立了清晰的晋升阶梯，从普通员工到见习经理、星级员工，再到店长、区域经理，每个职位都具有明确的职业发展路径。通过阶梯式的晋升模式，西贝鼓励员工不断提升自己的职业技能和综合素质，进而为公司提供更高质量的服务。

1. “西贝大学”培训体系：为了帮助新员工更好地适应工作，西贝设立了“西贝大学”，为员工提供全方位的培训。这一培训体系不仅仅注重技能教育，还包括企业文化和素质教育，使员工在服务、团队合作和文化认同等方面得到全面的成长。

2. 员工文化认同与团队建设：西贝提倡“西贝爱的能量环”，强调“西贝爱员工，员工爱顾客，顾客爱西贝”的企业文化。通过一系列的活动，如员工互助计划和拜师仪式等，西贝增强了员工的文化认同感和团队归属感。这种“温暖”的企业文化使得员工更愿意长期在西贝工作，也提高了员工的工作满意度和忠诚度。

**综合分析与创新亮点**

西贝餐饮在人力资源管理方面的创新，主要体现在以下几个方面：

1. 招聘渠道多样化与精准化：西贝通过整合线上招聘平台、内部推荐、门店自招以及校企合作等多种招聘渠道，大大提高了招聘的精准性和效率。

2. “赛场制”和“合伙人计划”激励机制：通过将门店运营和员工表现与实际奖励挂钩，西贝不仅提高了员工的积极性，也实现了门店绩效的持续提升。

3. 员工晋升与培训体系：西贝通过明确的晋升路径和全面的培训体系，促进了员工的成长与发展，并进一步增强了员工对公司的忠诚度。

4. 文化建设与员工关怀：西贝强调员工的文化认同和人性化关怀，尤其是在员工培训、师徒制，以及工作环境的营造方面，形成了独特的员工管理模式。

（案例来源：张坚，陈万思，张尚诺. 招聘的困境：西贝“伙伴”的招聘难题[EB/OL].(2021-01-01)[2024-10-28]. http://www.cmcc-dlut.cn/Cases/Detail/5089）

上述案例中的西贝餐饮通过创新的人力资源管理战略，不仅有效解决了招聘难题，还通过文化建设和员工激励机制提升了员工的归属感和工作效率。其成功经验为餐饮行业的企业提供了宝贵的参考，尤其在招聘和员工管理创新方面，西贝的做法无疑为快速扩张中的企业提供了一个成功的范例。

# 5.1 招聘与选拔概述

## 5.1.1 招聘与选拔的概念

### 1. 招聘的概念

招聘是指组织为了发展的需要，根据人力资源规划和工作分析的要求，寻找、吸引那些有能力又有兴趣到本组织任职的人员，并从中选出适宜人员予以录用的过程。它是一个系统性的活动，涵盖了从确定招聘需求到最终录用新员工的各个环节。招聘不仅仅是发布招聘信息和收集简历，还包括对潜在候选人来源的挖掘、与候选人的初步沟通以及对招聘效果的评估等一系列活动。

#### 2. 选拔的概念

选拔是指从招聘所获得的众多候选人中挑选出符合组织岗位要求的人员的过程。这一过程通常基于一系列的评估标准和方法，旨在筛选出那些具备特定技能、知识、能力和素质的个体，以确保他们能够胜任所应聘的岗位，并在组织中发挥积极作用。选拔过程可能包括笔试、面试、心理测试等多种方法的综合运用。

#### 3. 招聘与选拔的关系与区别

招聘和选拔是紧密相关但又有所区别的两个概念。招聘是一个更广泛的概念，它侧重于吸引潜在的候选人，是一个寻找和吸引人才的过程；而选拔则是在招聘所获得的候选人基础上进行的筛选过程，重点在于从众多候选人中挑选出最合适的人员。招聘是选拔的前提和基础，如果没有足够数量和质量的候选人可供选择，选拔工作将难以有效开展。选拔则是招聘的延续和深化，它对招聘所获取的候选人进行进一步的甄别和筛选，以确保最终录用的人员符合组织的岗位要求和发展战略。

### 5.1.2 招聘与选拔的作用

#### 1. 支持实现组织战略目标

组织的战略目标决定了其对人力资源的需求。招聘与选拔合适的人员能够确保组织拥有具备相应能力和素质的员工队伍，从而为战略目标的实现提供人力保障。例如，一家计划拓展国际市场的企业，需要招聘和选拔具有跨文化沟通能力和国际市场经验的人才，以支持其国际化战略的实施。只有通过有效的招聘与选拔，组织才能获得与战略目标相匹配的人力资源，进而推动战略目标的实现。

#### 2. 优化组织人力资源结构

随着组织的发展和外部环境的变化，其人力资源结构也需要不断优化。招聘与选拔可以帮助组织引入新的技能、知识和理念，调整员工队伍的年龄结构、学历结构、专业结构等。例如，一家传统制造业企业在向智能制造转型的过程中，需要通过招聘和选拔引入具有数字化技术和智能制造知识的人才，以优化其人力资源结构，适应企业转型发展的需要。

#### 3. 提升组织创新力和竞争力

创新是组织在市场竞争中保持优势的关键因素之一。招聘与选拔具有创新思维和能力的人才能够为组织注入新的活力和创造力。这些人才能够带来新的想法、方法和技术，推动组织的产品创新、技术创新和管理创新。例如，一家科技企业通过招聘和选拔优秀的研发人才，不断推出具有创新性的产品和技术，从而提升了企业的市场竞争力。

## 5.1.3 招聘与选拔的原则

### 1. 公平公正原则

公平公正原则是招聘与选拔过程中最基本的原则。这意味着在招聘与选拔的各个环节，所有候选人都应该受到平等的对待，不应该存在任何形式的歧视或偏见。招聘信息应该明确、透明，选拔标准应该客观、统一，评估过程应该公正、合理。只有确保公平公正，才能吸引到更多优秀的人才，才能维护组织的良好形象。

### 2. 双向选择原则

双向选择原则强调组织和候选人之间的相互选择。组织在选择候选人的同时，候选人也在选择组织。在招聘与选拔过程中，组织应该向候选人充分展示自身的优势、发展前景、工作环境和福利待遇等，以便候选人能够全面了解组织；同时，候选人也应该有机会展示自己的能力、特长并表达职业期望，以便组织能够更好地了解候选人。只有当双方都认为彼此合适时，才能达成最终的录用协议。

### 3. 因事择人原则

因事择人原则要求组织根据岗位的需求来选择合适的人员。在招聘与选拔的过程中，应该首先对岗位进行详细的分析，明确岗位的职责、任务、技能要求和素质要求等，然后根据这些要求来筛选候选人。避免出现因人设事的情况，确保所选人员能够胜任岗位工作，从而提高工作效率和质量。

### 4. 人岗匹配原则

人岗匹配原则是指所选人员的能力、知识、素质等应该与岗位的要求相匹配。这包括专业技能匹配、性格匹配、价值观匹配等多个方面。只有当所选人员与岗位高度匹配时，才能发挥出人员的最大潜能，提高其工作满意度和工作效率，同时也能减少员工的流失率。例如，一个性格外向、善于沟通的人可能更适合从事销售岗位，而一个细心、严谨的人则可能更适合从事财务岗位。

## 5.1.4 人性假设理论在招聘选拔中的应用

### 1. 应用“经济人”假设理论的招聘选拔

“经济人”假设认为人类行为主要受到经济利益的驱动。按照此理论，人们通过追求经济回报最大化来激励自身行为。在招聘与选拔中，企业通常强调有吸引力的薪资福利，以吸引优秀人才，而选拔的重点则集中于评估候选人是否具备高效完成工作的能力和实现组织经济目标的潜力。在“经济人”假设下，人主要是受经济利益驱动的。因此，在招聘选拔过程中，组织会更注重候选人对经济报酬的期望以及他们为获取经济利益所表现出的能力和努力程度。“经济人”假设下的招聘选拔有以下特点。

(1)强调薪酬激励

招聘信息中可能会突出具有竞争力的薪酬福利体系，以吸引那些追求经济利益最大化的候选人。例如，企业在招聘销售岗位时，强调高额的销售提成作为激励措施。

(2)能力评估偏向经济收益

选拔过程中会重点考查候选人的工作技能和效率，这些技能和效率往往与直接获取经济收益相关，如对财务岗位候选人的财务分析和成本控制能力的考查。

(3)严格的绩效衡量

一旦录用，会建立严格的绩效评估体系，以经济指标为主要衡量标准，对员工进行考核和激励，确保员工为实现经济利益目标而努力工作。

### 2. 应用“社会人”假设理论的招聘选拔

“社会人”假设提出，人类行为受到社会关系和情感需求的影响。人在组织中的工作不仅为经济利益服务，还追求社会归属感和认可。在招聘中，企业会更重视候选人与企业文化及团队氛围的契合度，通过关注候选人的沟通能力、团队合作能力以及与同事和客户的交往模式，选择能够融入组织氛围的人才。“社会人”假设下的招聘选拔有以下特点。

(1)重视团队合作与社交能力

招聘时会强调团队合作氛围和企业文化中的社交元素，选拔过程中会注重考查候选人的人际交往能力、团队协作能力以及沟通能力。例如，在招聘项目团队成员时，会通过小组面试或团队活动来观察候选人在团队环境中的表现。

(2)考量企业文化契合度

组织会更关注候选人与企业文化的契合度，尤其是在价值观和社交规范方面。因为在“社会人”假设下，员工在一个与自身价值观相符且具有良好社交氛围的组织中会更有工作动力和归属感。

(3)强调员工关怀与激励

除了经济报酬外，组织还会强调对员工的关怀和社会认可方面的激励措施。例如，提供丰富的员工活动、良好的工作环境以及开展对员工个人成就的公开表彰等。

### 3. 应用“自我实现人”假设理论的招聘选拔

“自我实现人”假设认为，人们除了基本需求，还追求个人潜力的最大化和自我价值的实现。在招聘选拔中，企业需要关注候选人的内在动机、职业发展期望及成长空间，通过提供个性化的职业发展机会和相对自主的工作环境，吸引有创造力和创新能力的高潜力人才。“自我实现人”假设下的招聘选拔有以下特点。

(1)强调发展机会

招聘信息中会突出组织为员工提供的职业发展机会和个人成长空间。例如，企业在招聘研发岗位时，强调有机会参与前沿项目研发以及与行业专家合作。

(2)评估内在动机与潜力

选拔过程中会更关注候选人的内在动机和自我发展的潜力。不仅仅考查候选人当前的技能和知识水平，还会通过面试、心理测试等方式了解他们对自身职业发展的规划和追求自我实现的动力。

(3)提供自主与授权环境

一旦录用，组织会为员工提供一个相对自主和授权的工作环境，鼓励员工发挥自己的创造力和主动性，以实现个人的自我实现需求。

#### 4. 应用“复杂人”假设理论的招聘选拔

“复杂人”假设强调人类需求的多样性和动态性，认为人的行为受到内外部多种因素的共同影响。基于此假设，企业在招聘中会采用灵活的策略和多样化的激励措施，关注个体的独特需求和潜在能力，并通过动态调整来匹配候选人和岗位，以适应组织和市场的变化。“复杂人”假设下的招聘选拔有以下特点。

(1)注重个性化评估

招聘选拔过程中不会采用单一的标准和方法，而是会根据不同岗位和候选人的具体情况进行个性化的评估。例如，对于高层管理岗位的候选人，可能会综合考虑其领导能力、战略眼光、人际交往能力以及对不同行业环境的适应能力等多个方面。

(2)强调考查动态适应能力

注重考查候选人的动态适应能力，即能否根据环境变化和组织需求的变化及时调整自己的行为和工作方式。例如，在一个快速变化的行业中，企业在招聘员工时会更看重候选人在面对新的技术、市场和管理要求时的适应能力。

(3)提供多样化激励措施

组织会根据员工的不同需求和动机提供多样化的激励措施。因为在“复杂人”假设下，不同员工对激励的反应可能不同。激励措施可能包括经济激励、社会认可、个人成长机会等多种形式。

### 5.1.5 人力资本理论与招聘选拔

#### 1. 人力资本理论概述

人力资本理论认为，劳动者的知识、技能、经验等特质是能够为企业创造经济价值的一种资本形式。与物质资本相比，人力资本的特点在于其不可分割性和增值性，组织通过对员工的知识与技能进行投资，可以提高员工的生产效率，为企业带来更大的回报。

这种投资通常包括教育培训、职业发展、激励机制等。基于人力资本理论，招聘与选拔的目标在于挖掘和吸纳具有潜力和发展价值的人才，以推动企业的长期可持续发展。

### 2. 人力资本导向的招聘与选拔策略

(1)优化招聘标准

在人力资本理论的指导下，企业在招聘时不仅关注候选人现有的知识和技能水平，还特别重视候选人的学习能力和发展潜力。这是因为学习能力强的员工能够在未来通过培训和教育不断提升自身价值，为企业创造更大的效益。例如，招聘时企业可能倾向于选择在校期间表现优秀、参与过多种类型实践活动的应届毕业生，因为他们通常具备适应新环境和接受新知识的能力。

(2)注重长期投资视角

招聘与选拔被视为一种长期性的人力资本投资行为，旨在选择那些具备长期发展潜力的候选人，即使他们当前的技能水平可能未能完美匹配岗位需求。例如，一些企业在招聘初级岗位时，更注重候选人的综合素质和潜在能力，而非单纯考查其当前的技术熟练度。通过后续的系统性培训，这类候选人可以快速成长为组织的核心人才。

(3)吸引高端人力资本

为了提升企业的人力资本质量，吸引和留住高端人才成为组织的一项关键战略。企业会投入更多资源优化招聘选拔机制，包括提供有竞争力的薪酬福利、明确的职业发展路径和良好的工作环境等。这些措施旨在吸引那些拥有丰富经验和高水平技能的候选人，这类候选人通常具备较丰富的知识储备和较强的创新能力，能够为组织带来显著的经济和战略价值。

### 3. 招聘选拔对人力资本增值的作用

(1)筛选优质人力资本

通过设置合理的招聘选拔流程和采用合适的方法，组织可以筛选出那些具有较高人力资本质量的候选人。这些候选人在进入组织后，能够更快地适应工作环境，并且能够利用自身的知识和技能为组织创造价值，从而实现人力资本的增值。

(2)激发员工潜能

招聘选拔过程中对候选人的评估和激励机制的设置，可以激发员工的内在潜能。例如，组织通过选拔出那些具有自我实现需求的员工，并为他们提供相应的发展机会和激励措施，可以促使他们不断提升自己的知识和技能，进而实现人力资本的增值。

(3)促进知识传播与交流

招聘选拔不同背景和专业的员工，可以促进组织内部知识的传播与交流。当员工之间相互学习和交流时，能够拓宽彼此的知识面，提升自身的能力。例如，一家科技企业招聘了不同专业领域的人才，如计算机科学、电子工程、材料科学等，这些员工之间的交流和合作可以促进跨学科知识的应用和创新，从而实现人力资本的增值。

## 5.2 招聘的流程与方法

### 5.2.1 招聘计划的制订

招聘计划是确保企业人力资源供给与需求平衡的关键，也是组织实现战略目标的重要保障。在制订招聘计划时，企业需要从组织整体战略出发，结合现有人力资源状况及岗位需求，对招聘需求进行全面分析。通过明确招聘目标，企业可以更精准地吸引、筛选和录用合适的人才，为组织的长远发展奠定基础。

#### 1. 确定招聘需求

招聘需求的确定需要从以下三个方面着手。

(1)组织战略目标分解

组织的战略目标决定了其对人力资源的长期需求。招聘计划要依据组织战略目标进行分解，明确各个部门、各个岗位在实现战略目标过程中的职责和任务，从而确定所需的人员数量、技能要求和素质特点。例如，如果组织战略目标是扩大市场份额，可能需要增加销售团队的人员数量，并要求销售人员具备更强的市场开拓能力和客户关系管理能力。

(2)人力资源规划分析

结合组织现有的人力资源状况进行分析，了解当前员工队伍的年龄结构、学历结构、技能水平分布等情况，以及员工的流动趋势和潜在的人员流失风险。通过对人力资源规划的分析，确定哪些岗位可能出现人员短缺，哪些岗位可能需要进行人员调整或补充。例如，根据人力资源规划分析，如果发现某一专业技术岗位的员工年龄偏大，且后续人才储备不足，就需要考虑在招聘计划中增加该岗位的招聘需求。

(3)岗位空缺情况分析

对组织内部的具体岗位空缺情况进行深入分析，确定空缺原因是员工离职、岗位新增还是业务扩张。与此同时，明确每个岗位的技能、知识和经验要求。例如，若某部门新增一个项目管理岗位，应通过岗位空缺情况分析，明确候选人需要具备项目管理知识、良好的沟通协调能力以及一定的行业经验，以便精准匹配合适的人才。

#### 2. 明确招聘目标

招聘目标可分为数量目标与质量目标。

(1)数量目标

根据招聘需求确定需要招聘的人员数量。数量目标要具体、明确，既要考虑当前岗位空缺的数量，也要考虑组织未来发展对人员储备的需求。例如，某企业计划在本年度招聘20名销售人员和5名技术研发人员，其中销售人员的招聘是为了满足当前市场扩张的需求，而技术研发人员的招聘则是考虑到企业未来产品研发的规划。

(2)质量目标

明确招聘人员应具备的质量标准，包括技能水平、知识结构、工作经验、个人素质等方面。质量目标要与组织的战略目标和岗位要求相匹配。例如，对于技术研发岗位，质量目标可能包括具备相关专业的硕士学位、熟练掌握特定的编程语言和开发工具、有一定的项目开发经验以及具备良好的创新能力和团队协作精神。

### 3. 制定招聘预算

招聘预算应包括以下四个方面的费用。

(1)招聘渠道费用

使用各种招聘渠道所需的费用。不同招聘渠道的费用差异较大，例如，专业招聘网站可能需要支付会员费或广告费用，校园招聘可能涉及差旅费、场地租赁费用以及宣传资料制作费用等。根据招聘计划中确定的招聘渠道，预估相应的费用支出。

(2)招聘广告费用

如果计划通过广告形式进行招聘，需要为广告制作费用和投放费用制定预算。广告形式可以包括报纸广告、网络广告、户外广告等，不同形式的广告费用也各不相同。例如，在报纸上刊登一则招聘广告可能需要几千元的费用，而在一些热门的网络招聘平台上投放广告可能需要数万元的费用。

(3)招聘人员薪酬

如果招聘过程需要专门的招聘人员参与，要制定招聘人员的薪酬支出预算。招聘人员的薪酬包括基本工资、绩效工资以及可能的加班工资等。例如，一名招聘专员的月基本工资可能为5000元，根据其招聘绩效可能还会有一定比例的绩效工资。

(4)测试与评估费用

在招聘过程中进行各种测试和评估所需的费用。测试和评估可以包括笔试、面试、心理测试、实操测试等，这些测试可能需要购买测试材料、聘请专业测试人员或使用专业测试设备等，都需要相应的费用支出。例如，购买一套心理测试题可能需要几百元，聘请专业的面试考官可能需要支付一定的报酬。

## 5.2.2 招聘渠道的选择

招聘渠道的选择是确保招聘计划成功实施的重要环节。企业需要根据招聘需求和岗位特点，在内部和外部渠道中作出权衡和选择。内部招聘渠道有助于激励现有员工、降低招聘成本，并促进组织文化的延续；而外部招聘渠道则能够为企业注入新鲜血液，拓展知识和技能的多样性。

### 1. 内部招聘

内部招聘主要有以下三种方式。

(1) 内部晋升

内部晋升是一种常见的内部招聘方式。当组织内部有岗位空缺时，往往优先考虑从现有员工中选拔合适的人员晋升到更高的岗位。内部晋升可以提高员工的工作积极性和忠诚度，同时员工对组织的文化、流程和业务已经有了一定的了解，能够更快地适应新岗位。例如，某部门主管职位空缺，组织可以从部门内部业绩优秀、具备管理潜力的员工中选拔晋升。

(2) 岗位轮换

岗位轮换也是内部招聘的一种方式。通过让员工在不同的岗位之间轮换，可以拓宽员工的视野，提高员工的综合能力，同时也可以发现员工的潜在优势和适合的岗位。例如，一名财务人员可以轮换到市场部门，了解市场业务的运作，这样既可以提高财务人员对市场的敏感度，也可以为市场部门带来财务方面的专业知识。

(3) 内部员工推荐

鼓励内部员工推荐合适的人选来填补岗位空缺。内部员工对组织的文化和岗位要求有一定的了解，他们推荐的人选可能更符合组织的需求。同时，给予推荐成功的员工一定的奖励，可以提高员工参与推荐的积极性。例如，某员工推荐了一位朋友来应聘技术岗位，经过面试和评估，如果该朋友被录用，推荐员工可以获得一定的奖金。

内部招聘的优缺点如下：

优点：内部招聘可以提高员工的工作积极性和忠诚度，减少新员工的培训成本和适应时间，同时可以保证组织文化的传承。

缺点：内部招聘可能会导致“近亲繁殖”现象，限制了组织的创新和视野；如果内部竞争过于激烈，可能会影响员工之间的关系。

### 2. 外部招聘

外部招聘主要有以下四种方式。

(1) 校园招聘

校园招聘是针对应届毕业生的招聘方式。由于应届毕业生往往具有较强的学习能力和可塑性，校园招聘可以为组织注入新的活力和创新思维。例如，某家科技企业每年都会到各大高校招聘计算机科学、电子工程等专业的应届毕业生，为企业的研发团队补充新鲜血液。

(2) 网络招聘

网络招聘是利用互联网平台进行招聘的方式。网络招聘具有信息传播速度快、覆盖面广、成本低等优点。例如，企业可以在知名的网络招聘平台上发布招聘信息，吸引全国各地甚至全球的求职者。

(3)社会招聘

社会招聘是面向社会各界有工作经验的人员进行招聘。社会招聘可以快速获取具有特定技能和经验的人才，满足组织对专业人才的需求。例如，一家企业需要招聘一名具有多年市场营销经验的经理，通过社会招聘可以较快找到符合要求的候选人。

(4)人才市场招聘

人才市场招聘是在人才市场现场进行招聘的方式。人才市场招聘可以直接与求职者面对面交流，了解求职者的情况，同时也可以展示组织的形象。例如，企业可以在当地的人才市场设置招聘摊位，招聘各类岗位的人员。

外部招聘的优缺点如下：

优点：外部招聘可以引入新的知识、技能和理念，拓宽组织的视野，提高组织的创新能力；可以获取具有特定技能和经验的人才，满足组织对专业人才的需求。

缺点：外部招聘需要花费更多的培训成本和适应时间，新员工对组织文化的适应可能需要较长时间，并且可能会引入一些不符合组织文化的人员。

### 5.2.3 招聘信息的发布

招聘信息的发布是企业与潜在求职者之间建立联系的第一步，也是吸引合适候选人的关键环节。一份清晰、全面、吸引力强的招聘信息能够有效传递岗位需求和企业价值，提升招聘效率和质量。招聘信息通常包括公司简介、岗位描述和任职资格等内容，每一部分都需精心设计，以便为求职者提供充分的信息，帮助他们判断与岗位的匹配度。

#### 1. 招聘信息的内容

(1)公司简介

公司简介是招聘信息的重要组成部分，它能够让求职者对公司有一个初步的了解。应包括公司的名称、成立时间、经营范围、市场地位、企业文化等方面的内容。例如，一家科技公司的公司简介可以提到公司成立于××××年，专注于××领域的研发和应用，在行业内具有领先地位，企业文化为“创新、合作、共赢”。

(2)岗位描述

岗位描述要详细说明岗位的职责和任务，包括工作的主要内容、工作目标、工作流程以及与其他岗位的协作关系等。例如，对于一个市场营销岗位，岗位描述可以是负责市场调研、制定营销策略、执行营销活动、分析市场反馈等，需与销售团队密切协作，共同实现公司的市场扩张目标。

(3)任职资格

明确该岗位所需的任职资格，包括学历要求、专业背景、工作经验、技能要求、个人素质等方面。例如，一个软件研发岗位可能要求应聘者具有计算机相关专业本科及以上学历，有××年以上软件开发经验，熟练掌握××编程语言，具备良好的问题解决能力和团队协作精神。

(4)薪酬福利

薪酬福利是求职者关注的重点内容之一。应包括工资待遇、奖金制度、福利待遇(如五险一金、带薪年假、节日福利等)以及可能的职业发展激励措施(如股票期权等)。例如，某公司提供具有竞争力的薪资待遇，包括基本工资、绩效奖金，以及完善的福利待遇，如五险一金、带薪年假15天、节日福利等，对于优秀员工还有机会获得股票期权。

(5)职业发展路径

介绍该岗位的职业发展路径，让求职者了解在公司内的晋升机会和发展方向。例如，一个初级销售岗位的职业发展路径可能是从销售代表晋升为销售主管，再晋升为销售经理，最终有可能晋升为销售总监，同时还可以横向发展为市场经理等相关岗位。

### 2. 招聘信息发布的渠道

(1)公司官方网站

公司官方网站是发布招聘信息的重要渠道之一。它能够让求职者直接了解公司的招聘动态和岗位信息。企业可以在官方网站上设置专门的招聘页面，分类展示不同岗位的招聘信息，方便求职者查找。例如，一些大型企业的官方网站招聘页面会详细列出各个部门的招聘岗位，包括岗位名称、岗位职责、任职资格等信息。

(2)专业招聘网站

专业招聘网站具有广泛的用户基础和专业的招聘服务。企业可以在知名的专业招聘网站上发布招聘信息，如前程无忧、智联招聘等。这些网站可以根据企业的招聘需求，将招聘信息推送给符合条件的求职者，提高招聘信息的曝光率。例如，企业在前程无忧上发布一个财务岗位的招聘信息，前程无忧会根据岗位要求和求职者的简历信息，将该招聘信息推送给相关专业的求职者。

(3)社交媒体平台

在中国，社交媒体平台同样是招聘信息发布的有效渠道。例如，领英适合发布专业岗位的招聘信息，吸引专业人士的关注；而像BOSS直聘、脉脉等平台也具备发布各类岗位招聘信息的功能，能吸引到广泛的受众。通过这些社交媒体平台发布招聘信息，可以扩大招聘信息的传播范围，吸引更多潜在的求职者。例如，一家企业在BOSS直聘上发布一个高级管理岗位的招聘信息，能够吸引到众多符合条件的求职者。

(4)高校就业网站

对于校园招聘来说，高校就业网站是必不可少的发布渠道。企业可以在目标高校的就业网站上发布招聘信息，吸引应届毕业生的关注。高校就业网站通常会对企业进行审核和分类，确保招聘信息的真实性和可靠性。例如，一家企业在某知名高校的就业网站上发布招聘信息，该校的应届毕业生就可以在就业网站上直接查看企业的招聘信息和岗位要求。

### 3. 招聘信息发布的技巧

(1)使用简洁明了的语言

招聘信息应使用简洁明了的语言，避免使用过于复杂或晦涩的词汇和句子。求职者在浏览招聘信息时，希望能够快速获取关键信息，简洁的语言能够提高信息传递的效率。例如，岗位描述可以直接说明“负责市场调研和分析，制定营销策略”，而不是使用冗长复杂的句子。

(2)突出重点信息

在招聘信息中要突出重点信息，如岗位的关键职责、核心任职资格、独特的薪酬福利等。这些重点信息能够吸引求职者的注意力，让他们快速判断自己是否符合岗位要求。例如，在一个研发岗位的招聘信息中，突出强调“熟练掌握××编程语言，有××年以上相关项目经验”等关键信息。

(3)采用吸引眼球的方式

为了吸引求职者关注，招聘信息可以采用一些吸引眼球的方式。例如，在标题中使用一些吸引人的关键词，如“高薪诚聘”“热门岗位”等，或者在薪酬方面给予比较特殊的定薪方式。比如有的互联网初创企业在定薪的时候将主动权交给员工，让员工给自己的工作“打分定价”，由公司进行审核确定。这类新颖的薪酬方式也是吸引年轻求职者关注的方式之一。

# 5.3 选拔的前期准备与方法

## 5.3.1 选拔的前期准备

在选拔过程中，前期准备是至关重要的步骤，它直接影响到整个选拔工作的效率和质量。前期准备要做好以下两项工作。

### 1. 筛选简历

简历筛选作为选拔的首要环节，是企业对候选人进行初步筛查和评估的重要工具。通过筛选简历，企业可以快速锁定与岗位需求匹配度较高的候选人，为后续的面试和评估奠定基础。以下是筛选简历过程中需要关注的几个关键要点。

(1)基本信息匹配

首先检查简历中的基本信息是否符合岗位要求，如学历、专业、工作年限等。例如，对于一个要求本科及以上学历、计算机专业、具有3年以上工作经验的岗位，不符合这些基本条件的简历将被初步筛选掉。

(2)关键技能与经验

重点关注候选人是否具备岗位所需的关键技能和相关工作经验。例如，招聘一名软件工程师，会查看简历中是否有相关编程语言的熟练掌握情况以及参与过的项目。

(3)职业稳定性

通过查看候选人的工作经历，了解其职业稳定性。频繁跳槽的候选人可能存在职业适应性或忠诚度方面的问题，需要谨慎考虑。例如，如果一个候选人在短时间内更换了多个工作岗位，可能需要进一步了解原因。

(4)成就与成果

关注候选人在以往工作中取得的成就和成果，如获得的奖项、完成的重要项目、发表的论文等。这些可以反映候选人的能力和工作表现。例如，一名市场营销人员如果有成功策划并执行大型营销活动的经历，将增加其竞争力。

知识拓展

## 人工智能算法在简历筛选中的应用

1. 智能关键词匹配

人工智能算法可以自动识别简历中的关键词，并与岗位要求的关键词进行匹配。例如，对于一个招聘数据分析师的岗位，算法会查找简历中是否有“数据分析”“统计学”“SQL”等相关关键词，并根据匹配程度进行初步筛选。

2. 语义分析

算法能够对简历文本进行语义分析，理解句子的含义，从而更准确地判断候选人的技能和经验是否符合要求。例如，通过语义分析可以判断候选人在描述项目经验时是否真正掌握了相关技能，而不仅仅是简单提及。

3. 简历评分与排序

根据简历与岗位要求的匹配程度，人工智能算法可以对简历进行评分和排序。将匹配度高的简历排在前面，方便招聘人员进一步查看和筛选。例如，一份简历在技能匹配、工作经验匹配和教育背景匹配等方面都表现出色，将获得较高的评分并排在前列。

### 2. 确定选拔方法

确定选拔方法作为选拔的重要步骤，是企业确保找到最合适人才的关键。应根据岗位需求选择合适的选拔方法。

(1)技术岗位

对于技术岗位，如软件工程师、数据分析师等，通常会采用笔试来考查候选人的专业知识和技能水平。例如，软件工程师岗位可能会设置编程题和算法题的笔试。同时，面试也是重要的选拔方法，通过面试可以了解候选人的技术思路、解决问题的能力以及团队协作精神。例如，在面试中可以让候选人解释一个复杂的算法问题，或者讨论一个实际项目中的技术难题。

(2)管理岗位

管理岗位需要考查候选人的领导能力、决策能力、沟通能力和团队管理能力等。因此，面试是主要的选拔方法，包括结构化面试、非结构化面试和半结构化面试等多种形式。例如，在结构化面试中，可以设计一些关于领导风格、团队建设、决策过程等方面的问题，来考查候选人的管理能力。此外，评价中心技术也常用于管理岗位的选拔，如无领导小组讨论可以观察候选人在团队中的领导能力和协作能力，公文筐测验可以考查候选人的决策能力和文件处理能力。

(3)销售岗位

销售岗位重点考查候选人的沟通能力、市场开拓能力和客户关系管理能力等。面试是主要的选拔方法，在面试中可以通过角色扮演、案例分析等方式来考查候选人的销售技巧和应变能力。例如，在角色扮演中，让候选人模拟与客户的销售谈判过程，观察其沟通能力和销售策略。同时，心理测试也可以用于销售岗位的选拔，如人格测试可以了解候选人的性格特点是否适合销售工作，职业兴趣测试可以判断候选人对销售工作是否真正有兴趣。

## 5.3.2 常见的选拔方法

选拔方法是招聘过程中评估候选人能力、知识和综合素质的关键工具。以下介绍几种常见的选拔方法及其具体实施方式。

### 1. 笔试

笔试适用于对基础知识和专业技能要求较高的岗位，如技术研发、财务会计等，可以全面、系统地考查候选人的知识储备和技能水平。但笔试的局限性在于无法考查候选人的实际操作能力和综合素质。

(1)笔试的类型

①专业知识笔试。主要考查候选人在某一专业领域的知识水平，如计算机专业的编

程语言、算法知识，财务专业的会计原理、财务管理知识等。

②综合能力笔试。涵盖多个领域的知识和能力，如逻辑思维能力、语言表达能力、分析问题和解决问题的能力等。例如，一些企业会采用与公务员考试类似的综合能力笔试，考查候选人的综合素质。

③技能测试笔试。针对特定技能进行测试，如打字速度测试、软件操作测试等。例如，对于一个数据录入员岗位，会进行打字速度和准确性的测试。

(2)笔试的内容设计

①岗位相关知识。根据岗位需求，确定笔试的主要内容为与岗位相关的专业知识和技能。例如，招聘一名教师，笔试内容可能包括教育学原理、学科知识、教学方法等。

②基础知识补充。除了岗位相关知识，还可以适当补充一些基础知识，如数学、语文、英语等，以考查候选人的综合素质。例如，在一些综合能力笔试中，会有数学逻辑题和英语阅读理解题。

③问题情境设置。为了更好地考查候选人的分析问题和解决问题的能力，在笔试中设置一些问题情境，要求候选人根据给定的条件和要求进行分析和解决。例如，在一场项目管理岗位的笔试中，设置一个项目进度延误的问题情境，要求候选人分析原因并提出解决方案。

(3)笔试的组织实施

①试卷准备。根据笔试的类型和内容设计，准备相应的试卷。试卷应包括明确的题目、答题要求和评分标准。例如，对于专业知识笔试，试卷可以按照专业知识模块进行分类出题，每道题目都有相应的分值和答题要求。

②考试安排。确定考试的时间、地点和参加考试的人员名单。考试时间应合理安排，既能让候选人有足够的时间答题，又能保证考试的效率。同时，对于考试地点的选择也应合理，尽量使候选人在考试时免受外部环境的干扰。例如，对于一场综合能力笔试，考试时间可以设定为 2 小时，并安排一个安静、宽敞的教室进行考试。

③监考工作。安排专业的监考人员进行监考，确保考试的公平性和公正性。监考人员应严格执行考试规定，防止作弊行为的发生。例如，监考人员在考试过程中要巡视考场，检查考生的身份证件和试卷填写情况。

④试卷评阅。考试结束后，组织专业人员对试卷进行评阅。评阅人员应根据评分标准进行客观、公正的评阅，确定每个候选人的笔试成绩。例如，对于专业知识笔试，评阅人员根据每个题目的分值和候选人的答题情况进行评分，最后汇总得到笔试成绩。

(4)笔试结果的评估

①成绩分析。对笔试成绩进行分析，了解候选人的知识水平和技能掌握情况。可以计算平均分、标准差等统计指标，了解候选人整体的成绩分布情况。例如，如果平均分较高，说明候选人整体知识水平较高；如果标准差较大，说明候选人之间的成绩差异较大。

②能力评估。根据笔试内容设计，评估候选人的相应能力。例如，如果笔试中有逻辑思维题，通过分析候选人的答题情况，可以评估其逻辑思维能力。同时，结合岗位需求，判断候选人是否具备胜任岗位的能力。例如，对于一个需要较强逻辑思维能力的岗位，如果候选人在逻辑思维题上的得分较低，可能需要进一步考查或将其排除。

### 2. 面试

面试几乎适用于所有岗位，是最常用的选拔方法之一。通过面对面的交流，可以深入了解候选人的个性、态度、价值观以及沟通能力等综合素质。面试的类型多样，可以根据岗位需求和选拔目的进行选择。

(1)面试的类型

①结构化面试。是一种按照预先设计好的面试问题和流程进行的面试。面试问题通常围绕岗位需求和企业价值观等方面设计，具有明确的主题和顺序。例如，对于一个人力资源专员的岗位，结构化面试问题可能包括“你对人力资源六大模块的理解”“你如何处理员工之间的矛盾”等。结构化面试的优点是公平性高、可重复性强，便于比较不同候选人的回答。

②非结构化面试。是一种没有固定的面试问题和流程的面试。面试官根据候选人的简历和现场表现，即兴提出问题。例如，在面试一个销售代表候选人时，面试官可能会根据候选人提到的销售经历，即兴提出“你在那次销售中遇到的最大困难是什么，你是如何解决的”等问题。非结构化面试的优点是灵活性高，可以深入了解候选人的个性和实际情况，但缺点是公平性相对较低，不同面试官的面试标准可能会有较大差异。

③半结构化面试。是介于结构化面试和非结构化面试之间的一种面试形式。它既有预先设计好的部分问题，又允许面试官根据候选人的情况即兴提出问题。例如，在招聘一个项目经理岗位时，半结构化面试可能先问一些关于项目管理经验和技能的结构化问题，如“你曾经管理过的最大项目是什么，规模有多大”，然后根据候选人的回答，再即兴提出一些关于团队建设、风险管理等方面的问题。半结构化面试结合了结构化面试和非结构化面试的优点，既保证了一定的公平性，又具有一定的灵活性。

(2)面试的流程

①面试准备。面试官在面试前需要对岗位需求和候选人简历进行充分了解，准备面试问题。同时，安排面试的时间、地点和相关设备。例如，面试官要确保面试房间安静、整洁，有足够的椅子和桌子，并且有录音设备(如果需要)。

②开场介绍。面试开始时，面试官首先向候选人介绍自己和面试的目的、流程和时间安排。例如，面试官可以说：“你好，我是××，今天我们将进行一个关于××岗位的面试，面试大约需要30分钟，首先我会问你一些关于你自己的问题，然后我们会讨论一些关于岗位需求的问题。”

③问题提问。按照面试的类型和设计，面试官向候选人提出问题，并认真倾听候选

人的回答。例如，在结构化面试中，按照预先设计好的问题顺序提问；在非结构化面试中，根据候选人的简历和现场表现即兴提问。

④追问与澄清。在候选人回答完问题后，面试官可以根据需要进行追问和澄清。例如，如果候选人回答的问题不明确，面试官可以说："你能详细解释一下你说的某个概念或观点吗?"

⑤结束面试。面试结束时，面试官向候选人表示感谢，并告知候选人下一步的流程（如果有）。例如，面试官可以说："非常感谢你参加今天的面试，我们会在××天内给你反馈，如果需要进一步面试，我们会通知你。"

（3）面试的问题设计

①基于岗位需求设计问题。面试问题应紧密围绕岗位需求设计。例如，对于厨师的岗位，问题可以包括"你会做哪些菜系""你如何保证菜品的质量和口味"等。对于软件工程师的岗位，问题可以包括"你最擅长的编程语言是什么""你如何解决软件开发过程中的漏洞问题"等。

②基于企业价值观设计问题。除了岗位需求，面试问题还应考虑企业价值观。例如，一个强调团队合作的企业，在面试中可以问"你如何理解团队合作""你在团队合作中遇到的最大困难是什么，你是如何解决的"等问题。

③基于个人经历设计问题。根据候选人的个人经历设计问题，可以更好地了解候选人的实际情况。例如，根据候选人的工作经历，问"你在某份工作中取得的最大成就是什么"；根据候选人的教育经历，问"你在大学期间最喜欢的课程是什么，为什么"。

（4）面试官的技巧

①营造良好的面试氛围。面试官应努力营造一个轻松、友好、平等的面试氛围，让候选人能够放松心情，充分展示自己的能力和个性。例如，面试官可以微笑着与候选人打招呼，用温和的语气提问，避免给候选人造成压力。

②认真倾听候选人的回答。面试官在面试过程中要认真倾听候选人的回答，不仅要听其言语内容，还要注意其语气、表情和肢体语言。通过认真倾听，可以更好地了解候选人的真实想法和态度。例如，候选人在回答问题时语气坚定，表情自信，可能说明其对自己的回答很有信心。

③适当追问和澄清。面试官在候选人回答问题后，要适当进行追问和澄清，以获取更详细、准确的信息。例如，当候选人提到一个概念或观点时，面试官可以追问其定义、原理和应用等方面的内容。

④避免主观偏见。面试官要避免主观偏见，如性别偏见、外貌偏见、学历偏见等。在面试过程中，要以客观、公正的态度评估候选人。例如，不能因为候选人是女性就认为其不适合技术岗位，也不能因为候选人毕业于名校就认为其一定优秀。

⑤记录重要信息。面试官在面试过程中要记录重要信息，如候选人的回答要点、个

人特点、优缺点等。这些信息将有助于对候选人进行综合评估。例如，记录候选人提到的重要项目经验、解决问题的方法等。

(5)面试结果的评估

①回答内容评估。评估候选人的回答内容是否符合岗位需求和企业价值观。例如，对于一个招聘人力资源专员的岗位，如果候选人对人力资源六大模块的理解准确，且提出的处理员工之间矛盾的方法合理，说明其回答内容符合要求。

②综合素质评估。通过面试，评估候选人的综合素质，如沟通能力、团队合作能力、领导能力等。例如，通过观察候选人在面试中的表现，如说话是否有条理、是否善于倾听、是否能够与面试官进行良好的互动等，评估其沟通能力。

③匹配度评估。评估候选人与岗位的匹配度，包括技能匹配、个性匹配、价值观匹配等方面。例如，对于厨师的岗位，如果候选人会做的菜系符合餐厅的需求，且其个性适合厨房工作环境，说明其与岗位的匹配度较高。

### 3. 心理测试

心理测试适用于对性格、心理特征有特殊要求的岗位，如销售、客服、人力资源等，可以帮助企业了解候选人的性格特点、职业兴趣和心理状态，从而判断其是否适合该岗位。但心理测试的结果需要谨慎使用，不能作为唯一的选拔依据。

(1)心理测试的类型

①能力倾向测试。能力倾向测试主要用于考查候选人的潜在能力，如逻辑思维能力、空间想象能力、语言表达能力等。例如，通过一些图形推理题可以考查候选人的空间想象能力，通过一些文字分析题可以考查候选人的语言表达能力。能力倾向测试可以帮助企业了解候选人是否具备从事某一工作的潜在能力。

②人格测试。人格测试用于考查候选人的人格特征，如外向性、内向性、情绪稳定性、责任心等。例如，通过一些选择题可以考查候选人是否外向、是否有责任心等。人格测试可以帮助企业了解候选人的性格特点，判断其是否适合某一工作。

③职业兴趣测试。职业兴趣测试用于考查候选人的职业兴趣，如是否对某一行业、某一岗位感兴趣。例如，通过一些问卷形式的测试题可以考查候选人是否对销售工作感兴趣。职业兴趣测试可以帮助企业了解候选人的职业兴趣，判断其是否适合某一工作。

(2)心理测试的实施与评估

①测试环境准备。在进行心理测试之前，要准备好合适的测试环境，如安静、舒适、无干扰的房间。同时，要确保测试设备如电脑、打印机等的正常运行。

②测试指导语说明。向候选人说明测试的目的、方法和注意事项。例如，告诉候选人测试是为了了解其心理特征，测试过程中要认真阅读题目，按照要求答题，等等。

③测试过程监督。在测试过程中，要对候选人进行监督，确保不会出现作弊行为，比如在网络测试的过程中可以采用双机位测试。

# 5.4 招聘与选拔的新趋势

## 5.4.1 人工智能在招聘选拔中的应用

近年来，随着云计算、大数据、人工智能和区块链等数字技术加速向社会经济各领域渗透，以数据为关键要素的数字经济持续高速增长，成为促进经济高质量发展的新引擎。2024 年国务院政府工作报告中提出要大力推进现代化产业体系建设，加快发展新质生产力，促进数字技术与实体经济深度融合，深化大数据、人工智能等研发应用，开展“人工智能+”行动。在此背景下，不少研究均指出，数字技术已经成为我们工作场所不可或缺的一部分，计算机在工作场所中扮演的角色正由“工具”转变为“伙伴”，越来越多曾经由人类执行的职能变得更加自动化。与其他形式的职能自动化类似，人工智能不仅能够承担管理职能，还能承担招聘等其他多项职能。人工智能面试场景如图 5-1 所示。

图 5-1　人工智能面试场景图

许多研究开始关注到，随着数字技术在人力资源管理领域的运用，工作场所中很多任务都能够以人机交互的方式完成，即实现自动化。当人工智能带来的人机交互范式进入到新员工甄选环节时，招聘职能自动化应运而生。随着人工智能技术的发展，就业市场发生了重大的变化，许多由算法支撑的招聘软件以及视频招聘平台被引入人力资源技术领域。例如，IBM 公司将人工智能机器人沃森（Watson）用于应聘者的第一轮面试，沃森能够分析应聘者录制的面试视频，评估并选择通过面试的人；韩国一家企业开发了包含人工智能在线视频面试软件的智能招聘工具“inAIR”；日本的人工智能机器人 Softbank

被用于在首轮面试中面试申请人。据多家市场调查机构发布的报告，未来大多数企业都会引入人工智能来简化招聘流程并提高面试效率。报告显示，未来一部分企业的人事管理人员甚至会采用全自动招聘方法，完全依赖人工智能帮助企业筛选合适的人才，并对其展开面试，从而提高招聘效率。这一趋势表明，在不久的将来，会有更多的企业在招聘领域引入人工智能技术，实现招聘职能自动化。

### 1. 智能招聘系统的功能与优势

（1）智能筛选简历

智能招聘系统能够利用自然语言处理技术和机器学习算法，快速扫描和分析大量简历。它可以识别简历中的关键信息，如技能、工作经验、教育背景等，并与招聘岗位的要求进行精确匹配。例如，通过对简历文本的分析，系统可以判断候选人是否具备特定的技术技能，如编程语言掌握情况，或者是否有相关行业的工作经验，从而筛选出符合基本条件的候选人，大大提高了简历筛选的效率和准确性。

（2）智能辅助面试

一些智能招聘系统提供视频面试功能，并能在面试过程中对候选人的表现进行实时分析。系统可以通过语音识别和情感分析技术，评估候选人的语言表达能力、沟通能力以及情绪稳定性等。例如，它可以检测候选人在回答问题时的语速、语调、用词准确性，以及面部表情所反映出的情绪状态，为面试官提供更全面的评估参考，帮助面试官更好地了解候选人的综合素质。

（3）人才匹配优化

人工智能算法可以根据企业的人才需求模型和候选人的多维度数据，进行更精准的人才匹配。它不仅考虑技能和经验的匹配，还会综合考虑候选人的性格特点、职业动机、团队协作能力等软技能因素。通过对大量数据的分析和学习，系统能够找到与岗位和团队文化最匹配的候选人，提高招聘的成功率和员工的留存率。

（4）提供数据驱动的决策支持

智能招聘系统可以收集和分析招聘过程中的各种数据，如不同渠道的招聘效果、各阶段候选人的流失率、不同岗位的招聘周期等。这些数据可以帮助招聘团队了解招聘流程的各个环节的表现，发现潜在的问题和可优化点，从而制定更科学合理的招聘策略，提高招聘效率和质量。

### 2. 算法控制在人才筛选和匹配中的应用

（1）精准筛选候选人

算法可以根据预设的规则和权重，对候选人的各项指标进行量化评估。例如，对于一个软件开发岗位，算法可以根据候选人的编程技能水平、项目经验的相关性和丰富程度、解决问题的能力等因素，分别赋予不同的权重，计算出每个候选人的综合得分，从而筛选出得分较高的候选人进入下一轮招聘流程。这种基于算法的筛选方式可以避免人为的主观偏见，确保筛选过程的公平性和客观性。

(2)动态调整筛选标准

算法可以根据招聘岗位的需求变化和市场人才供给情况，动态调整筛选标准。如果某个岗位对特定技能的需求增加，或者市场上具备该技能的人才稀缺，算法可以相应地提高对该技能的权重，以确保筛选出更符合岗位需求的候选人。反之，如果某些技能的重要性降低，算法也可以调整权重，扩大候选人的筛选范围，提高招聘的灵活性和适应性。

(3)挖掘潜在人才

算法可以通过对候选人数据的深度挖掘，发现一些具有潜力但可能被传统筛选方法忽略的人才。例如，通过分析候选人在社交媒体上的活动、参与开源项目的情况、发表的技术博客等非传统简历信息，算法可以发现一些具有创新思维、学习能力强但工作经验可能相对不足的候选人。这些潜在的人才可能在未来为企业带来新的活力和创新力。

### 3. 人工智能对招聘选拔流程的优化

(1)自动化流程提高效率

人工智能可以自动处理招聘选拔流程中的一些重复性、规律性的任务，如简历筛选、面试通知发送、候选人信息收集和整理等。这不仅可以节省招聘团队大量的时间和精力，还可以提高流程的执行速度和准确性。例如，智能招聘系统可以自动发送面试邀请邮件，并根据候选人的回复情况自动更新招聘流程状态，使招聘团队能够及时了解招聘进展，专注于更有价值的评估和决策环节。

(2)减少人为偏见和误差

在招聘选拔过程中，人为因素可能会导致各种偏见和误差，如第一印象偏见、性别偏见、文化偏见等。人工智能通过算法控制和数据驱动的决策方式，可以避免这些人为因素的干扰，确保招聘选拔过程的公平性和客观性。例如，在简历筛选阶段，系统只根据预设的筛选标准和算法进行评估，不会受到候选人的姓名、性别、毕业院校等无关因素的影响。

(3)提升候选人体验

人工智能可以通过提供更便捷、高效的招聘流程，改善候选人的体验。例如，候选人可以通过智能招聘系统随时随地提交简历、查询招聘进度、参加视频面试等，无需受时间和空间的限制。同时，系统可以根据候选人的反馈和行为数据，提供个性化的服务和建议，如为候选人推荐相关的岗位信息、提供面试技巧指导等，增强候选人对企业的好感度。

## 5.4.2 大数据在招聘选拔中的应用

### 1. 大数据在人才画像中的应用

(1)构建全面的人才画像

大数据技术可以整合来自多个渠道的候选人信息，包括简历数据、社交媒体数据、在线测评数据、面试记录等，构建出全面的人才画像。通过对这些数据的分析，可以了解候选人的技能水平、知识结构、工作经验、性格特点、职业动机、兴趣爱好等多维度信息，从而更准确地评估候选人是否符合招聘岗位的要求。例如，对于一个市场营销岗位，人才画像可能包括候选人的市场调研能力、营销策划能力、沟通能力、创新思维、对行业趋势的敏感度以及团队协作能力等方面的信息。

(2)识别关键特征和潜力

通过对大量人才画像数据的分析，可以识别出不同岗位成功者的关键特征和潜力因素。例如，对于一个高级管理岗位，可能发现具有战略眼光、领导力、决策能力、跨文化沟通能力和良好的人际关系处理能力等特征的候选人更容易取得成功。这些关键特征和潜力因素可以作为招聘选拔的重要参考标准，帮助企业更精准地筛选和培养人才。

(3)辅助制定个性化招聘策略

基于人才画像和关键特征分析，企业可以制定个性化的招聘策略。对于不同岗位和不同类型的候选人，可以采用不同的招聘渠道、筛选标准和面试方式。例如，对于技术研发岗位，可以重点关注在技术社区活跃、有开源项目贡献的候选人，并在面试中着重考查其技术创新能力和解决问题的能力；对于销售岗位，可以通过社交媒体和行业活动寻找具有良好沟通能力和市场开拓精神的候选人，并在面试中测试其销售技巧和客户关系管理能力。

### 2. 基于大数据的招聘决策支持

(1)预测招聘效果

大数据可以分析历史招聘数据和当前市场情况，预测不同招聘渠道的效果、不同岗位的招聘周期以及招聘成本等。例如，通过分析过去几年在不同招聘网站上的招聘数据，可以了解每个网站的简历投递量、候选人质量、招聘成功率等指标，从而预测在未来招聘中，哪些网站可能会带来更好的招聘效果，为招聘团队选择合适的招聘渠道提供决策依据。

(2)优化招聘流程

通过对招聘过程中各个环节的数据收集和分析，大数据可以发现招聘流程中的瓶颈和问题，如简历筛选时间过长、面试安排不合理、候选人流失率过高等。基于这些分析结果，招聘团队可以对招聘流程进行优化，如调整简历筛选标准、改进面试流程、加强与候选人的沟通等，以提高招聘效率和质量。

(3)评估候选人风险

大数据可以对候选人的背景信息进行更深入的挖掘和分析，评估候选人可能存在的风险，如职业稳定性风险、道德风险、技能造假风险等。例如，通过分析候选人的工作经历，发现其存在频繁跳槽的行为，判断可能存在职业稳定性风险；通过分析候选人在社交媒体上的言论和行为，判断其是否存在道德风险。这些风险评估结果可以作为招聘决策的重要参考，帮助企业避免招聘到不合适的候选人。

### 3. 利用大数据预测招聘效果

(1)预测候选人绩效

通过对候选人的历史数据和相关特征进行分析，大数据可以预测候选人在未来工作中的绩效表现。例如，对于一个新招聘的程序员，可以根据其在学校的学习成绩、参与的项目经验、在技术社区的活跃度等数据，预测其在企业中的编程能力和项目参与情况。这种预测可以帮助企业更好地评估候选人的潜力，选择更有发展潜力的候选人。

(2)预测员工留存率

大数据可以分析企业内部员工的相关数据，如员工的工作满意度、职业发展路径、薪酬福利等，预测员工的留存率。通过将这些数据与招聘过程中的候选人数据进行关联分析，可以了解哪些因素对员工留存率有重要影响，从而在招聘选拔过程中，关注这些因素，提高招聘到高留存率员工的概率。例如，如果发现员工的职业发展机会对留存率有重要影响，那么在招聘选拔时，可以更注重了解候选人对职业发展的期望和需求，选择那些与企业职业发展路径相匹配的候选人。

(3)预测招聘市场趋势

大数据可以收集和分析招聘市场的宏观数据，如行业人才需求变化、不同地区的人才供给情况、薪资水平变化等，预测招聘市场的趋势。企业可以根据这些预测结果，提前调整招聘策略，如提前储备人才、调整薪资待遇、拓展招聘渠道等，以适应市场变化，提高企业在招聘市场中的竞争力。

在实践过程中，人工智能招聘的确给企业带来了优势，但也存在缺陷。

算法决策的主要驱动力是节省经济和时间成本、最大限度地降低风险、提高生产率以及增加决策的确定性。一方面，人工智能有可能减少人为偏见，优化招聘流程。应用算法决策减少了人为偏见，从而提高人力资源招聘以及人力资源开发流程的客观性、一致性和公平性。在招聘中使用人工智能的组织可能会实现更高的效率，同时也会向应聘者发出创新的信号，从而使那些重视创新的人认为这些组织更具吸引力。另一方面，人工智能招聘能够提供公正感，主要集中在三个方面：分配公平(结果分配的公平性)、程序公平(决策程序的公平性)和互动公平(组织对待员工的公平性)，其中包括信息公平(决策过程中提供信息的数量和质量相同)和人际公平(决策过程中尊重他人并给予基本的人道待遇)。

然而，由于输入数据、算法本身以及影响算法结果的因素缺乏透明度和问责制，人工智能工具可能会导致算法歧视，有可能对具有部分背景的求职者造成不利影响，如残疾人等。与此同时，由于人工智能算法通常以复杂的方式形成预测，用户可能难以完全理解这些预测，而且就流程自动化而言，申请人可能会觉得在招聘流程中缺乏自主权与互动性。例如，使用异步视频面试时，固定的问题集和有限的时间框架不允许参与者澄清问题或提供反馈。加上人工智能决策过程不透明，申请者很难理解算法的复杂计算过程。当这种不透明问题与必要信息的不公开相结合时，员工可能会认为人工智能决策不公平，从而导致低组织承诺和高员工流失率。人工智能招聘的内涵、前因及影响概况如图 5-2 所示。

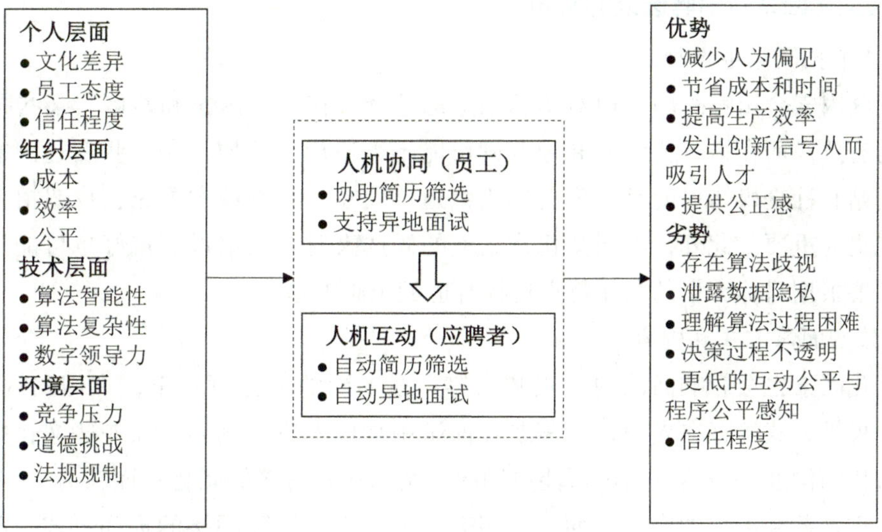


图 5-2 人工智能招聘的内涵、前因及影响概况

## 5.4.3 招聘选拔的全球化趋势

### 1. 跨国公司招聘选拔的特点与挑战

(1) 多元化的人才需求

跨国公司需要招聘来自不同国家和地区的人才，以满足其全球业务发展的需要。这些人才不仅要具备专业技能和工作经验，还要了解不同国家和地区的文化、法律、市场等方面的差异。例如，一家跨国制造企业可能需要招聘既懂工程技术又熟悉当地市场和文化的销售人才，以便在不同国家和地区开展业务。

(2) 复杂的文化适应问题

跨国公司招聘的人才需要适应不同国家和地区的文化环境。文化差异可能会影响员工的工作态度、沟通方式、团队协作等方面。例如，在一些强调集体主义的国家，员工可能更注重团队合作和集体利益；而在一些提倡个人主义的国家，员工可能更强调个人成就和自我实现。因此，跨国公司在招聘选拔过程中，需要考虑候选人的文化适应性，选择那些能够在不同文化环境中有效工作的人才。

(3)严格的法律合规要求

跨国公司在不同国家和地区开展业务，需要遵守当地的法律、法规。在招聘选拔过程中，这意味着要确保招聘流程和标准符合当地的劳动法律、移民法律、反歧视法律等。例如，一些国家对外国人的就业许可有严格的规定，跨国公司需要确保招聘的外国员工符合相关的许可条件；一些国家禁止就业歧视，跨国公司需要在招聘过程中避免任何形式的歧视行为。

### 2. 跨文化因素对招聘选拔的影响

(1)影响招聘渠道选择

跨文化因素会影响跨国公司对招聘渠道的选择。在一些国家和地区，某些招聘渠道可能更为有效，而在另一些国家和地区则可能不太适用。例如，在一些发达国家，专业的招聘网站和社交媒体可能是主要的招聘渠道；而在一些发展中国家，校园招聘和人才市场可能更为重要。此外，不同文化背景下的候选人对招聘渠道的偏好也可能不同，跨国公司需要根据目标市场的文化特点选择合适的招聘渠道。

(2)改变面试方式和内容

跨文化因素也会影响面试的方式和内容。在不同的文化背景下，人们的沟通方式、价值观、思维方式等存在差异，这需要在面试中加以考虑。例如，在一些文化中，人们更注重直接的沟通和表达，面试可能更倾向于结构化和直接的问题；而在另一些文化中，人们更注重含蓄和委婉的表达，面试可能需要采用更灵活和间接的提问方式。此外，面试内容也需要根据不同文化背景下的价值观和关注点进行调整，例如，在一些文化中，家庭背景和社会关系可能被视为重要因素，而在另一些文化中则可能更关注个人的专业技能和工作经验。

(3)影响人才评估标准

跨文化因素会影响跨国公司对人才的评估标准。不同文化背景下的人们对成功的定义、对能力的衡量标准以及对个人品质的要求可能不同。例如，在一些文化中，团队协作能力和人际关系处理能力可能被视为非常重要的能力；而在另一些文化中，个人的专业技能和创新能力可能更为重要。因此，跨国公司在招聘选拔的过程中，需要根据不同文化背景下的评估标准，综合考虑候选人的各项能力和品质，确保选拔出符合企业全球业务发展需要的人才。

### 3. 全球化背景下招聘选拔的策略

（1）建立全球招聘团队

跨国公司可以建立由来自不同国家和地区的专业人员组成的全球招聘团队。这些专业人员了解当地的文化、市场和法律环境，能够更好地开展招聘工作。例如，全球招聘团队可以根据不同地区的人才需求和文化特点，确定相应的招聘计划和策略，选择合适的招聘渠道和面试方式，提高招聘效率和质量。

（2）开展跨文化培训

跨国公司可以为招聘团队和新员工开展跨文化培训。对于招聘团队，跨文化培训可以帮助他们更好地了解不同文化背景下的招聘特点和要求，提高他们的跨文化招聘能力；对于新员工，跨文化培训可以帮助他们更好地适应公司的全球业务环境，提高他们的文化适应性和工作效率。跨文化培训可以包括文化差异介绍、跨文化沟通技巧、不同文化背景下的工作规范等内容。

（3）利用全球化招聘工具和平台

跨国公司可以利用全球化招聘工具和平台，如国际招聘网站、社交媒体平台、人才市场网络等，扩大招聘范围，提高招聘效率。这些工具和平台可以帮助跨国公司接触到更多的全球人才，同时也可以提供一些全球化的招聘服务，如简历翻译、面试安排等。例如，一些国际招聘网站可以提供多语言版本的招聘信息，方便不同国家和地区的候选人了解招聘岗位的具体情况。

## 5.4.4 招聘选拔的社会化趋势

### 1. 社交媒体在招聘选拔中的作用

（1）扩大招聘渠道

社交媒体平台为企业提供了一个全新的招聘渠道。企业可以在社交媒体上发布招聘信息，吸引大量潜在的候选人。例如，在领英上，企业可以创建公司页面，发布详细的招聘岗位信息，包括岗位描述、任职资格、薪酬福利等。这些信息可以被大量的专业人士看到，从而扩大了招聘的覆盖面。此外，企业还可以在小红书、微博等社交媒体平台上发布招聘信息，吸引不同类型的候选人。

（2）了解候选人背景

社交媒体可以帮助企业了解候选人的背景信息。通过查看候选人的社交媒体账号，企业可以了解候选人的兴趣爱好、社交圈子、价值观等方面的信息。例如，通过查看候选人在微博上的照片和动态，可以了解候选人的生活方式和个人喜好；通过查看候选人在领英上的人脉关系和工作经历，可以了解候选人的职业发展路径和专业领域。这些背景信息可以作为招聘选拔的参考，帮助企业更好地评估候选人。

(3)进行人才品牌建设

社交媒体是企业进行人才品牌建设的重要平台。企业可以通过在社交媒体上发布公司文化、价值观、员工活动等信息，塑造良好的人才品牌形象。例如，企业可以在抖音上发布公司的办公环境、员工团建活动等视频，展示公司的活力和团队精神；在微博上发布公司的最新业务进展、创新成果等信息，展示公司的实力和发展前景。通过人才品牌建设，企业可以吸引更多优秀的人才，提高招聘的吸引力和竞争力。

### 2. 员工推荐计划的创新与发展

(1)激励机制的强化

为了鼓励员工积极参与推荐计划，企业可以强化激励机制。例如，企业可以给予推荐成功的员工一定的经济奖励，如奖金、礼品卡等；或者给予非经济奖励，如晋升机会、培训机会等。通过强化激励机制，可以提高员工参与推荐计划的积极性和主动性，提高推荐的数量和质量。

(2)推荐范围的拓宽

传统的员工推荐计划通常只针对企业内部员工的推荐。为了进一步扩大推荐范围，企业可以考虑拓宽推荐参与对象，包括离职员工、退休员工、员工家属等。例如，企业可以邀请离职员工参与推荐计划，给予他们一定的奖励和优惠政策，鼓励他们推荐合适的人才；或者鼓励员工家属参与推荐计划，通过家庭关系网络扩大推荐范围。

(3)推荐流程的优化

为了提高推荐计划的效率和质量，企业可以优化推荐流程。例如，企业可以建立在线推荐平台，员工可以通过该平台方便地提交推荐信息，包括候选人的姓名、联系方式、简历等。企业可以在平台上对推荐信息进行审核和处理，及时与候选人联系，并安排面试。通过优化推荐流程，可以提高推荐计划的效率和质量，减少推荐过程中的人为错误和延误。

### 3. 利用社会网络进行人才挖掘

(1)挖掘潜在人才

企业可以利用社会网络挖掘潜在人才。通过分析社会网络中的人际关系和信息流动，企业可以发现一些具有潜在能力但尚未被发现的人才。例如，通过分析领英上的人脉关系，企业可以发现一些在行业内有影响力但尚未与企业有过接触的人才；通过分析微博上的社交圈子，企业可以发现一些具有创新思维但可能没有正式工作经验的年轻人。这些潜在人才可能在未来为企业带来新的活力和创造力。

(2)建立人才社区

企业可以在社会网络上建立人才社区，吸引人才加入。在人才社区中，企业可以发布招聘信息、行业动态、技术讨论等内容，吸引人才关注。同时，人才社区也可以作为一个交流平台，企业可以与人才进行互动，了解他们的需求和想法，为招聘选拔提供参考。例如，企业可以在领英上建立一个行业人才社区，邀请行业内的专业人士加入，在社区中发布招聘信息和行业动态，与人才进行互动，了解他们的想法和需求。

(3)借助社会网络口碑传播

企业可以借助社会网络的口碑传播，提高企业的人才吸引力。当企业在社会网络上有良好的口碑时，会吸引更多的人才关注。例如，当企业的员工在社交媒体上分享自己在企业工作时的积极体验和感受时，会吸引更多的人对企业产生兴趣。因此，企业可以通过提高员工满意度，鼓励员工在社交媒体上分享自己的工作体验，借助社会网络的口碑传播，提高企业的口碑。

## 本章要点

- 招聘是寻找并吸引潜在候选人的过程，选拔是从中甄选出适宜人选的环节。招聘与选拔有助于实现组织战略、优化人力结构、提升创新竞争力。
- 招聘与选拔的原则包括公平公正、双向选择、因事择人、人岗匹配。人性假设(经济人、社会人、自我实现人、复杂人)与人力资本理论为招聘选拔策略提供理论支撑。
- 招聘流程为制订招聘计划，明确需求、目标和预算；选择招聘渠道，包括内部晋升、校园招聘、网络招聘、人才市场和社交媒体等；发布招聘信息，要求简洁、清晰、突出重点。
- 选拔的前期准备包括简历筛选和选拔方法选择。常见选拔方法有笔试、面试、心理测试等。面试类型包括结构化、非结构化、半结构化。
- 人工智能在简历筛选、智能面试和人才匹配中发挥重要作用，可减少人为偏见。大数据帮助构建人才画像、优化招聘决策、预测招聘效果。
- 跨国招聘需应对文化差异、法律合规要求、人才多元化挑战。社交媒体、员工推荐和人才社区拓展了社会化招聘渠道。

## 思考与练习

### 选择题

参考答案

1. 下列关于招聘与选拔关系的表述中，正确的是(　　)。

A. 招聘的重点在于寻找和吸引候选人，选拔的重点在于从中挑选合适人才

B. 招聘比选拔更注重人岗匹配

C. 选拔是独立于招聘的单独环节，与招聘无关

D. 招聘与选拔是同一过程的不同叫法，没有实质区别

2. 在人性假设理论下，“社会人”假设下的招聘选拔特征包括(　　)。

A. 强调薪酬激励和经济利益最大化

B. 注重团队合作与企业文化契合度

C. 关注自我实现与内在动机

D. 灵活运用多元化激励措施

3. 基于人力资本理论的招聘策略更倾向于(　　)。

A. 仅依据当前岗位匹配度进行人才选择

B. 强调短期内获得最大经济回报

C. 注重候选人的长期发展潜力和学习能力

D. 忽略候选人的知识与技能，强调企业文化认同

4. 以下哪种方式属于内部招聘渠道？(　　)

A. 校园招聘

B. 社会招聘

C. 内部晋升

D. 人才市场招聘

5. 利用人工智能进行招聘的主要优势不包括(　　)。

A. 减少简历筛选的人为偏见

B. 实现高效的自动化简历筛选与匹配

C. 精准的人才画像与数据驱动决策支持

D. 必然完全避免所有潜在歧视与偏误

## 简答题

1. 简述招聘与选拔对于组织实现战略目标的作用。

2. 简述招聘与选拔过程中的“因事择人”与“人岗匹配”原则的内涵。

3. 简述人工智能技术在招聘选拔流程中可发挥的作用。

## 讨论题

请结合全球化与社会化招聘趋势，讨论跨国公司在招聘与选拔过程中可能面临的主要挑战以及应对策略。

## 案例分析题

### 工欲善其事，必先利其器：锐仕方达数字化赋能“猎才”

锐仕方达集团是一家领先的人力资源服务机构，成立以来，致力于为企业提供高效的猎头服务。然而，随着市场环境和科技的变化，锐仕方达在追求快速发展的过程中，也面临着数字化转型的重大挑战。为了更好地服务客户并提升企业竞争力，锐仕方达决定通过数字化赋能，推动猎才业务的创新与发展。

**企业发展历程**

锐仕方达的历史可以分为四个发展阶段：发展摸索期(2008—2012 年)、急速扩张期(2013—2018 年)、战略文化转型期(2019—2021 年)、精细化运作期(2022 年起)。在创业初期，锐仕方达面临全球金融危机的影响，但公司通过创新的 CPM 合伙人机制和 RNSS 系统，克服了市场挑战，实现了快速发展。在 2013 到 2018 年间，锐仕方达利用 RNSS 系统，逐步拓展了 60 多个分公司，并通过系统的自主研发和不断迭代，提升了猎头服务的效率与精度。2019 年，锐仕方达开始了战略文化转型，进一步强化数字化赋能，推动猎头行业的互联网化，并通过引入科技引领人才，专业成就未来的使命，开启了数字化战略的升级。

**数字化转型与创新**

锐仕方达的数字化转型从 2010 年起就已经启动，创始人黄小平意识到，依赖传统人工管理已无法满足公司快速扩张的需求。在经历了业务裂变和信息孤岛的挑战后，锐仕方达决定自主研发 RNSS 系统，这是公司数字化转型的重要一步。RNSS 系统的初步构建解决了员工工作中的多窗口操作问题，并实现了信息的统一管理。随着系统的不断迭代，RNSS 系统不仅支持内部员工在线协作，还整合了客户管理、职位管理、简历管理等功能，确保了人才推荐的精准性和高效性。同时，系统的 AI 智能匹配功能，通过算法和大数据分析，精准识别客户需求，实现了更高效的人才匹配。

**数字化产品的开发与应用**

锐仕方达在推动数字化转型过程中，开发了多款数字化产品，帮助企业提升猎头服务效率和质量。其中，求真网和海斗网是两个典型产品，分别针对企业背景调查和猎头行业平台化发展进行数字化赋能。

1. 求真网：这是锐仕方达为解决候选人信息不对称和“学历造假”等职场乱象而开发的背景调查平台。求真网为企业提供快速、高效且合规的背景调查服务，在信息安全和数据隐私保护方面具有严格的保障措施。

2. 海斗网：旨在通过平台化发展推动猎头行业的合作与共赢，海斗网通过开放客户资源和猎头服务，实现了猎头公司间的联合交付。该平台的成功推出，极大提升了猎头职位的交付率，从 2020 年的 30% 提升至更高水平。

此外，锐仕方达还开发了锐仕微聘和锐仕精英小程序，帮助求职者优化简历、提供面试辅导，并为企业提供多样化的高端人才招聘服务。在新冠疫情期间，这些数字产品帮助公司快速适应了变化的市场需求，为数十万名求职者提供了优质的就业机会。

**企业文化的转型与升级**

在锐仕方达的数字化转型过程中，企业文化的重塑也是至关重要的一环。公司从 2018 年开始，通过文化转型提升内部管理效率和员工凝聚力。黄小平发现，单纯依靠业绩驱动的企业文化已无法满足公司长远发展的需求，因此，他们倡导以“科技引领人才，专业成就未来”为核心文化，推动公司文化的战略升级。在这一过程中，锐仕方达通过企业文化培训、线上学习等手段，加强员工对新文化的理解和认同。公司每年的线上学习时长达到了 156 小时，员工对新文化的接受度和执行力显著提升。锐仕方达的数字化转型不仅仅是技术工具的引入，更是公司战略文化的全面升级。通过自主研发的 RNSS 系统及其他数字化产品，锐仕方达在猎头行业中实现了平台化发展，提升了人岗匹配的效率和准确性。与此同时，数字化赋能的推进，也为锐仕方达的战略目标和公司文化注入了新的动力，推动公司从传统猎头服务向更智能化和平台化的方向发展。

（案例来源：孙利虎，高鑫，张雅蓉，等. 工欲善其事，必先利其器：锐仕方达数字化赋能“猎才”[EB/OL]. (2023-01-07)[2025-01-09]. http://www.cmcc-dlut.cn/Cases/Detail/6981）

1. 锐仕方达的发展战略是什么？推测其在进行数字化发展的过程中会面临什么样的挑战？

2. 锐仕方达采取了哪些措施应对这些挑战？

3. 锐仕方达在数字化赋能猎才道路上，如何促进人岗匹配，如何实现有效的人才招聘与甄选？

06

# 第6章 员工培训

素质目标：培养具备战略思维能力的培训与开发者，能够从人力资源战略全局视角出发思考问题；增强对培训与开发在人力资源管理职能中关键作用的认识，掌握员工职业生涯的管理方法。

知识目标：掌握培训与开发的概念及相关基础理论；理解员工培训的不同类型和方法。

能力目标：掌握培训需求分析的方法和技术，明确培训计划与实施的科学流程；培养学生的迁移能力，鼓励他们探索职业生涯规划与管理。

开篇案例

## 中国石化在“互联网+”时代的培训发展历程

1999 年，中国石油化工集团公司教育培训工作会议明确提出，要分步实施现代化远程教育工程，逐步建成集团公司开放性的终身教育体系。经过几年时间的调研论证，远程教育平台技术日渐成熟。

2009 年，中国石化远程培训系统建设正式启动，引进了当时美国甲骨文公司具有世界先进水平的 i-Learning 平台。

2011 年，建成国内规模最大、用户数量最多、功能较强的远程培训系统并投入使用。

随着移动互联网技术的发展和大规模应用，为进一步方便员工培训学习，改善用户体验，中国石化于 2014 年开发了互联网访问、移动端应用等功能，打破了局域网认证登录和 PC 端应用的时空限制，为员工随时随地进行培训学习提供了极大便利。

为满足员工更高的使用要求和更多的学习需要，适应越来越复杂的管理需求，中国石化于 2017 年自主开发了国内第一套完全云架构的开放的企业远程培训系统，综合运用云计算、大数据、移动互联网等先进的信息技术，紧密围绕服务企业战略和员工发展，按照系统化集成、体系化设计、全流程管理的开发思路，通过资源共建共享，全面补强培训服务体系，推动传统培训向“互联网+企业培训”转型，初步构建起上接企业下接员工绩效的、比较完善的企业培训体系。

（案例来源：冯少伟.“互联网+”背景下石化企业培训转型的实践探索[J]. 当代石油石化，2018，26(9)：48-52）

中国石化在“互联网+”时代的培训发展历程在某种程度上反映了近几年员工培训的发展趋势。当今世界是全球经济一体化的时代，是高新技术不断更新换代的时代，是竞争日益激烈的时代。身处其中的企业要想跟上时代发展的步伐，要想在激烈的竞争中脱颖而出，就必须不断更新管理理念，更加重视人力资源的作用，运用现代管理方法，不断开发人力资源的潜力，充分发挥人力资源的优势。

# 6.1 员工培训概述

员工培训是一种有组织地向员工传递知识、技能、信息、理念的过程，目标就是实现企业和员工发展的双赢。员工培训作为员工知识和技能自我更新的方式之一，能够最大限度地利用现有的人力资源，规范生产经营方式，提高绩效水平。通过提高员工的自身素质，可以增强企业的竞争力。在国外，很多企业已经把员工培训作为推动企业发展、赢得竞争优势的一项战略任务，将其纳入日常管理活动之中。员工培训已被视为 21 世纪企业提高核心竞争力的主要手段之一。

## 6.1.1 员工培训的相关概念

员工培训是一个综合性的过程，旨在提高员工的知识、技能和态度，以更好地履行其工作职责并支持组织目标的实现。以下是与员工培训相关的一些概念，如图 6-1 所示。

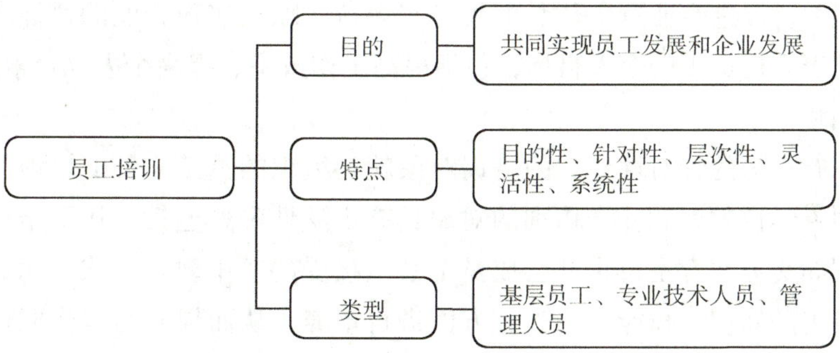


图 6-1　员工培训相关概念

### 1. 员工培训目的

培训，即培养和训练，指的是通过介入行为使目标对象的体力、智力、心理素质等多方面综合素质得到发展的活动。员工培训的直接目的是提高员工的知识和技能、改变员工的态度，从而增强员工的职业竞争力；间接目的就是通过员工培训，在提高员工的知识、技能、观念等的同时，形成企业与员工的共同目标，从而提高劳动生产率，增强企业的竞争力，维持企业的持续发展。培训是实现员工个人目标和企业发展目标的共同手段。

员工培训可以提高员工的劳动技能，丰富员工的知识储备，提高其综合素质。通过培训，员工的综合素质（包括思想素质、知识素质、心理素质等）都可以得到提高。例如，通过态度培训，可以改变员工的工作态度，使之以更加积极热情的精神状态投入工作当中；通过观念培训，可以改变员工某些固有的、与企业发展不相适应的陈旧观念，使员工做到自我革新；通过心理培训，能够激发员工的团队协作能力、应对挫折的能力以及面对困难的勇气和信心。对员工进行培训不仅可以提高员工本身的能力，使其在现在或将来的工作中有进一步的提升，满足员工自我成长的需要，而且可以使员工感受到企业对他们的关心和重视，满足员工的归属感。

### 2. 员工培训的特点

员工培训作为企业人力资源投资的重要组成部分，它与学校教育和社会培训不同，在培训的需求定位、培训对象、培训内容等方面具有其自身的特点。

(1)目的性

员工培训是企业人力资源管理的重要组成部分，必须立足并服务于企业的经营发展战略。在整个培训流程的运作阶段，首先就是要从企业的经营战略出发，根据企业的规模、发展速度和发展方向来确定培训的模式、内容和对象，确保一切培训活动都围绕提高企业生产效益这一目标来合理有效地进行。培训并不是单纯的消费行为，而是企业必需的一项战略性人力资本投资。好的培训，能够使员工的知识得以更新，技能结构得到优化，并通过实践促进培训成果的转化。员工的培训投资应产生一定的回报，将培训成果转化成生产力，促进企业竞争优势的发挥与保持。除了实现企业的目标之外，员工培训也应当有助于实现员工的个人目标，包括提高工作效率、提高个人综合素质等方面。

(2)针对性

员工培训有很强的针对性，它的培训对象就是组织的员工。员工培训与学校教育和社会培训不同，学校教育和社会培训的对象具有广泛性和普遍性，接受培训的群体规模非常庞大，例如义务教育是每个社会成员都必须接受的基本教育形式，而员工培训则定位于对企业员工的知识、技能、心理等方面进行培养，从而提升与工作职位相关的综合素质，更好地适应职位工作。同时，由于每个员工都有自身的特点和状态，在岗位、年龄、性别、兴趣等方面都有所不同，应当根据每个员工的差异，进行有针对性的培训，从而提高培训的效果，在实现企业发展目标的同时，满足员工个人发展的需要，实现企业与员工的双赢。

(3)层次性

员工培训涉及组织内部各个层次的成员，可以说，当今企业已经进入了全员培训的时代。决策层的管理者需要培训，基层一线员工也需要接受培训。但全员培训不等于平均用力，培训应当是有层次、有重点的，不同层次的组织成员，所需接受的培训内容、形式、重点也会有所不同，应当根据不同岗位所需的技能和知识来选择不同的培训方式和方法。对于管理者来说，主要应侧重于团队建设、领导艺术等方面的培训；对于一线员工，培训的重点则应放在设备操作、规章制度等方面。

(4)灵活性

员工培训主要包括短期培训和中长期培训等多种形式。具体的培训方式和方法随着技术的进步不断更新。时代的进步使得生产技术不断更新换代，知识更新和信息流动更加快速，企业员工必须不断接受和学习新的知识。因此，制订长期的培训计划是企业长久发展的重要保证。当前倡导的终身学习理念已开始在众多的企业中逐渐流行，对于员工的培训也应贯穿于员工的整个职业生涯过程。从入职员工培训开始，根据所处的年龄段和工作岗位的不同，制订长期的员工培训计划，不仅有利于为企业的发展储备人才，还有利于员工的职业生涯规划与发展。

(5)系统性

员工培训是人力资源管理的一个子系统，并不是一个盲目随意的过程，而是一个有组织、有计划的过程。员工培训必须按照一定的规范流程进行系统运作，这一规范流程包括需求分析、计划制订、培训实施、效果评估等多个环节。员工培训必须围绕企业发展的战略目标，通过各个环节的相互配合，以实现高产出、高效率的系统运作。

### 3. 员工培训分类

根据不同的培训对象，可以将员工培训划分为不同的形式。

(1)基层员工培训

基层员工培训是企业可持续发展的必要规划项目。基层员工培训着眼于一线的工作人员，对他们的培训应侧重于与本职工作相关的业务技能。培训的目的就是使一线的工作人员能够根据工作说明和工作规范的要求，明确分工和操作流程，提高工作技能和劳动生产率，培养积极的工作心态，从而有效地完成本职工作。

(2)专业技术人员培训

专业技术人员是企业中具有专门的知识，能够帮助企业解决复杂问题的知识型员工。在科学技术是第一生产力的时代，专业技术人员能够利用自身的创新能力为企业创造价值。专业技术人员的培训主要是针对专业研发人员、工程技术人员等，培训旨在提高他们在专业领域的能力、获取信息的能力、创造力和研发能力等。对于专业人员的培训方法包括成立专题讨论小组、提供激励手段促进专业人员自我学习、进行学术专家培训等。

(3)管理人员培训

管理人员培训又可以根据管理层次的不同而分为基层管理人员培训、中层管理人员培训和高层管理人员培训。

基层管理人员主要在第一线从事具体的管理工作，执行中高层管理人员的决策。因此，为他们设计的培训内容应着重于管理工作的技能和技巧，如怎样组织他人工作、如何安排生产任务、如何为班组成员创造一个良好的工作环境等。

中层管理人员的培训应注重于发现问题、分析问题和解决问题的能力，用人能力，控制和协调能力，经营决策能力以及组织设计技巧的培养。中层管理人员对于本部门的经营管理必须十分精通，除了熟悉本部门工作的每个环节和具体工作安排以外，还必须了解与本部门业务有关的其他部门的工作情况。

高层管理人员的工作重点在于决策。因此，他们所要掌握的内容更趋向于宏观层面，如经营预测、经营决策和公共关系等。

## 6.1.2 员工培训的现代理论

发达国家早期的培训理论大多强调对员工进行教育培训的重要性，但早期的理论研究只注重对员工操作的动作进行客观的分析，较少涉及人的心理因素，忽略了人本质上是一种“社会性”的动物，容易导致员工产生抵触心理，使得员工培训很难达到预期的目标。随着管理理论和实践的不断发展，员工培训的理论和实践也得到了长足的发展。员工培训的现代理论涵盖了多个维度，旨在提高培训的有效性和员工的工作表现。几种现代员工培训理论的简要介绍如表 6-1 所示。

表 6-1 现代员工培训理论

| 员工培训现代理论 | 关键词 | 核心观点 |
|---|---|---|
| 行为主义理论 | 刺激－反应、条件作用、强化、惩罚 | 学习是通过外部刺激与反应之间的联结形成的，强化可以增加行为发生的概率 |
| 认知主义理论 | 信息处理、记忆、问题解决 | 学习是个体内在心理过程的结果，涉及信息的接收、编码、存储和检索 |
| 人本主义理论 | 自我实现、尊重、有意义学习 | 学习应关注个体的全面发展，强调个人成长、自我实现和内在潜能的挖掘 |
| 培训迁移理论 | 正迁移、负迁移、应用 | 良好的培训迁移意味着受训者能够将培训期间获得的新技能有效的运用到日常工作中，创造支持性环境和提供应用机会可以促进迁移 |
| 社会学习理论 | 观察学习、模仿、榜样 | 学习通过观察他人的行为及其后果来实现；个体通过模仿榜样行为并在适当的情境中实践，能够提升自身的能力 |

### 1. 行为主义理论

行为主义学习理论重视的是学习过程的研究，注重用外界的刺激来控制学习过程，强调反复练习和复习的重要性，主张用外部的奖惩即积极的强化来控制学习，这对课堂教学有一定的启示意义。实践证明，强化是促进和调节培训的有力手段。员工及时地对他们的学习进行强化，会促进他们的学习，并且强化越及时，效果越好，直接强化比间接强化更好。这就要求培训者创设和采取各种强化形式，采用多种强化程序来强化和促进员工的学习。但是该理论不关心刺激所引起的内部心理过程，学习被解释为被动地接受外界刺激的过程，教师的任务只是提供外部刺激，即向学生灌输知识。这种观点既排除了学习者内部因素(如知识与经验)的作用，也否认了情感、思维等内心活动，忽视了学习者的主观能动性和创造性思维的发挥。

### 2. 认知主义理论

认知理论是心理学的一个分支，它关注个体如何接收、处理、储存和使用信息。认知主义学习理论认为，学习不是在外部环境的支配下被动地形成刺激-反应(S-R)联结，而是主动地在头脑内部构造认知结构；学习不是通过练习与强化形成反应习惯，而是通过顿悟与理解获得期待；有机体当前的学习依赖于他原有的认知结构和当前的刺激情境，学习受主体的预期所引导，而不受习惯所支配。与行为主义不同，认知理论强调的是内部的心理过程，如注意力、记忆、思考和解决问题的能力。在员工培训中，认知理论提供了许多有价值的观点和方法，帮助设计更加有效的培训计划。

### 3. 人本主义理论

人本主义是 20 世纪 50 年代末至 60 年代初在美国出现的一种重要的教育思潮，它强调个体的发展、自我实现以及内在潜能的挖掘。与行为主义和认知主义相比，人本主义理论更加注重人的主观体验、情感和价值观，主张以人为核心，关注人的全面发展。该理论认为，每个人都具有成长和发展的内在动力，通过积极的社会环境和个人努力，可以实现个人的最佳状态。人本主义理论强调尊重、信任和支持，认为每个人都应该被视为独立的个体，拥有独特的经验和需求。在教育和培训中，人本主义倡导创造一个非评判性、支持性的学习环境，鼓励自我导向学习和个人成长。通过促进情感和社会支持，人本主义理论致力于帮助个体发现自身的意义和目的，从而实现更高层次的自我实现。这种方法不仅关注技能和知识的获取，更重视个体的内在体验和全面福祉，旨在培养自主、有责任感的学习者。这种方法不仅能够提高员工的工作满意度，还能够增强组织的文化凝聚力。

### 4. 培训迁移理论

培训迁移理论探讨的是培训成果如何从培训环境转移到实际工作场景中去的过程。简而言之，培训迁移指的是员工在培训中学到的知识、技能和态度能否以及如何在实际工作中得到应用。良好的培训迁移意味着受训者能够将培训期间获得的新技能有效地运用到日常工作中，从而提高工作效率、改善工作表现并达到组织的目标。

培训迁移理论通常包括两个方面：一是正迁移，即培训带来的积极影响；二是负迁移，即培训可能产生的不良影响或阻碍。为了实现有效的培训迁移，组织需要创造一个支持学习成果应用的工作环境，并采取一系列措施来促进迁移的发生。通过关注培训迁移，组织不仅能够评估培训项目的有效性，还能确保培训投资能够带来实质性的回报，进而推动员工的成长和组织的发展。

### 5. 社会学习理论

社会学习理论，由心理学家阿尔伯特·班杜拉(Albert Bandara)提出，强调个体通过观察他人的行为及其后果来学习新行为。在员工培训中，这一理论的应用意味着员工可以通过观察同事、导师或领导的行为来获取新技能和知识。通过注意、保持、复制和动机四个关键环节，员工不仅能够在直接经验中学习，还可以通过模仿榜样行为并在适当的情境中实践，有效提升自身的能力。这种基于观察和模仿的学习方式尤其适用于情境化的培训，如角色扮演、实习和导师制度，能够帮助员工更快地适应工作环境并掌握必要的职业技能。

## 6.2 员工培训的内容与方法

随着全球化竞争的加剧和科技的迅速发展，企业和组织面临着前所未有的挑战。为了应对这些挑战，提高员工的专业技能和职业素养变得尤为重要。有效的员工培训不仅能提高组织的整体绩效，还能促进员工的个人职业成长，增强员工对组织的忠诚度。本节将重点探讨员工培训的重要内容以及多种培训方法。

### 6.2.1 员工培训的内容

员工培训的内容包括岗位技能培训、职业素养培训和管理能力培训。

#### 1. 岗位技能培训

岗位技能培训是一种针对特定工作岗位进行的培训，旨在提高员工的专业技能和知识，使其能够胜任工作并提高工作效率。随着经济的快速发展和市场竞争的加剧，企业对员工岗位技能的要求越来越高。为了提高员工的技能水平，满足生产和服务需求，企业纷纷开展了各种形式的员工岗位技能培训。

岗位技能培训一是可以提高生产的效率与质量。通过员工岗位技能培训，企业可以提高员工的操作技能和知识水平，从而提高生产的效率和质量。员工在培训中学习新的操作方法、了解新的设备和技术，能够更好地适应企业生产和服务的需求，减少操作错误和资源浪费，提高工作效率。二是可以提升企业竞争力。在市场竞争激烈的今天，企业需要不断提高自身竞争力以保持行业领先地位。通过员工岗位技能培训，企业可以提高员工的专业素质和综合能力，增强企业核心竞争力。同时，培训还可以帮助企业吸引和留住优秀人才，为企业的长远发展奠定基础。

员工岗位技能培训不仅有助于提高员工的专业技能和知识水平，还有助于促进员工的个人职业发展。通过培训，员工可以基于个人能力的提升而获得更多的职业发展和岗位晋升机会，进一步提高自身的职业素养和综合能力，实现个人职业价值的最大化。图 6-2 为岗位技能培训的重要性。

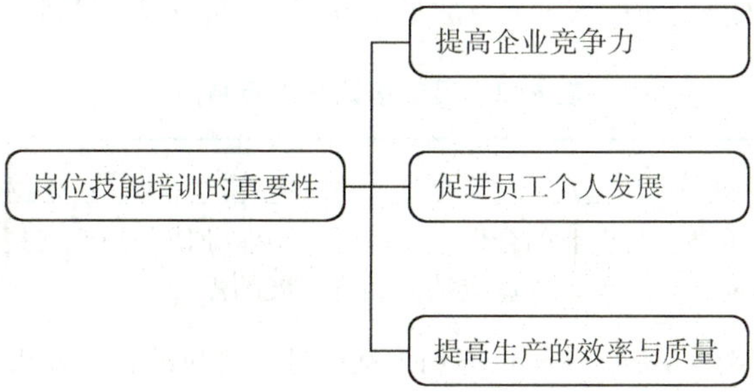


图 6-2 岗位技能培训的重要性

### 2. 职业素养培训

职业素养是职业内在的规范和要求，具有养成性、情境性、统整性等特征，主要包括职业道德、职业意识、职业知识技能、职业行为习惯、职业作风等内容。企业开展职业素养培训是结合真实的工作情境、具体的职业活动对员工的管理素养、信息化素养、沟通能力、职业化理念等方面进行培养和训练，以提升员工的综合职业素养。对于企业来说，开展职业素养培训旨在转变员工思维方式，提升员工的工作效率，增强员工对企业的认同感和文化归属感，从而打造一支与行业发展高度匹配的高素质员工队伍，助推企业发展壮大。

### 3. 管理能力培训

随着经济社会的快速发展，管理能力逐渐成为职场中不可或缺的部分。无论是企业高管，还是普通职员都需要掌握一定的管理能力。然而，在如今的职场环境中，许多人缺乏管理能力，这阻碍了个人和企业的发展。因此，管理能力培训越来越受到人们的重视。

优秀的管理能力培训一是可以提高工作效率。具备良好的管理能力意味着能够根据工作的优先级进行合理的时间分配，从而避免时间浪费，提高团队的工作效率。二是可以提升团队协作能力。在工作中，团队协作能力是非常重要的。通过管理能力的培训，团队成员可以更好地了解彼此，建立更好的沟通和信任关系，从而增强团队合作的效果。三是可以塑造领导者品质。作为管理者，需要掌握领导力的核心要素，如影响力、指导性，以及激励等技巧。一个好的领导者能够带领团队朝着目标前进，并管理好团队的资源和人员。四是可以培养创新能力。一个优秀的管理者应该关注市场信息，及时获取行业趋势，积极作出创新，以满足客户需求。通过管理能力的培训，可以培养出具备创新能力的人才。

## 6.2.2 员工培训的方法

员工培训的方法多种多样，选择合适的方法取决于培训目标、组织文化、受训者的偏好以及可用资源等因素。以下是一些常见的员工培训方法及其特点，如表 6–2 所示。

表 6–2　员工培训方法及特点

| 员工培训方法 | 特点 |
| --- | --- |
| 师徒制 | 注重学校与企业的合作，由教师、企业师傅共同开展授课活动，共同为培养高技能人才助力，以适应社会经济发展的需要 |
| 案例教学 | 案例教学法是一种以案例为基础进行研讨的教学方法，现代多使用兰代尔于 1870 年提出的判例教学法 |
| 情景教学 | 情景教学是一种教学方法或策略，它强调将学习置于真实或模拟的情景中 |
| 线上多媒体教学 | 解除时间和空间的限制、知识更新快、针对性强、可重复学习、能够激发员工学习的动力 |

### 1. 师徒制

师徒制在我国历史悠久，早在先秦古籍中就提到了“师傅”一词，并有师傅带领徒弟学习的记载。在我国历朝历代的发展中，师徒制都得到了稳定的传承。如今，师徒制这种人才培养模式已被大范围运用到高职院校、企业高技能人才培养中。中国传统的师徒制通常由两种概念组成。其一，师徒关系中徒弟以学习师傅的某种技能为目的，师傅将自身的手艺传授给徒弟，以减轻工作压力。在这种关系下，两者往往存在利益上的合作，相互关系更容易受到利益影响。其二，师傅和徒弟的关系犹如父亲与子女的关系，师傅不仅要教会徒弟相关的技能，而且还要在生活上对其进行照顾，徒弟对待师傅则要像对待父亲一样尊敬。近年来，随着我国产业结构的不断调整，各行业的发展也进入到了转型升级阶段，通过在企业发展中引入师徒制培养模式，以“结对帮扶”“一带一”等方式培养人才，可以帮助企业提升竞争力，进而促进国家人才软实力的提升。

如今，我国职业技能教育主要依靠职业学校，这种模式虽然促进了知识传递，但是弊端也逐渐暴露出来。因为学校教育无法与企业相结合，所以难以为学生传递企业实际运行所需的技能和技术，因此国家开始引导内外部机制的融合，形成了全新的现代师徒制。现代师徒制注重学校与企业的合作，由教师、企业师傅共同开展授课活动，共同为培养高技能人才助力，从而适应了社会经济的发展需要。

### 2. 案例教学

在中国，案例教学最早可以追溯到春秋战国时代，诸子百家大量采用民间故事阐明事理，例如孔子提出的“举一反三”教育方法已经具备了案例教学的基本内涵。中国古代教育中经常提到的“以史明鉴”“以事论理”等教育方法，也充分体现了案例教学的初级形态在中国长久以来的发展应用。西方的案例教学最早则可追溯到2000年前的古希腊，苏格拉底开西方案例教学之先河，他使用问答法围绕某一问题进行提问以启发学生的教学方法是历史上最早的案例教学。

如今的案例教学含义已经显著区别于古代。现代多使用的是由被誉为案例教学法先驱者的兰代尔(Langdell)于1870年提出的判例教学法。兰代尔将其界定为：一种教师与学生共同对案例或疑难问题进行讨论的教学方法。可见，案例教学在创立之初的含义显著表现为对“案例”这一载体的强调。例如，在教师教学中将案例教学界定为以案例作为联结经验与理论的媒介的一种教学方法。随着案例教学研究的不断深入，国内外学者不断完善案例教学的含义，补充了对“案例”的基本要求，对其界定也更加完整化。教学案例须具有真实来源，富有实践价值。案例教学中“教学”含义也得到了补充，即案例教学需含有对问题在内的具体教育情境的描述，并引导学生对这些特殊情境进行讨论的教学要求。在使用案例的基础上，强调案例教学应当是采用问答式讨论的一种高度互动的教学模式，包含启发式、自我引导学习等教学形式。由此可见，随着案例教学被广泛使用，其内涵甚至涵盖了其他教学方法和教学行为，逐渐演变为一种教学思路或者包含一套教学方案的“套路”，呈现出教学范式的特征。

### 3. 情景教学

情景教学模式是一种教学方法或策略，它强调将学习置于真实或模拟的情景中，通常包括情景设置、任务驱动、学习支持和反思与总结等要素，它是一个教学的整体框架或理念，适用于各种学科和领域，特别适合需要实践和应用技能的学习目标。它可以激发学习者的主动性和参与度，提高学习效果和实际应用能力。情景教学模式是教师通过创设一种模拟情景或任务为载体，引导学生主动探究新知识。通过创设符合学习者多方面发展需求的情景，将难以理解的理论知识与形象化的实践活动相结合，便于学生对新知识的理解，以更短的时间提高学生的认知能力，具有形象性和直观性的特点；同时，情景教学模式中情与景的相融合连接了学习个体的情感与知识之间纽带，营造了活跃的学习氛围，激发学生的学习兴趣，更好地达到教书育人的目的，又具有寓教于乐的特点。

### 4. 多媒体线上学习

在线学习是指通过计算机以网络的形式进行指导和传递培训内容。在线学习能够促进员工之间的互动，并且能够让员工自己决定怎样学习。在线学习的特征包括提供内容合作与分享、可链接的资源，以及由员工自行控制等。在线学习不仅能为员工提供培训内容，而且可以帮助他们掌握自主学习的能力。此外，在线学习还允许员工和专家之间的合作或交流，并为员工提供其他的学习资源。课程内容可以通过文本、视频、图片和音频等形式传递给员工。

网络上的教育学习平台，具有流畅的线上管理流程，包括选课、作业布置与提交、考试等，这极大降低了公司和员工的时间成本。方便快捷的培训能够吸引员工主动学习以提升自己。同时有很多平台都设有课后讨论区，员工遇到不懂的地方时，可以进入讨论区与其他员工或老师进行讨论请教。这样一方面加深员工对所学知识的理解与吸收，另一方面扩展员工的知识面，扩展交际圈，从而吸引员工积极参与到学习中。

知识拓展

### 基于胜任力的企业员工培训方法与策略

胜任力是指将某一工作中的卓越成就者与普通者区分开来的个人深层次特征。它可以是动机、特质、自我形象、态度或价值观、某领域知识、认知或行为技能等任何可被测量或计数的并且能显著区分优秀与一般的个体特征。

随着经济的发展和竞争的加剧，企业越来越需要有高素质的员工，来保证企业的发展和竞争力，而员工的胜任力水平则是企业成功的重要保证，尤其在现代经济环境下，员工需要不断提升自己的胜任力，以适应企业发展的需要。同时，技术的不断更新和发展也对员工的胜任力提出了更高的要求。员工需要不断学习和掌握新技能和新知识，以保证自己的胜任力水平。在这样的背景下，企业需要加强员工培训，为员工提供各种培训和学习资源，以提高员工的胜任力水平。因此，目前许多企业和学者对基于胜任力的企业员工培训方法及策略开展了研究。

## 6.3 培训效果评估与反馈

培训效果评估是培训管理体系中必不可少的重要环节，它通过对培训效果进行正确的判断，让决策者更好地了解培训项目是否达到预期目标。同时，将评估结果反馈给各个相关方，也是一个科学高效的员工培训体系所应该包含的环节。对于培训效果进行准确的评估与及时的反馈是企业培训活动顺利开展并不断更新迭代的重要保障。因此，企业不仅需要注重培训活动的内容形式，更要关注培训后的评估数据，并将此信息及时反馈给管理层，从而形成一个完整的闭环运行机制。图 6-3 为培训效果评估流程参考图，下面将对评估方法以及培训结果的反馈展开介绍。

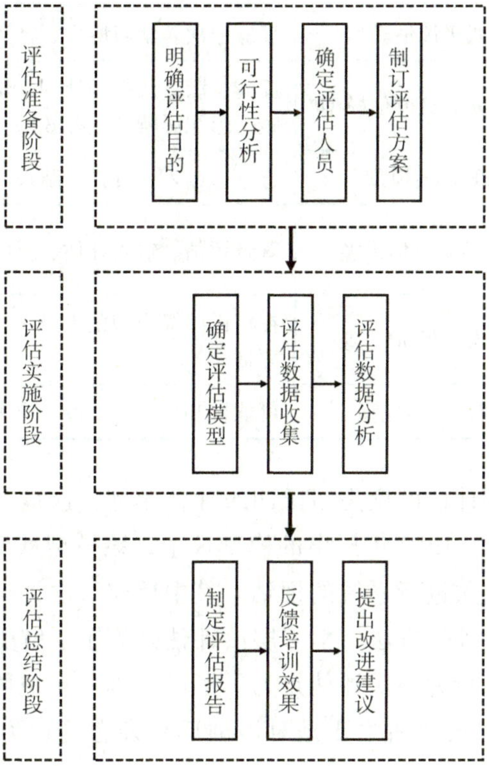


图 6-3　培训效果评估流程

## 6.3.1 培训效果评估的数据收集方法与评估模型

员工培训的效果评估是培训工作的必要程序之一，通过设定明确的培训目标和期望结果，企业可以采用多种评估模型和方法，收集员工的反馈、测试成绩和观察数据等进行综合分析，由此为企业总结、改进培训工作提供科学依据。培训效果的评估不仅关注培训结束后的短期成果，还包括了对员工职业生涯发展和工作绩效的长期考查。因此，进行有效的培训效果评估能够提高企业对于人力资源培训管理的重视，打造更加合理的培训平台，进而提升企业竞争力、提高生产力和经济效益。

培训效果评估的流程主要分为评估数据的收集和分析两个部分。其中评估数据收集常用的方法有问卷调查、面谈、测试、行为观察和岗位劳动成果验收。对于评估数据的分析则是基于已有的成熟的评估模型，再利用其他学科的相关方法展开分析。目前具有代表性的评估模型主要有柯氏四级评估模型、菲利普斯五级评估模型、CIPP 模型、CIRO

培训评估模型、组织层面评价模型、五层次评估模型。具有代表性的培训效果的评估模型如表 6-3 所示。

表 6-3　培训效果评估模型及其要素

| 作者 | 评估模型 | 模型要素 |
|---|---|---|
| 柯克帕特里克 | 柯氏四级评估模型 | 反应层次、学习层次、行为层次、结果层次 |
| 菲利普斯 | 菲利普斯五级评估模型 | 反应、满意及行动计划，学习与收获，工作应用与实践，组织影响及业务效果，投资回报 |
| 斯塔弗尔比姆 | CIPP 评估模型 | 背景、输入、过程、结果 |
| 沃尔、伯德、莱克哈姆 | CIRO 培训评估模型 | 背景评估、输入评估、反应评估、输出评估 |
| 汉姆布林 | 组织层面评价模型 | 在柯氏四级模型的基础上增加对“组织目标层级”的评估 |
| 考夫曼 | 五层次评估模型 | 可能性和反应、掌握、应用、企业效益、社会效益 |

目前应用较为广泛的评估模型为柯氏四级评估模型，这是美国威斯康星大学教授柯克帕特里克(Kirkpatrick)于 1959 年提出的模型理论，该模型从反应层次、学习层次、行为层次和结果层次四个层次进行系统的评估。其中反应层次评估是为了了解受训者的看法和意见，是最低层次的评估方法；学习层次评估是为了了解受训者通过培训掌握的专业理论知识和岗位技术；行为层次评估是为了了解受训员工把所学知识、技能应用到实际工作中的情况；结果层次评估主要是对培训后受训者的行为变化和所在组织绩效的评估。

菲利普斯五级评估模型是由菲利普斯(Phillips)在 1991 年提出的，他在柯氏四级评估的基础上增加了财务评估层，即投资回报率评估。该模型具体分为反应、满意及行动计划，学习与收获，工作应用与实践，组织影响及业务效果，投资回报五个层级，评估的重点在于将培训收益和培训成本进行比较，测算投资回报率的指标，进而分析员工培训对企业经济利润的影响。该模型多用于企业培训中，利用评估数据改进培训工作的经济效益，提高培训质量和效果。

美国学者斯塔费尔比姆(Stufflebeam)在 1966 年提出了 CIPP 评估模型，从背景、输入、过程和结果四个部分对培训效果进行评估。背景评估是在培训前期对培训需求进行系统分析，从而制定培训目标；输入评价是对投入的培训资源进行计算并分析，从而对培训项目进行评估；过程评价是对培训项目进行总结从而得到评估结果；结果评估是对培训项目的成效是否达到计划目标进行核对。该模型以决策导向为定位，不同于常用的以行为为目标导向的评估模型，为决策者在培训设计初期提供关键信息，提高培训质量。目前 CIPP 评估模型在公务员培训评估、医学领域的培训评估、教育领域专业人员的培训评估、企业员工培训效果评估等多个领域得到应用，主要适用于教育领域。

1970 年，沃尔(Warr)、伯德(Bird)和莱克哈姆(Rackham)共同提出了 CIRO 培训评估模型，评价要素包括背景评估、输入评估、反应评估、输出评估。该模型特征在于将评估活动视为培训过程中的一个独立且具有终结特点的专门步骤，并将其介入到培训过程的其他相关环节，而不仅仅是培训过程的最后一环。

汉姆布林(Hamblin)于 1974 年提出组织层面评价模型，在柯氏四级评估模型的基础上增加对组织目标层级的评估，将员工培训效果评估模型划分为反应、学习效果、工作行为、执行效果和组织目标评估五个层次。该模型扩展了评估的视角，将培训效果与组织战略目标的达成直接关联起来。

考夫曼(Kaufman)在 1994 年提出五层次评估模型，评估层次包括可能性和反应评估、掌握评估、应用评估、企业效益评估、社会效益产出。该模型进一步细化了评估的层次，增加了对培训成本的评估并且注意到了员工培训效果的外溢效应，从输入到成果，提供了一个详尽的评估路径，以确保培训活动的有效性和效率。

除了上述的评估数据收集方法以及评估模型以外，许多专家学者通过引用借鉴其他学科理论对员工培训效果进行评估研究，不过这些研究成果往往只针对特定的培训类型和企业，不一定具有普适性，但其创新性的方式也具有一定的指导意义。例如模糊层次综合评价法，是一种基于模糊数学的综合评价方法，是将多个指标建立在模糊集合的基础上对培训对象进行综合性评判。该方法能够将定性因素和定量因素相结合，把简单的定性评价转化为定量评价，提高评价结论的可信度。又比如胜任力模型评估法，其最早由哈佛大学教授麦克里兰(McClelland)正式提出。胜任力模型是对绩效优异者所应具备的知识、技能、动机等特质进行描述的模型，常用冰山模型和洋葱模型。基于胜任力模型的培训评估是一种循环式的过程，可以通过特质描述反复检验培训需求是否得到满足，培训方案是否科学可行。

### 6.3.2 培训结果的反馈与应用

在培训效果评估完成之后，采取客观和公平的态度来归纳培训成果至关重要。总结的目的在于掌握评估的优缺点，并对培训前后员工所展示的差异提出反馈意见。在总结阶段，可以重新审视评估流程，识别并分析问题，寻找解决方案，以确保评估成果的实用性。

所有的评估活动完成之后，分析数据所得到的培训评估报告应该应用于未来的实际决策中。培训结果须向培训项目的管理者、企业高层、受训者及其直接上级反馈。

项目组织管理者是企业员工培训组织实施成功与否的关键，评估结果应当第一时间反馈给他们，以便管理者基于此来决定是否对培训项目进行调整和优化，保留并加强评估结果中表现良好的部分，并提出对未来培训方向的宝贵意见，不断优化企业的培训体系。

企业高层领导也需要了解员工培训对企业带来的变化和经济效益，认识到培训对企业发展的重要性，据此决定是否继续追加培训投入。企业高层的支持对于培训项目至关重要，在高层领导对培训工作的认可下，培训项目才能够在企业内部顺利地进行下去。

受训员工对于培训的认识最为深刻，对于培训的效果最为了解，向他们反馈评估结果能够激励他们积极参与未来的培训项目，同时促进员工之间的健康竞争，创造出积极向上的良好氛围。员工们根据评估结果也能发现自身的不足之处，由此明确未来自我提升和学习的方向。

在明确培训结果反馈对象的基础上，更为重要的是企业需要建立有效的反馈机制，一方面将员工的培训评估结果反馈给各个相关方，另一方面也要收集员工对于培训内容和培训讲师的评价和感受，综合分析这些反馈信息，才能够不断提升企业员工培训的质量和效果。目前大部分企业在员工培训上面临的问题在于没有形成首尾相连的闭环运行机制，并且主要是缺少反馈环节，或者是反馈渠道做得不够完善，仅仅流于形式。这就容易导致在开展培训的过程中，对遇到的问题、缺陷和不足不能及时解决，不利于培训工作的长远发展。针对这一问题，企业应当构建合理的反馈机制，在培训全过程中通过座谈会、调查问卷、访谈等方式定期收集员工的反馈意见，鼓励员工积极提供对培训内容、教学方法、培训管理等方面的评价和建议。这样企业的培训管理部门就能够对表现出来的问题和缺陷及时加以优化和完善，从而不断激发员工的主动性和创造性，增加员工对培训的满意度和参与度。一旦参与者知道他们的意见和反馈被重视，并且看到改进措施的实施，就会增强他们对培训的信心和参与的积极性。可见机制的建立将有助于加强培训员工与培训管理人员之间的沟通交流、意见交换，能够确保培训活动与组织目标相一致，并不断满足参与者的需求和期望，进一步推动和促进员工个人和企业整体的发展和进步，以此创造更好的经济效益。

同时，企业也应当关心培训内容在实际工作中的转化和运用，员工培训旨在提升员工在工作中的绩效结果，而结果是多维元素共同作用形成的，不能通过一次培训活动就直接“修成正果”。但是培训可以直接改变员工行为，只要受训后的工作行为达到了培训要求，那么本次培训的目标就完成了，而不能把培训是否能够带来短期内的经济效益提升作为培训成果转化的衡量标准。因此，员工培训的成果转化应当在较长的时间段内进行考量，观察受训员工在培训后的几周或者几个月甚至一年之内的工作表现是否产生改变，再据此为下一阶段的培训工作提供参考依据。

总之，收集评估数据、形成评估报告、反馈评估结果这三者之间是一个动态循环的过程，作为员工培训的最后一个环节，需要对各类数据进行分析，充分听取各方意见和建议，还要将评估结果与以往数据进行比较，形成一个完整的评估反馈体系，从而推进企业培训工作的不断发展以及企业员工能力水平的不断提高。

知识拓展

## 层次分析法

在评估模型与其他学科方法相结合的评估方法中，应用较多的有层次分析法(analytic hierarchy process，AHP)，AHP 是美国运筹学家萨蒂(Saaty)教授提出的一种多目标决策分析方法，是一种定性与定量相结合的决策分析方法，能够将复杂问题中的各个评价指标分解为目标层、准则层和方案层，并组成有联系、有层次的系统架构。层次分析法简单易操作，所需数据较少，计算方法相对方便。层次分析法需要与评估模型结合起来使用，应用在各个领域的培训管理中。

## 本章要点

- 员工培训的主要特点包括目的性、针对性、层次性、灵活性、系统性。
- 员工培训的现代理论主要包括行为主义理论、认知主义理论、人本主义理论、培训迁移理论和社会学习理论。
- 员工培训的内容主要包括岗位技能培训、职业素养培训和管理能力培训。
- 员工培训的主要方法有师徒制、案例教学、情景教学和线上教学等。
- 培训效果评估数据的收集方法有问卷调查、面谈、测试、行为观察和岗位劳动成果验收。
- 主流的评估模型包括柯氏四级评估模型、菲利普斯五级评估模型、CIPP 模型、CIRO 培训评估模型、组织层面评价模型、五层次评估模型。

## 思考与练习

### 选择题

参考答案

1. 下列不属于员工培训的主要内容的是(　　)。

A. 岗位技能培训

B. 职业素养培训

C. 管理能力培训

D. 职业价值培训

2. 下列不属于线上多媒体教学的优点的是(　　)。

A. 解除时间和空间的限制

B. 知识更新快

C. 将学习置于真实或模拟的情景中

D. 可重复学习

3. 岗位技能培训是一种针对特定工作岗位进行的培训，旨在提高员工的(　　)，使其能够胜任工作并提高工作效率。

A. 专业技能和知识

B. 职业素养

C. 管理能力

D. 领导能力

4. 下列不属于柯氏四级评估模型的要素是(　　)。

A. 学习层次

B. 行为层次

C. 反馈层次

D. 结果层次

5. 以下关于培训效果评估的说法不正确的是(　　)。

A. 要向高层管理人员汇报

B. 自省以前工作中的不足

C. 有利于提高培训效率

D. 是获得领导支持的有效方式

## 简答题

1. 企业进行管理能力培训的意义是什么?

2. 分析促进培训成果转化的方法和技巧。

3. 为什么说培训结果反馈与应用至关重要?

## 讨论题

讨论员工培训的发展趋势。

## 案例分析题

### 天生我材必有用：喜憨儿洗车中心的培训管理之路

喜憨儿洗车中心不仅仅是一个普通的洗车行，更是一个让心智障碍者群体找到归属感和实现自我价值的地方。创始人曹军的动机来源于他的患有唐氏综合征的儿子，曹军深刻意识到，心智障碍者面临着就业和社会接纳的双重难题。为了改变这一局面，他决心创建一个平台，专为这些特殊群体提供就业机会。

**背景与使命**

喜憨儿洗车中心的创立始于 2015 年 8 月 8 日，首家洗车中心在深圳福田区开设。曹军的目标是为心智障碍者提供一个就业平台，不仅让他们参与工作，还让他们通过工作获得尊严和社会的认同。通过洗车行业，曹军看到了这一群体能够发挥自己特长的潜力。洗车行业具有操作相对简单、重复性高，适合心智障碍者的特点。

**培训需求分析**

由于每个员工都带着自己的故事来到这个小集体，曹军清楚地意识到，由于心智障碍者的多样性，培训方案必须根据个体差异量身定制。曹军特别强调，虽然心智障碍无法通过培训完全恢复，但通过科学的培训方法，这些孩子可以在工作中逐渐发挥各自的优势。例如，轻度障碍的员工可以操作高压水枪，而中度障碍的员工可以负责车身擦拭等相对简单的任务。

曹军制订了针对心智障碍者的特殊培训计划，其中包括基础的操作技能培训以及情感支持和社交能力培养。通过反复地模拟和实际操作，孩子们逐渐适应了洗车的工作流程，也逐步克服了社交和情感管理上的困难。

**培训过程中的挑战与解决方案**

在培训过程中，曹军遇到了一些实际问题，特别是如何让心智障碍者理解和执行工作中的细节。例如，孩子们在操作中容易分心，缺乏对指令的理解，且在情感管理方面面临很大的挑战。为了解决这些问题，曹军采取了以下措施：

1. 细化工作流程：通过将洗车流程分解为 4 个步骤和 12 个环节，曹军确保每个孩子能够按照简化的流程逐步学习并执行。

2. 个性化培训：根据每个孩子的特长和能力分配不同的工作，确保每个孩子都能在最适合自己的岗位上发挥作用。

3. “白板测评”法：为了评估孩子们的实际能力，曹军开发了一套独特的“白板测评”法，通过模拟洗车过程和测评孩子们的清洁技能，精准识别每个孩子的优缺点。

**培训的效果与成果**

经过多次培训，孩子们不仅掌握了洗车的基本技能，还在团队合作和社交能力方面有了显著提升。喜憨儿洗车中心的员工开始能独立完成工作任务，并能够在实际工作中处理顾客反馈，甚至在没有指导的情况下检查和修正自己的工作。随着培训的深入，孩子们逐渐适应了社会规则，学会了如何在公共场合表现得体，如何与他人互动。曹军也强调，培训不仅仅是技能训练，更是心智障碍者融入社会的过程。

**未来展望**

喜憨儿洗车中心从深圳第一家开设以来，已在全国多个城市开设了分店，成为一个不仅为心智障碍者提供就业机会的平台，也为社会提供了一个全新的视角，展示了心智障碍者的潜力和价值。曹军坚信，喜憨儿洗车中心的成功不仅在于其提供的工作机会，更在于通过这种工作让这些孩子们找到了自信、尊严和社会认同。未来，喜憨儿洗车中心计划继续扩展，同时深化培训内容和形式，进一步提高员工的社会适应能力和工作技能。

通过这个案例，喜憨儿洗车中心向社会证明了，无论面对怎样的挑战，心智障碍者都可以通过培训和努力发挥他们的价值，并为社会做出贡献。

（案例来源：卫旭华，吕铭瑶，张超，等. 天生我材必有用：喜憨儿洗车中心的培训管理之路[EB/OL].（2024-09-01）[2025-01-04]. http://www.cmcc-dlut.cn/Cases/Detail/8591）

1. “喜憨儿”有什么特征？基于这些特征，喜憨儿洗车中心应考虑哪些针对性的培训需求？

2. 喜憨儿洗车中心在实施培训的过程中遇到了哪些问题？曹军采取了哪些措施解决了这些问题？

3. 喜憨儿洗车中心的培训给“喜憨儿”带来了哪些变化？这对于“喜憨儿”有何帮助？

07

# 第7章 绩效管理

素质目标：通过系统学习绩效管理，明确自身未来规划，培养员工终身学习的意识；学习绩效管理的过程有助于建立一种持续改进的文化，内化员工的人生观和价值观，提升自我价值。

知识目标：理解绩效管理的基本概念及特点，包括目标导向、以人为本、系统思维和注重沟通等方面；掌握绩效计划、绩效监控和绩效考核的核心流程和方法，特别是目标管理法的实施与评价；了解人工智能技术在绩效管理中的应用，包括智能绩效目标设定和绩效辅导助手的使用。

能力目标：能够分析企业绩效管理体系的现状及优化空间，结合企业战略目标，设计科学的绩效指标体系；能够有效应用绩效管理工具，例如目标管理法，对员工的行为和结果进行合理评估，并提出改进建议；熟悉人工智能工具的使用，通过数据驱动方法提升绩效管理的效率与公平性。

开篇案例

## 阿里巴巴绩效管理创新之路

一开始，阿里巴巴绩效管理体系的基本理念和框架借鉴自美国通用公司。2001年，为通用公司服务了很多年的关明生加入阿里巴巴，帮助阿里巴巴打造了一套与国际接轨的绩效管理体系，这奠定了阿里巴巴绩效管理的基础。阿里巴巴借鉴并强化了通用对价值观的推崇，采用了“活力曲线”法则以及基于这个法则的淘汰和激励制度。阿里巴巴把这个绩效评估制度取名为“双轨制绩效考核”。

“活力曲线”在阿里巴巴指用“271排名”的方式来考查员工的相对业绩。各部门主管按“271”原则对员工的工作表现进行评估：20%超出期望，70%符合期望，10%低于期望。阿里巴巴集团员工绩效评估体系，采用了非常有趣的动物式排列。阿里巴巴对后10%的淘汰没有像通用那么严厉。在阿里巴巴，员工通过考核被分成三种：

一是有业绩，但价值观与公司不符合的，被称为“野狗”。

二是事事老好人，但没有业绩的，被称为“小白兔”。

三是有业绩，也有团队精神的，被称为“猎犬”。

对价值观与公司相符，但业务能力弱的“小白兔型”，阿里巴巴会给予考查、培训、转岗的机会。除了作假行贿等触犯道德乃至法律底线的“野狗型”员工，阿里巴巴很少因为价值观考核而直接开除员工。

在此基础上，阿里巴巴绩效管理形成了自己的特点。

（案例来源：陈月，马影．互联网企业绩效管理的创新与启示：以阿里巴巴为例[J]．管理会计研究，2019(2)：54-64，87）

阿里巴巴对源自西方的管理办法进行了改良，这也在一定程度上反映了绩效管理需要不断创新的本质。全球经济正在经历复苏，同时面临转型升级的压力。各国政府在推动经济恢复的过程中，强调高质量发展。绩效管理能帮助企业在资源有限的情况下，提高效率，确保战略目标的实现，从而在竞争中占据有利位置。

# 7.1 绩效管理概述

绩效管理是通过科学、合理的管理方式，对员工在企业中的表现进行动态监督、评价、考核和分析的管理活动。绩效考核的目的在于通过改善员工行为、提升员工主动性、统一员工群体与管理层的工作理念，最终实现企业的运营目标，进而提高企业生产力水平。

## 7.1.1 绩效管理的相关概念

### 1. 绩效的概念及特点

绩效包括组织绩效、群体绩效和个体绩效三个层次，个体绩效是基础，组织绩效和群体绩效是个体绩效的表现形式。

就个体层面来说，绩效是指员工在一定时间、空间等条件下，从事各种活动所表现出来的行为和所取得的结果。绩效呈现出明显的多因性、多维性和动态性的特征。

(1) 多因性

绩效是技能、激励、环境与机会四个变量的函数，高绩效是多因素共同作用的结果，需要内因与外因、主观与客观等多方面的协同。

(2) 多维性

多维性指绩效具有多重维度，是员工的知识、能力、态度、动机、行为的表现与结果，既反映员工潜在形态的劳动，也反映员工流动形态和凝结形态的劳动。考评者需沿多种维度去分析与考评员工的绩效。

(3) 动态性

绩效的动态性是指员工的绩效会随着时间的推移而产生不同程度的变化。绩效可分为任务绩效和周边绩效两类。

### 2. 绩效管理的概念及特点

绩效管理指的是全面管理绩效达成的各类影响要素，此项管理活动是以企业战略为根基的。绩效管理遵循企业战略，逐层分解其战略目标，在此基础上实施业绩考核，依据绩效考核结果来为企业提供管理指引和帮助，对员工形成业绩激励，在持续改进的过程中，帮助组织顺利达成自己的战略目标。

管理不是简单的任务管理，而是环环相扣的闭环过程，强调每一个环节的实现。它不仅仅以目标为导向，还特别强调与员工的沟通和对员工的辅导，同时在有效反馈的基础上，不断发现问题，及时改进，促进员工能力的提高，并以此为新的基点来制定新的绩效目标。在这个过程中，员工工作目标的实现与个人能力的提升是和谐发展的。绩效管理的过程具有以下几个特征。

（1）目标导向

目标管理的最大优点就是能够让员工明白自己努力的方向，管理者则能够通过员工的目标对员工进行有效管理，以更好地提供支持与帮助。同样，绩效管理也强调目标管理，目标加沟通的绩效管理模式被广泛提倡和使用。只有绩效管理的目标明确了，管理者和员工的努力才会有方向，才会更加团结一致，共同致力于绩效目标的实现，共同提高绩效能力，更好地服务于企业的战略规划和远景目标。

（2）强调发展

绩效管理强调员工的培训和发展。通过识别员工现有的技能和知识水平，组织可以确定他们的发展需求，并为他们提供培训和发展机会。这样不仅可以提高员工的绩效水平，也可以增强他们对职业发展的满意度。培训包括内部培训、外部培训、跨部门项目和导师制度等。

（3）以人为本

绩效管理已成为“以人为本”理念下检视人与企业融合的最佳工具和桥梁。企业的管理者通过观察员工的绩效表现来了解管理的效果。如果员工的绩效表现真的受到融合程度的影响，企业管理者就可以适度地改变管理风格或适时地调整计划，甚至进一步通过沟通和建议的方法去帮助员工适应、改进，使“人”与组织更为融合。从这个意义上说，企业“以人为本”真正的含义是“以人的绩效为本”。

（4）系统思维

绩效管理是一个完整的系统，不是一个简单的步骤。它是一种管理手段，而不是人事部门的专责和义务，它涵盖管理的所有职能，如计划、组织、领导、协调、控制等。所以，在实际工作中，我们必须系统地看待绩效管理。

（5）注重沟通

沟通在绩效管理中起着决定性的作用。制订绩效计划要沟通，帮助员工实现目标要沟通，绩效考核要沟通，分析原因并制定改进措施要沟通。总之，绩效管理就是员工和管理者持续沟通的过程。没有沟通，企业的绩效管理将流于形式，许多管理活动的失败都是因为沟通出现了问题。绩效管理强调沟通，致力于全面增强管理者的沟通意识和技巧，进而改善企业的管理水平和管理者的管理素质。

### 3. 绩效管理的作用

（1）绩效管理有助于建立正向激励机制

绩效管理不仅仅是一个考核和评价的过程，更是一个管理过程。在绩效管理中，应该建立正向激励机制，让员工通过提升绩效而获得更多的奖励和认可。通过绩效管理，可以发现和奖励那些创造出绩效的员工和团队，以及他们成功的方法和做法。正向激励机制可以促进员工的动力和积极性，从而推动企业的发展。

(2)绩效管理有助于建立沟通平台

绩效管理不仅包括考核和评价，也包括绩效沟通。通过绩效沟通，员工可以获得来自管理层的反馈和指导，了解组织的期望和要求，改进工作表现，以达到绩效目标。此外，员工也可以提出自己的建议和想法，与管理层进行沟通交流。绩效管理建立了一个双向的沟通平台，让员工和管理层之间的沟通更加顺畅和有效。

(3)绩效管理有助于建立信任和合作

在绩效管理中，管理人员应该采用公正、客观的态度，对员工的绩效进行评价和考核。通过公正的评价和考核，员工会对管理层给予认可，从而建立信任和合作。此外，绩效管理也可以促进员工之间的合作和协作，让员工知道自己的工作如何与组织的整体目标相关联，进而明确各自的责任和义务，达到团队合作的目的。

(4)绩效管理有助于促进员工的自我管理

绩效管理可以帮助员工提高自我管理能力。通过绩效管理，员工可以明确自己的工作目标和绩效指标，并根据这些指标确定自己的工作计划和工作方式。员工也可以在绩效沟通中了解自己的不足和短板，进而制订自我提升计划和方案，提高自己的工作能力和绩效水平。通过这种方式，员工可以更好地管理自己的工作和生活，实现自我价值的提升。

(5)绩效管理可以优化组织的人力资源配置

在总体测评员工绩效的过程中，绩效管理能够对员工的潜力及优劣有一个总体的把握，从而立足于现实情况来调整并合理设置员工的岗位，进而优化组织的人力资源配置。同时，绩效管理也能发现组织内部的人才储备和培训需求，帮助组织实现员工的内部晋升和发展，从而满足组织的长期发展需求。

总之，绩效管理在现代企业管理中具有非常重要的作用，可以通过科学合理的绩效目标设定、有效的绩效考核与反馈、明确的绩效激励机制、合理的人才管理等手段，促进组织战略目标的实现，引导并帮助组织和员工改善其绩效，对人力资源进行科学、合理地配置，以全面支撑企业核心竞争力的提升。

### 7.1.2 绩效管理的理论基础

目标管理法、人本主义理论、系统管理理论、PDCA 循环理论以及综合激励理论共同构成了绩效管理的理论基础。

### 1. 目标管理法

目标管理法是由美国企业管理专家学者彼得·德鲁克(Peter Dracker)在《管理的实践》中首先提出来的。目标管理法的过程是一个不断循环的过程，即先根据企业的战略目标设定一个组织的整体目标，然后细分划定每一个团队的目标，再由员工以及主管领导一起确定其个人的目标。这种方法的优点是可以让员工更多地参与目标的设定过程，可以加强团队内部的关系。

目标管理须遵循以下四个原则：首先目标制定要科学，既不能太难也不能太简单，让员工可以通过努力实现；同时也不能太单一，要对企业的战略目标起到支撑的作用。其次跟踪检查要及时，管理者应该及时检查每个目标的完成情况，如果存在问题应马上处理、积极调整，确保目标运行方向的正确性。再次成本控制要严格，管理者在督促检查的过程中要把成本控制在合理的范围内，同时还不能影响目标的实现。最后考核评估要到位，管理者应严格按照项目具体目标，依次对员工进行考查并给出评价；同时对目标是否达成的结果及时进行奖惩，达到敦促先进、鞭策落后的目的。

### 2. 人本主义理论

人本主义理论起源于美国，由美国心理学家马斯洛创立，是当代心理学的主要理论之一。这种理论主要的观点在于，拒绝低俗化、动物化人的心理，强调尊重人的尊严，重视人的价值和创造力。马斯洛在这一理论的基础上，提出了著名的马斯洛需求理论。人本主义理论也被称为心理学的“第三思潮”。根据人本主义理论，企业需要对人力资源的管理模式进行合理的优化，依据员工自身的价值和创造力，安排员工进入合适的岗位，通过对员工的全面评测、考核，充分调动员工的积极性，让员工在适合自身条件以及情况的前提下，发挥长处，为企业创造更大的价值。由于外部环境的不确定性，现代企业的发展更需要从内部入手，加大人才培养和选拔的力度，加强企业的人才储备，使企业在激烈的市场竞争中取得先机。

### 3. 系统管理理论

系统论是路德维希·冯·贝塔朗菲(Ludwig Von Bertalandffy)在研究理论生物学时提出的，主要内容是把研究对象看作一个系统整体，以整体的视角对研究对象进行分析，研究系统中部分与整体、结构与功能之间的相互作用与联系，从而得到最优的结果。运用系统论的思想，我们可以把组织管理看作是一个整体的系统，而部门绩效管理是一个包含绩效计划、过程控制、考核评价、结果运用等多个环节的整体，是通过设计绩效指标进行评价，再利用评价结果进行有效管理的过程。

在对绩效管理进行优化时，要将各个环节联系起来看待，不可割裂开来，绩效管理体系的各个部分要有关联性。使用平衡计分卡具体设计指标体系时，其四个维度之间要互为因果，相互联系，要考虑指标的层次性以及各关键绩效指标的相互关系和相互作用。系统管理理论从技术方法的角度出发，为优化绩效评价体系提供了理论基础。

#### 4. PDCA 循环理论

PDCA 循环最早由美国质量管理专家沃特·阿曼德·休哈特(Walter A. Shewhart)提出，经过威廉·爱德华兹·戴明(William Edwards Deming)进一步完善后普及运用。PDCA 循环理论不仅用于质量管理领域，也可以在其他领域内应用，包括绩效管理方面。PDCA 循环理论的基本原理是将质量管理分为四个过程，即计划(plan)、执行(do)、检查(check)和处理(act)，这四个阶段与绩效管理的过程有着异曲同工之妙，通过这四个部分的循环，绩效管理效果呈现螺旋式的上升闭环。绩效管理不仅仅是简单的考核，而是需要使用一定的方法，遵循特定的规章制度，将工作流程与绩效管理有机结合的完整系统。绩效管理的过程包括绩效计划、绩效实施、考核评价、结果运用，这恰好是 PDCA 的循环过程。

#### 5. 综合激励理论

综合激励理论认为激励分为内激励和外激励两种。员工对工作的努力程度由完成任务后可获得的激励价值和员工主观认为努力可获得多少奖励而决定，但最终形成的绩效结果除了受努力这一因素的影响以外，还包括员工自身的能力水平、工作态度、个人品质以及工作技能等因素。综合激励理论表达的一种思想就是并非只要采取了激励手段，员工就一定能按照管理者的意愿提高工作效率。

因此，管理者要加强激励手段与绩效结果之间的联系来增强员工对工作的信心。激励手段要考虑员工本身动机的内在激励以及组织提供的外在激励，除了财务手段的激励还要考虑其他类型的激励，包括员工的心理激励、社会性激励等手段，才能充分激发员工完成任务的积极性和创造性，以此发挥出最大的效益。

## 7.2 绩效管理过程

绩效管理体系的建立是一个循序渐进、环环相扣的过程，它包括绩效计划、绩效监控、绩效考核、绩效反馈四方面。从绩效管理体系的运行过程出发，绩效管理是一个遵循 PDCA 循环的管理过程，如图 7-1 所示。

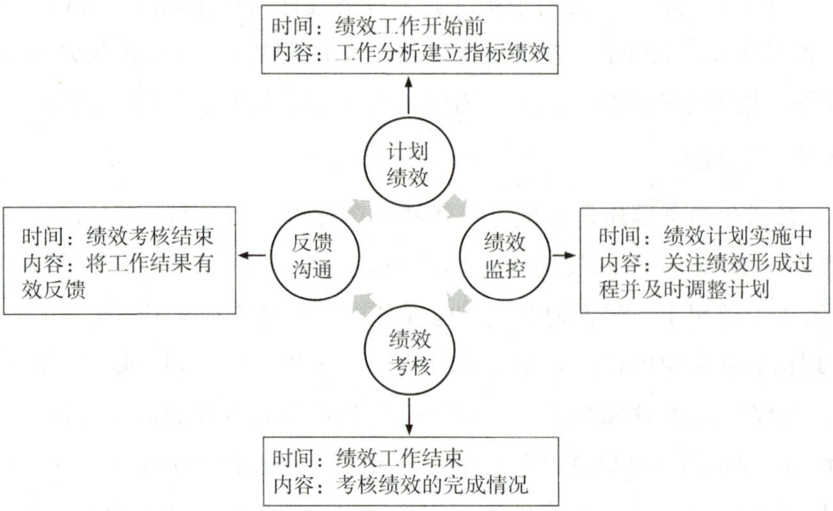


图 7-1　绩效管理过程

## 7.2.1 绩效计划

绩效计划是整个绩效考核系统的起点。在新的绩效周期开始时，管理者与员工经过充分的沟通，明确为实现组织经营计划与管理目标，员工在绩效周期内，应该做什么事情以及事情应该做到什么程度，并对为什么做、何时应做完、员工的决策权限等相关问题进行讨论，促进相互理解并达成协议。当制订绩效计划的过程结束之后，上级和员工应该能以共同的答案回答以下主要问题：

①员工在本绩效期间的主要工作内容和职责是什么？应达到何种工作效果？

②员工在本绩效期间应如何分阶段地实现各种目标从而实现整个绩效期间的工作目标？

③员工在完成工作任务时拥有哪些权利，决策权限如何？

④员工从事该工作内容的目的和意义何在？哪些工作是最重要的，哪些是次要的？

⑤管理者和员工计划如何对工作的进展进行沟通，如何防止出现偏差？

⑥为了完成工作任务，员工是否有接受培训或进行自我开发以掌握某种工作技能的必要？

确定绩效计划后最关键的是制定相应的绩效指标体系。绩效指标体系是绩效计划的重要表现形式，绩效指标并不是独立存在的，它是系统的、有层次的。在构建绩效指标体系时，要对工作岗位及工作内容进行分析，不同的岗位的绩效指标应有所区别。应明确岗位所需的知识、技能、能力，对需要掌握的进行分类，制定“硬指标”“软指标”和结果指标等。

人工智能能够助力绩效计划的制订。在绩效管理方面，可以运用绩效辅导助手、智能绩效目标设定等，以实现企业战略目标和个人绩效目标一致和提升。基于员工的绩效数据、工作习惯、能力水平等信息，绩效辅导助手可以识别出员工在完成绩效的过程中存在的问题和困难，并提供针对性的解决方案。此外，基于战略计划、市场需求、竞争对手状况、员工历史绩效等信息，可以利用智能绩效目标设定工具，科学合理地制定出企业和个人的绩效目标，并加以实现。

### 7.2.2 绩效监控

绩效监控是整个绩效管理的重要环节，在这个环节中，绩效沟通和反馈工作不到位，就会导致绩效管理流于形式。绩效监控是管理者与员工在实施绩效计划中持续沟通的过程。良好的绩效监控以有效的绩效信息为基础，针对员工在工作中存在的问题及时提供绩效辅导，以帮助员工提高绩效水平，实现个人与组织绩效目标。

在绩效计划完成后，开始进行绩效管理的实施。整个实施过程中，应该对过程加以控制，了解阶段性工作任务的实施情况、员工遇到的困难和问题，以及员工在思想上的波动等。绩效监控在于管理者与员工双方的开放交流，员工可以无惧压力向上级申请援助，上级也可以适时询问员工工作情况，在平等交流的过程中，将不符合现实或陈旧的工作流程及相关制度加以完善优化，从而保证员工可以顺利高效完成工作任务，为下次的工作任务节约成本，提升效率。绩效监控的目的在于，防止工作结果不受控制而影响公司绩效，避免年终考核只关注近期贡献，以感情用事而忽略员工的前期付出。因此，在关注绩效结果的同时，更应该注重绩效监控，其通过持续有效的沟通、记录客观真实的绩效信息，以及提供正向的鼓舞，来实现不断的双向反馈，这对绩效管理的整个环节都有非常积极的意义。

人工智能使企业绩效管理从过去的结果导向转化为更加注重过程导向，能实时追踪和指导员工的绩效行为，帮助企业进行绩效监控。人工智能助手给予员工及时的反馈和指导，能真正发挥绩效辅导的作用，帮助员工提高绩效，而不是为考核而考核。这是因为通过大数据和人工智能的计算机识别、深度学习等功能，能够及时收集到大量的员工绩效行为数据，从而能够为员工及时提供反馈和辅导。过去的绩效评价过程中更多需要管理者观察、收集员工日常工作中的相关行为数据，不可避免地在评价员工工作行为和态度时带有一定的认知性偏差，而基于大数据和人工智能的绩效评价，能为管理者提供更客观的数据，同时对考核决策进行分析，帮助管理者进行正确评价。

### 7.2.3 绩效考核

绩效考核是绩效管理的核心环节，如果这一环节出现问题，会给绩效管理带来严重的负面影响。在绩效工作完成后将进行绩效考核与评价，对相关部门、员工进行考核，根据指标建立的要求，对照指标和工作结果，对员工工作能力、绩效结果、自我素养等进行评价排序。绩效考核与评价是对一个工作周期的总结，不同级别考核周期不同，员工有月度的考核、中层有半年和年度的考核，高层大多是年度考核。不同岗位的考核内容也有区别，考核评价方式的选择也因岗因人而异。要尽量避免因主观因素导致的结果不合理，最大限度地保证公平公正，为员工的贡献及付出作出合理的评价。

绩效考核在绩效管理循环中发挥着举足轻重的作用。考核主体以月度、季度、年度为单位，围绕既定的绩效目标，采用有效的考核方法，对员工的工作过程、绩效目标完成情况进行考核与评估。绩效考核有助于组织整合人力资源，通过把握员工行为，推动实现组织战略目标。

### 7.2.4 绩效反馈

绩效反馈是绩效管理有效性的关键，如果对员工的激励约束机制存在问题，就不可能调动员工的积极性、主动性和创造性，绩效管理就无法取得成效。绩效反馈是绩效管理的重要环节，以员工绩效考核结果为依据，通过双方面对面沟通，及时反馈工作中存在的问题，确保考核的公开性、公平性，以改进绩效计划。在绩效反馈中，绩效面谈环节至关重要，是绩效反馈的主要形式，有利于发挥绩效反馈的作用。通过绩效面谈能够引导员工更好地发挥自身优势，改进不足，以促使企业更好地发展。绩效考核结果运用是衡量绩效管理发挥作用的程度的重要环节，应充分运用绩效考核结果，发挥其作用，以提升员工的工作积极性，将企业价值取向与员工个人发展目标相结合，提升企业的凝聚力。

绩效反馈是绩效考核与评价结束后的重要一环，是管理者和员工根据考核结果开展交流回顾、总结经验的沟通过程。在绩效反馈的过程中，管理者以其丰富的阅历经验对员工进行指导，让员工清晰自身缺点、明确今后的工作方向；员工可以进行申诉，与管理者互换意见，提出对工作的个人见解，反馈工作中的问题。绩效反馈不仅对员工个人的职业发展，而且对团队、部门业绩的提高，企业的经营管理都有积极影响。值得注意的是绩效反馈对管理者有一定的要求，需要做好面谈的准备，具备对事不对人的态度，诚心帮助员工制订改进计划，认真对反馈的信息做好记录，以便为今后绩效的提高提供指导的依据。

人工智能的出现可为绩效反馈赋能。人工智能能够通过自然语言处理、机器学习、情感识别和数据分析实现自动化反馈。综合应用这些技术，人工智能可以自动评估员工绩效，提供自动化反馈，并根据绩效水平给予奖励，有效促进绩效管理和员工发展。绩效管理方面，可以运用绩效辅导助手、智能绩效目标设定等，以实现企业战略目标和个人绩效目标一致和提升。首先，基于员工的绩效数据、工作习惯、能力水平等信息，绩效辅导助手可以识别出员工在完成绩效的过程中存在的问题和困难，并提供针对性的解决方案。其次，基于战略计划、市场需求、竞争对手、员工历史绩效等信息，可以利用智能绩效目标设定工具，科学合理地制定出企业和个人的绩效目标，并加以实现。

# 7.3 绩效考核标准与方法

绩效考核又称工作考核、绩效评估等，是指考核主体为了评估其员工的工作行为及任务目标完成情况而采取的一种科学的评价方式。它用来指引员工的工作方向，并激励员工的工作行为。它在企业人力资源管理中占有举足轻重的地位，是企业管理的有力工具之一。绩效考核主要包括人员特征、工作行为、工作结果等方面内容。

绩效考核是人力资源管理的主要方法之一。通过绩效考核，可以使管理者了解到企业的发展动态，将企业的发展趋势置于掌控之中。绩效考核能够为员工和企业的发展提供数据服务。企业应该把绩效考核结果作为人员聘用、培训、晋升、薪酬发放的重要依据。企业实施绩效考核的目标就是促使企业的资源可以得到最大的发挥，进而实现其综合实力的有效提升。详细做法是把企业的总体战略目标划分到更为具体的部门和个人岗位上，之后跟踪、考评这些目标的完成进度，进而确保整个战略任务的顺利达成。

## 7.3.1 绩效考核的标准

考核标准的制定，应遵循以下步骤。

### 1. 排列部门的工作

按表 7-1 的格式编制“工作罗列表”，然后对工作进行排列。

表 7-1 工作罗列表

部门：销售部

<table>
<tr><th colspan="3" rowspan="2">工作业务项目</th><th colspan="5">难易度</th></tr>
<tr><th>A</th><th>B</th><th>C</th><th>D</th><th>E</th></tr>
<tr><td rowspan="4">大项目</td><td rowspan="2">中项目</td><td>小项目</td><td></td><td></td><td></td><td></td><td></td></tr>
<tr><td>小项目</td><td></td><td></td><td></td><td></td><td></td></tr>
<tr><td rowspan="2">中项目</td><td>小项目</td><td></td><td></td><td></td><td></td><td></td></tr>
<tr><td>小项目</td><td></td><td></td><td></td><td></td><td></td></tr>
</table>

排列工作时，可以在部门内挑选出有经验的各类人员，组成一个临时小组，专门从事这项工作。

难易度 A 表示没有必要进行判断的例行简单工作，如“资料的分发与领取”等；B 表示重复性熟练工作，如“资料装订”等；C 表示非重复、非例行性、需要判断的工作，以及需指导和监督的工作，如“事故处理”“临时性订货”“销售计划的修改”“临时工的招聘”等等；D 表示制订计划、方案的工作，带有预测性的工作业务，如“新产品开发计划”“市场预测”等等；E 则表示决策性工作，涉及对企业全局的影响，如“增设新的事业部”“设立新的分公司”等等。

“工作业务项目”栏中的大项目，至少可以分为“市场调查”“市场预测”“销售计划”“销售统计”“销售合同管理”“产品发运”“售后服务”。每个大项目又可细分为中项目，如“销售合同管理”可以分为“承接订货”“合同签订”“合同档案管理”“合同变更与撤销”“合同有关事务工作”。中项目又可进一步细分为小项目，如“合同档案管理”就可分为“建立合同档案目录”“统计分析合同执行情况”“检查合同完成情况”“档案的保管与提取”。

为了能够更加全面地罗列工作，可以让员工概述其工作，例如“回答用户的询问”“给用户提供指导”“核对用户的支票或现金”“准备提货通知单”等等。倘若还不能准确地把握员工的工作，就可以让其在概述的基础上，对每项工作进行描述，如“回答用户的询问”可以这样描述：介绍产品的功能、质量和用途，给用户决策提供依据，告诉用户商品的价格及优惠条件，说明供货的方式和手续，等等。

当工作罗列出来以后，需要把工作界定开来。

一是难易度的界定。作为一项单独的工作，必然可以明确它的难易度是 A，还是 B；如果不能明确地界定其难易度，就表明它包含两个以上的工作。

二是工作者的界定。一项单独的工作，不应该同时由两个人来承担，即使这项工作很大，也不能分割。否则，下一步的工作就很难进行下去。

### 2. 确定工作所需要的知识、技能

这里，把“工作所需的知识、技能”分为四个部分：

①基本知识和技能。

②相关知识和技能。

③专业知识和技能。

④特定知识和技能。

### 3. 确定个人的工作

在这一步中，首先要把员工的职务确定下来。职务确定下来以后，就要进一步明确职务中所包含的具体工作内容。例如小李的职务是培训经理，那么他就需要开展以下工作：

①确定培训的课程。

②选择培训的时间。

③邀请培训老师。

④培训结束时，对参加培训的员工进行考试。

### 4. 工作职能等级的确定

众所周知，不同的工作所要求的能力是不同的。因此，这一步就要把工作的难易度与职能等级挂起钩来，如表 7-2 所示。表中的 1、2、3、4、5 表示不同的职务，而 A、B、C、D、E 则表示不同的职务对应的工作难易度；深灰色部分表示该职务承担的主要工作，浅灰色部分则为该职务承担的次要工作。

表 7-2　工作难易度与职能等级的关系

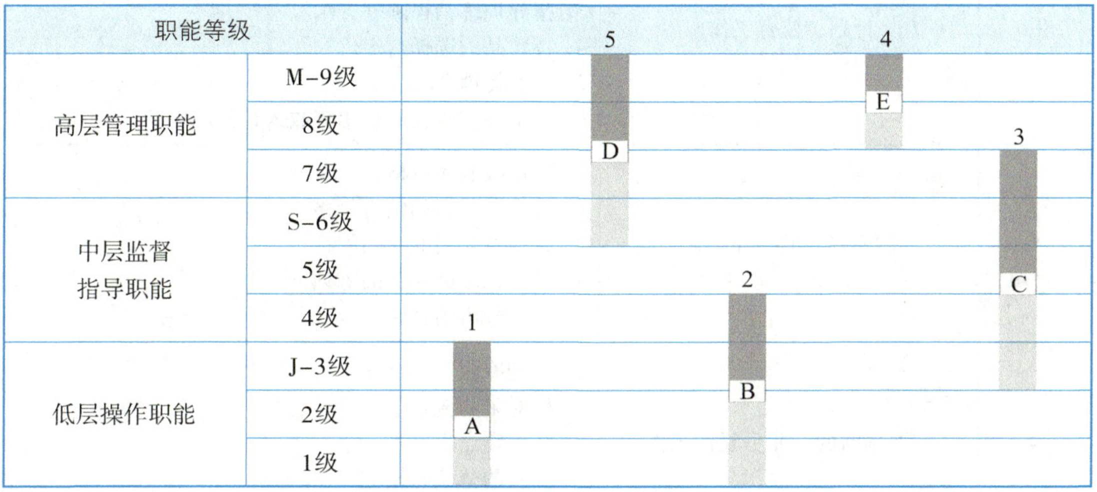


### 5. 确定“职务职能等级标准”

把第二步所确定的“知识、技能”与第四步确定的“职务、职能等级”相对应，就可以形成“职务等级标准”和“职能等级标准”，如表 7-3 和表 7-4 所示。

表 7-3　职务等级标准范例

部门：商品部

| 等级 | 职务等级 | 具体的工作内容 |
|---|---|---|
| M-9 | 决策管理工作 | 1. 管辖商品部业务<br>2. 提出改善购销体系的方案 |
| 8 | 高级管理工作 | 1. 出席购销会议<br>2. 选择供货商<br>3. 指导和开发用户<br>4. 开拓新市场 |

续表

| 等级 | 职务等级 | 具体的工作内容 |
|---|---|---|
| 7 | 日常全面管理工作 | 1. 调整商品结构<br>2. 从事商品购销业务<br>3. 掌握盈亏平衡<br>4. 制订并实施季节性购销计划<br>5. 出席月度决策会议<br>6. 掌握核实产地市场情报<br>7. 选定采购日程计划、核定订货情况 |
| S-6 | 计划、监督工作 | 1. 调查竞争对手的情况，制订相应的对策<br>2. 实施部门的决定<br>3. 指导训练销售陈列方法<br>4. 特卖品的选择与定价<br>5. 出席促销会议<br>6. 制定并实施分品种销售收入计划与方案 |
| 5 | 需要判断的指导工作 | 1. 确定收购的价格<br>2. 核定各分店的销售价格<br>3. 管理总公司的商品库存<br>4. 变更或改进商品的陈列<br>5. 核查分店的仓库 |
| 4 | 需要判断的、非重复性工作 | 1. 管理冷藏库<br>2. 核对采购传票<br>3. 核对盘点表<br>4. 商品的分流与发货<br>5. 向各分店分派货源 |
| J-3 | 需要判断的、重复性工作 | 1. 汇总各分店订货情况<br>2. 发行总公司商品移动传票<br>3. 计算采购传票<br>4. 检验商品入库<br>5. 盘点作业 |
| 2 | 熟练、重复性工作 | 1. 盘点表的加总计算<br>2. 制作特卖品用户表<br>3. 陈列商品 |
| 1 | 简单重复性、辅助性工作 | 1. 搬运商品<br>2. 商店的清洁<br>3. 其他的一些辅助性工作 |

**表 7-4　职能等级标准范例**

部门：人力资源部

| 职能等级 | | 知识 | | 技能 | |
|---|---|---|---|---|---|
| | | 基本 | 专业 | 操作 | 技巧 |
| 高等 | 6 级 | 1. 能运用基本知识对员工进行指导、教育<br>2. 有管理方面的基础知识 | 1. 掌握有关人力资源方面的基础知识<br>2. 掌握企业内外的动向及最新研究成果 | 能编制计算机程序 | 1. 能管理员工，包括指导、教育与激励<br>2. 能按照企业的方针，代表企业进行外部交涉，协调冲突<br>3. 统筹人力资源管理的各项工作，包括晋升、培训、调动、工资发放<br>4. 能管理考核工作<br>5. 能处理纠纷与申诉<br>6. 能起草有关人事政策与方针<br>7. 能制订人事计划与预算 |
| 中等 | 5 级 | 能够运用基础知识，制订工作计划，对员工实施监督，发挥骨干作用 | 1. 具有管理知识<br>2. 具有对员工考核的一般知识<br>3. 能够给员工提供生活方面的指导 | 能编制计算机程序 | 1. 能从事中等 4 级的工作<br>2. 能处理一般的申诉<br>3. 能指导员工<br>4. 能从事计量、统计方面的管理<br>5. 能提出改进方案<br>6. 能发布工作指示<br>7. 能传达上级的指示，并向上级报告工作<br>8. 能代理主管承担职责和行使职权<br>9. 能处理人事方面的专业事务<br>10. 能起草录用标准的初始方案<br>11. 能辅助进行员工考核工作<br>12. 能对员工培训工作作出指导 |
| 中等 | 4 级 | 能够运用基础知识，对比较复杂的事项作出判断和调整 | 1. 具有中等 3 级的知识<br>2. 有人事政策方面的知识<br>3. 有教育训练方面的知识<br>4. 有福利卫生方面的知识<br>5. 有录用、辞退方面的知识 | 能熟练使用计算机办公软件 | 1. 能从事中等 3 级的工作<br>2. 能从事人事工作相关的工作<br>3. 能制订福利方面的计划<br>4. 能收集教育训练的有关资料<br>5. 能处理临时工的事务 |

续表

<table>
<tr><th colspan="2" rowspan="2">职能等级</th><th colspan="2">知识</th><th colspan="2">技能</th></tr>
<tr><th>基本</th><th>专业</th><th>操作</th><th>技巧</th></tr>
<tr><td>中等</td><td>3 级</td><td>能够运用基础知识，进行一般性的判断和调整</td><td>1. 具有劳动就业的知识<br>2. 具有与劳动就业相关的法律知识<br>3. 具有工资计算方面的知识<br>4. 掌握整个人力资源部门的专业知识<br>5. 具有初等 2 级的知识</td><td>能熟练使用计算机办公软件</td><td>1. 能收集并整理与人事有关的资料<br>2. 能进行人事方面的统计<br>3. 能制作、核实、保管各类人事记录文书<br>4. 能够辅助招聘、录用工作<br>5. 能从事初等工级的工作</td></tr>
<tr><td rowspan="2">初等</td><td>2 级</td><td>能够运用基础知识，从事重复性工作</td><td>1. 具有初等级的知识<br>2. 具有接待方面的知识<br>3. 具有档案管理知识<br>4. 在分担业务工作方面具有相应的业务知识</td><td>1. 能使用复印机<br>2. 能使用计算机</td><td>1. 核查考勤记录，并汇编考勤表<br>2. 能办理进入或退出企业的事务性手续<br>3. 能制作员工花名册并妥善保管<br>4. 能对文件、档案进行编辑、整理<br>5. 能够制作人事管理卡<br>6. 具有接待方面的技巧<br>7. 能承担初等 1 级的工作</td></tr>
<tr><td>1 级</td><td>能在上级的详细指导下，从事单纯、辅助性业务</td><td>1. 具有基本的食品卫生知识<br>2. 具有文书档案知识<br>3. 能存取来往文件<br>4. 能处理辅助业务，形成职务职能手册</td><td>1. 能使用复印机<br>2. 能使用计算机</td><td>1. 能参与应酬<br>2. 能回答电话或网络咨询<br>3. 具有人力资源管理相关的业务知识</td></tr>
</table>

### 6. 确定每个员工的职务、职能标准

在完成上述工作后，要根据第三步所确定的每个员工的工作，来制定个人的“职务基准书”和“职能基准书”，如表 7-5 和表 7-6 所示。

表 7-5 中，“上级指示”，按下列语句来填写：

①按上级逐条下达的具体指示开展工作。

②上级只下达笼统的指示。

③按企业既定的规章、制度办。

“指导监督”指本职务对下级有无指导监督，按下列语句来填写：

①只在小范围内进行指导监督。

②在部门范围内进行指导监督。

③在整个企业范围内进行指导监督。

“责任范围”是指本职务责任涉及的范围大小，按下列语句来填写：

①只限于本职务工作范围。

②涉及相关部门。

③涉及整个企业。

“职务工作项目”指本人的职务所包含的具体工作项目，“难易度”只需写上 A、B、C、D、E 即可，“工作频率”一栏只需在相应的栏目上打“ ✓ ”。

**表 7-5 个人职务基准书范例**

<table>
<tr><th>所属部门</th><th>姓名</th><th>上级指示</th><th colspan="6">指导监督</th><th>责任范围</th></tr>
<tr><td></td><td></td><td></td><td colspan="6"></td><td></td></tr>
<tr><td colspan="2" rowspan="2">职务工作项目</td><td rowspan="2">工作难易度等级</td><td rowspan="2">工作程序与方法</td><td colspan="5">工作频率</td><td rowspan="2">所用工具材料等</td></tr>
<tr><td>每天</td><td>每周</td><td>每月</td><td>每年</td><td>临时</td></tr>
<tr><td colspan="2"></td><td></td><td></td><td></td><td></td><td></td><td></td><td></td><td></td></tr>
</table>

那么“个人职务基准书”由谁来填写呢？原则上是由个人来填写，当个人填写不了时由上司帮助填写，见表 7-6。

表 7-6　个人职能基准书范例

1. 知识

请把担任本职务必要的知识填入相应的栏目中。

| | |
|---|---|
| 基础知识 | |
| 专业实务知识 | |

2. 必要的资历

担任本职务所必要的资历如何，请在相应的栏目中打“✓”。

| 在具有本科文化程度下 | 在具有研究生文化程度下 |
|---|---|
| 需要一个月能胜任 | |
| 需要三个月能胜任 | |
| 需要六个月能胜任 | |
| 需要一年能胜任 | |
| 需要三年能胜任 | |
| 需要五年能胜任 | |
| 需要十年能胜任 | |

3. 经验性能力

要胜任本职务，需要哪些必要的或起码的能力。请在相应的栏目中打“✓”，并且简要说明以下这些能力在何种场合、何种情况下使用。

| 能力 | | 大致具备 | 必须具备 | 在何种场合、何种情况下使用 |
|---|---|---|---|---|
| 表达能力 | 文章 | | | |
| | 口头 | | | |
| 计划能力 | | | | |
| 协调能力 | | | | |
| 领导能力 | | | | |
| 判断能力 | | | | |
| 计算能力 | | | | |

续表

4. 态度

要胜任本职工作，需要哪些工作态度，请在相应栏目中打“√”，并指出在何种场合，何种情况下需要。

| 态度 | 大致具备 | 必须具备 | 在何种场合、何种情况下需要 |
|---|---|---|---|
| 纪律性 | | | |
| 积极性 | | | |
| 责任性 | | | |
| 协作性 | | | |

5. 精力与体力

在从事本职务工作一天之后的疲劳状态如何，请在相应的序号前打“√”。

(　　)①由于职务工作不太紧张，所以工作之后不觉得疲劳。

(　　)②由于职务工作需要保持一定的强度和紧张感，所以工作之后，多少感到有点疲劳。

(　　)③由于职务工作不能松懈，始终有紧张感，所以工作之后，觉得非常疲劳。

## 7.3.2 绩效考核的方法

### 1. 目标管理法

目标管理法是企业中广泛采用的一种绩效考核方法。具体的流程是，在考核期开始时，被考核者与主管根据组织目标，共同制定在考核期间需完成的工作目标。在考核期结束时，考核者对照目标与被考核者一同评估，并根据目标实现程度对考核进行评分，如图 7-2 所示。

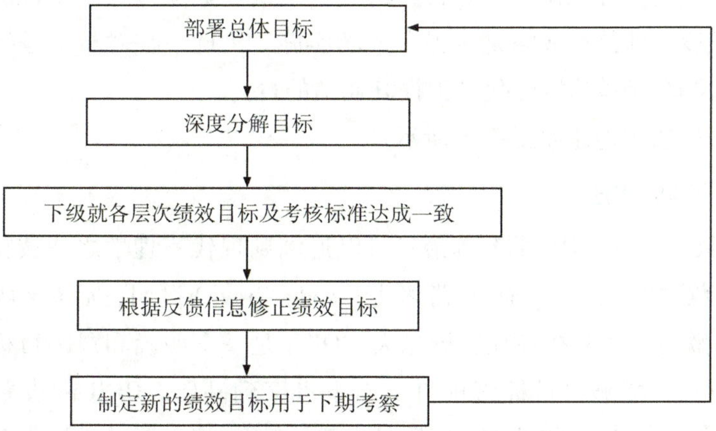


图 7-2　目标管理框架图

目标管理法的优势在于，通过制定目标，可以有效指导和监测员工的工作行为，同时增强员工的自我管理意识，从而提高绩效。目标的实现程度作为评判的标准，使评估更加客观。

其缺点在于，设立目标的过程烦琐，耗时且成本高。不同员工的目标与打分标准各不相同，因此最终考核结果无法在同级员工中进行比较，难以作为加薪和奖金发放的依据。当目标模糊不清、无法衡量时，目标管理法往往会失效。同时在推行目标管理法的过程中，往往存在着倾向于获得短期效益，而忽视了长期效益的实现的现象。因此，在现实中仅使用目标管理法来对绩效管理进行评价具有局限性。

### 2. 关键绩效指标

关键绩效指标(KPI)是指对公司的战略目标决策，通过层层分析进而将目标分解成可操作性战略指标的方法，是公司宏观战略决策实施成效的重要监测指标。关键绩效指标法的主要理论依据为二八原则，是由意大利管理学理论家维尔弗雷多·帕累托(Vilfredo Pareto)所创立的一种公司管理原则，他认为在一个公司的价值创造活动中，各个部门的每一个人员的百分之八十的工作目标都是通过百分之二十的工作行为实现的，而掌握了百分之二十的工作核心，也就是掌握了工作主体部分。二八原则为绩效考核提供了目标，即绩效管理工作的重点必须放到重要的结果和重要的流程上来。

因此，所谓的绩效考核，就必须关注 KPI，而评价就必须根据 KPI 进行。它是衡量企业战略实施效果的关键指标，旨在建立一种机制，把企业战略转化为内部流程和活动，以持续提升企业的核心竞争力，让企业实现高效益和持续发展。KPI 可以用来实现企业的战略目标、确定业务重点、传递企业的价值导向，并有效地激励员工齐心协力达成企业的战略目标。KPI 的制定应从“公司战略”入手，通过分解战略，制定合理的目标，并对其实现过程进行有效的控制，来带动业绩的增长。企业内部各个部门了解企业的战略方向后，应根据战略制订工作计划并且分清工作主次。业绩考核结果说明员工业绩和公司业绩的实现程度，即公司战略是否得以成功实施。因此，在对员工进行了业绩考核之后，应当采取薪酬激励措施以强化员工提升业绩的行为。

关键绩效指标法的构建如图 7-3 所示。

### 3. 目标与关键成果法

目标与关键成果法(OKR)的起源最早可以追溯到现代管理学之父彼得·德鲁克的目标管理理论，由英特尔公司安迪·葛洛夫(Andy Grove)发明，后被约翰·杜尔(John Doerr)引入到谷歌使用，并在谷歌发扬光大。OKR 是一套明确和跟踪目标及其完成情况的管理工具和方法，能够将目标管理自上而下贯穿到基层。OKR 的设置需要遵循具体性、可衡量性、可实现性、相关性、时限性原则。OKR 提供了一种目标管理和自我管理的方式，其理念中包含了“我们想做什么”“我们如何知道达到了目标要求”两个方面的内

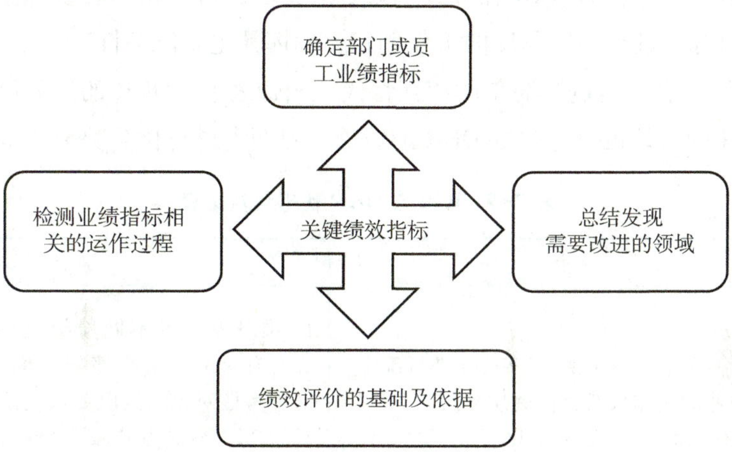


图 7-3 关键绩效指标法构建

容。OKR 是目标实现的管理工具，强调目标驱动，其目标是个人先提出，然后由组织确定，通过聚焦、协同、追踪和延展发挥协同作用，促使组织成员制定更具有挑战性的目标。OKR 将更有效率地完成目标任务作为主要目的，并且可以充分发挥员工的积极性与潜能，增强员工目标感，实现组织战略目标。

KPI 与 OKR 之间既有联系又有区别。

两者之间的主要联系体现在：一是两种方法均是根据组织战略与目标进行制定，会对数量有一定限制。一般情况下，OKR 和 KPI 的数量基本在 4—6 个之间，除此之外，KPI 成功确定的关键指标与 OKR 的关键成果之间具有紧密联系。二是两者的制定都会依据 SMART 原则，强调目标实现程度的定量，如果无法定量，那么后续考核就很难进行。三是两种方法都会进行目标分解，具体划分为组织目标、部门目标与个人目标三大类，都强调了对目标进行分解才能进行明确的责任划分。四是两者考虑的问题都是在于目标结果能否实现。五是两种方法对实现企业的关键目标都很重视，都提到要依据企业关键绩效目标，对员工进行培训或一定的指导，让公司员工做出高效、科学且合理的行为，从而实现预期想达成的绩效结果。

两者的区别体现在：一是 KPI 以控制为导向，容易使员工对管理者产生抗拒情绪，形成博弈局面，而 OKR 更侧重在精神和文化方面的引领，确保所制定的关键目标总体合理，符合整个组织的利益。二是 KPI 侧重完成已制定的目标，注重目标与结果之间的工作效率，而 OKR 则侧重于超乎寻常地实现目标以及进行一定的工作创新，公司员工可根据自身现有的情况，借助多元化手段来达成目标甚至超越目标。三是 KPI 更注重员工个人目标的实现，而 OKR 则更注重部门之间与员工之间合作，实行公开透明考核指标，有利于员工之间进行协调配合，实现合作共赢。四是 OKR 将重点放在关键成果与目标上，而 KPI 则将重点放在关键绩效上。五是 KPI 变通性不强，侧重实现已制定的目标，不利于激发员工的创新精神，而OKR在方式上则更加灵活，目标相对容易调整，可以使员工围绕企业战略目标，进行一定程度的工作创新，发挥其主观能动性。

KPI与OKR二者不能进行简单的相互替代，相较之下，OKR的长处可以弥补KPI的短处，并且KPI的长处也可以弥补OKR的短处，对两者进行优劣势分析如表7-7所示。

表7-7　KPI与OKR优劣势对比表

| 方法 | 优点 | 缺点 |
| --- | --- | --- |
| KPI | 1. 可将企业内各个层级考核目标进行确定，再将企业的整体战略目标逐层分解<br>2. 考核指标的设置容易量化<br>3. 个人绩效考核目标的制定与考核以组织目标与部门目标为基准，个人目标实现与组织目标实现紧密相连<br>4. 低消耗沟通，简洁明晰，无需大量时间进行沟通传递 | 1. 难以界定各不同层级之间KPI考核的边界，有时出现重叠部分，并且各部门和个人对被考核对象的素质要求较低<br>2. 实行考核的方式较为单一，需完成硬性规定的任务，容易陷入机械化的考核操作中，打击被考核对象的主动性和积极性<br>3. 重点关注的是结果，对完成过程关注较少，很有可能沦为形式化<br>4. 对于市场环境的变化，无法快速做出准确的指标与制度调整，会出现滞后情况 |
| OKR | 1. 被考核对象得知考核目标后，自主设计完成目标所需的行动，利于激发被考核对象使命感与主动性<br>2. 重点关注考核过程，被考核者可以不断尝试调整<br>3. 可以不断进行短期复盘与计划调整，灵活根据市场变化情况调整关键目标与结果 | 1. 对被考核对象的素质要求较高，需要其具备强大的自控能力与积极主动的态度<br>2. 考核指标偏定性，实际考核较为困难<br>3. OKR的制定需要时间成本，沟通消耗过大 |

### 4. 基于平衡计分卡的绩效指标体系

（1）平衡计分卡的基本原理

平衡计分卡需要经营者在管理实施过程中对企业进行全面的规划，以企业战略目标为主导，通过财务、客户、内部流程、学习与成长四个维度实施企业、部门、员工三个层面的战略目标，提升战略的执行效率，为企业的绩效管理体系与战略规划相结合提供理论保障。以下是四个维度的简要概述：

①财务维度。财务指标是传统绩效管理的主要方法，其包括营业额、利润率、销售增长率等。而财务指标可以直观地反映某一时间企业战略的执行情况，可以跟踪短期财务目标，推动企业长远发展。

②客户维度。企业常用的客户维度方面的指标主要包括客户意向、客户满意度、市场份额、客户忠诚度、客户获取率等，其中客户满意度是关键指标。客户层面的评价结

果可以分析出客户满意度结果，并根据结果进行下一步有针对性的战略实施。

③内部流程维度。完善的工作流程使企业管理者能够准确判断当前形势的优缺点，可以有效避免企业在绩效管理中出现短视行为，同时也可根据目标客户的需求开发新产品，提供售后支持，形成从研发到运营再到售后的完整价值链。

④学习与成长维度。企业要有长远的进步，就必须明确未来努力的方向。前三个维度的目标是明确企业未来发展方向的主要途径，这些维度的实现需要学习与成长维度的目标来构建基本结构。学习与成长维度从提高员工胜任工作的能力出发，通过评价的方法引导企业为员工提供更多的教育和晋升机会，为财务、客户、内部流程三个维度的正常运行提供动力。

平衡计分卡模型如图 7-4 所示。

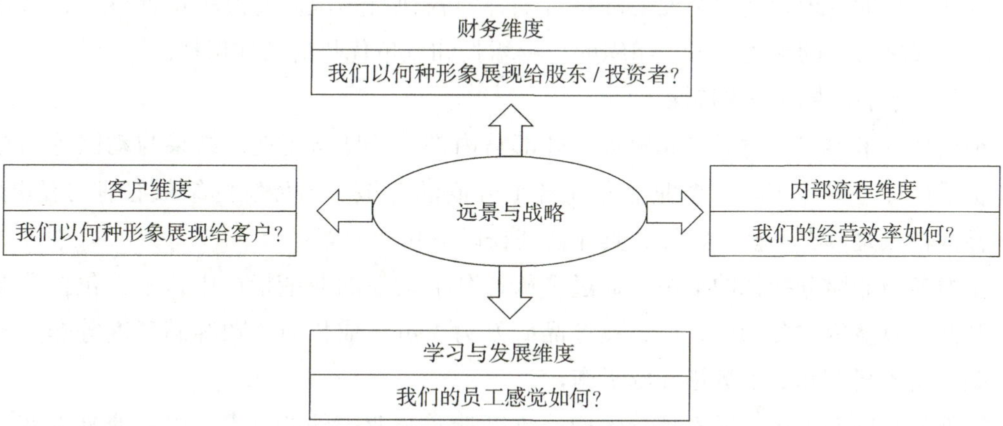


图 7-4　平衡计分卡模型

(2)平衡计分卡的基本框架

平衡计分卡的基本框架是将无形的工作流程转为有形的过程，将战略执行与绩效管理紧密联系在一起，对企业战略执行效率起到推动作用。四个维度之间的相互驱动作用是平衡计分卡基本框架形成的关键因素。平衡计分卡是一种绩效评估和管理工具，通过四个关键维度来全面评估组织的绩效，这四个维度是财务、客户、内部业务流程和学习与成长。

财务维度主要关注组织的财务表现，包括营收增长、利润率、现金流等指标。这些指标能够反映组织的盈利能力、资金状况和价值创造能力，是评估组织整体表现的重要指标。管理者可以通过财务维度了解组织的财务健康状况，制定财务目标并监控其实现情况。

客户维度关注组织与客户之间的关系和满意度，包括市场份额、客户满意度、客户忠诚度等指标。了解客户需求、提高客户满意度和保持客户忠诚度对于组织的长期发展至关重要。通过客户维度的评估，管理者可以优化产品和服务，提升客户体验，增加市场份额。

内部业务流程维度关注组织内部的运营流程和效率，包括生产流程、供应链管理、产品质量等指标。优化内部业务流程可以提高生产效率、降低成本、提升质量，从而增强组织的竞争力。管理者可以通过内部业务流程维度识别问题和瓶颈，制定改进措施，提升运营效率。

学习与成长维度关注组织的员工发展和创新能力，包括员工培训、知识管理、创新能力等指标。员工是组织最重要的资产，他们的学习和成长对组织的发展至关重要。管理者可以通过学习与成长维度激励员工学习、提升技能，促进创新，增强组织的竞争力和持续发展能力。

综上所述，平衡计分卡的四个关键维度相辅相成，相互影响，能够全面评估组织的绩效表现，帮助管理者制订全面的战略规划并监控执行情况。通过平衡计分卡，管理者可以实现战略目标的平衡发展、组织的持续增长和竞争优势的长期保持。

(3)平衡计分卡的平衡特性

平衡计分卡实现了财务与非财务、外部与内部、长期与短期、结果与动因等指标的平衡，平衡计分卡还实现了企业经营在各个方面的考核。与传统的绩效管理方法相比，最明显的特点是具有平衡性特征，具体表现在以下几个方面：

①财务与非财务指标的平衡。通过平衡计分卡构建的业绩指标中，不仅包括营业成本、利润、收益等财务指标，还包括产品研发力、员工成长力、顾客满意度等非财务指标，确保财务指标和非财务指标的平衡。

②外部与内部平衡。平衡计分卡四个维度涉及企业内外部因素，以企业外部客户满意度衡量企业内部产品品质和服务水平。企业内部为了更好地达成外部客户满意度指标，将采取措施提高产品品质，优化内部流程，加快产品研发及创新，加强员工培训，等等。

③长期与短期平衡。为了实现企业资源的合理配置，平衡计分卡还充分考虑了企业的短期目标，将长期目标细分为一定的关键绩效指标，并根据绩效管理工作，规范企业的短期行为，确保企业的长期发展。

④结果与动因平衡。平衡计分卡所得到的评价结果能够合理地衡量和评价行动过程。平衡计分卡的指标可分为结果和动因两项指标。结果指标是行动过程的结果，动因指标是对行动过程的评价。平衡计分卡既注重结果指标，又注重对行动过程的评价，实现结果与动因的平衡。

### 5. 360 度绩效考核法

360 度绩效考核法是让员工的上级主管、下属、同事、客户及本人按照各个维度标准对员工进行评估，以更全面立体的方式进行绩效考核。员工可以从这些不同角度的反馈中清楚自己的优势与不足，以达到提高自身能力的目的。多方面的评价信息使企业对员工的评价能够更加客观全面。

(1)上级主管考评

上级主管考评主要是员工的直接上级对员工进行考评，因为员工的直接上级是了解员工岗位职责、工作业绩、工作能力的人，可以通过多种机会评估员工工作能力和业绩。

(2)同事考评

同事与员工本人相处时间往往比上下级与员工本人相处时间长，对他的工作状况最为了解。对于因工作性质需要多个部门合作时，用同级考评可以获得更客观和准确的信息。但当同级之间因工作的性质存在竞争时，同级之间考评的公正性和有效性就会有所降低。

(3)下属考评

对于管理者，在工作过程中，其直接下级或间接下级对其领导能力、决策能力、管理能力等各种工作能力最为了解。通过他们的评价，管理者可以清楚地了解到自己在管理工作中存在哪些问题。考评的内容主要是管理者的责任心、管理作风，以及对下级的指导、培训、激励、沟通等。

(4)客户考评

如果员工需要与较多的外部客户打交道，那么客户对员工的评价往往最有说服力，因为客户是员工的直接服务对象，对其工作能力与态度最为清楚。因此，客户考评通常比较常用于服务、销售等需要直接与外部客户打交道的部门。考评通常采用调查问卷、客户访谈等形式进行。

(5)员工本人考评

员工本人考评也就是自我评价，是员工对自己的工作表现、工作业绩等进行评价，这种角度有助于员工提高自我认识，主动发现自身不足，从而主动改进。但在考评时，员工本人对考评内容、考评标准的理解可能会与上级的理解不一致，结论往往会优于上级的考评结果，这主要是员工本人归因时的偏差和更高的自我评价。

360度绩效考核法的优点是能够提高考核的全面性、公平性，员工参与感强，能够提升组织运行效率，对员工的能力素质进行全面考核。它的缺点是评估过程复杂、统计工序繁多，在人员素质不高时，易导致人际关系紧张或可信度低等情况。

## 7.4 绩效评估结果

所谓绩效反馈就是使员工了解自身绩效水平的各种绩效管理手段，是绩效管理过程的重要一环和绩效考核的延伸。

## 7.4.1 绩效反馈的目的

### 1. 形成统一认识

绩效考核往往包含许多主观判断的成分，即使是客观的考核指标，也存在对数据采集手段是否认同的问题。因此，对于同样的行为表现，考核者与被考核者由于立场和角色的不同，往往会给出不同的评价。双方对于考核结果的认同必然需要一个过程，及时的反馈能使双方对考核结果达成共识，有助于双方更好地对被考核者的绩效表现作出判断。

### 2. 肯定成绩指出不足

通过绩效反馈对员工做出的成绩给予承认或肯定，可以对员工起到积极的激励作用。另外，员工不仅关注自己的成绩，更希望有人指出自己需要改进的地方，所以管理者和员工要共同分析绩效的不足之处及原因，找出双方有待改进的方面，从而促进绩效的提升。

### 3. 制订绩效改进计划

在管理者和员工就考核结果达成一致意见之后，双方应就面谈中提出的各种绩效问题制订一个详细的书面绩效改进计划。在绩效改进计划中，双方可以共同确定需要解决的问题、解决的途径和步骤，以及员工需要管理者提供的帮助等。

### 4. 有利于工作的衔接

绩效管理是一个不断循环的过程，一个绩效管理周期的结束就是下一个绩效管理周期的开始。所以管理者可以把上一个绩效管理周期的绩效考核反馈面谈与下一个绩效管理周期的绩效计划面谈合并在一起进行。

## 7.4.2 绩效反馈的主要途径：绩效面谈

### 1. 绩效面谈流程

面谈是绩效反馈的主要途径，其具体流程如下：

①营造一种积极、和谐的气氛。

②说明面谈的目的、步骤和时间。

③根据预先设定的绩效指标讨论员工的工作完成情况。

④与员工一起分析成功与失败的原因。

⑤讨论员工行为表现与组织价值观相符合的情况。

⑥讨论员工在工作能力上的强项、有待改进的方面以及可能的解决途径。

⑦讨论员工的发展计划，为员工下一个绩效周期的工作设定目标和绩效指标。

⑧讨论员工需要的资源与帮助。

⑨双方签字认可。

### 2. 绩效面谈的内容

在反馈面谈的一开始，就应该将绩效考核的结果明确而委婉地表达给员工。对于在上一个绩效周期内的优秀业绩和值得肯定的行为，一定要不吝惜地予以表扬，并且鼓励员工在今后的工作中继续保持并实现自我突破。但面谈重点应该放在诊断不良业绩上，因为这可能是关乎员工发展、影响业绩提高的“瓶颈”，员工的能力欠缺、态度不端可能就存在于此，而业绩诊断主要围绕绩效差异展开。

### 3. 绩效面谈策略

面谈没有一个既定模式，因为每一个员工的绩效表现和性格都不一样，面谈主管应根据不同员工的特点采取不同的绩效面谈策略。绩效面谈是一门艺术，面谈者在面谈中应掌握以下技巧。

(1)彼此信赖

绩效面谈中既有肯定和表扬，也有建议和批评，由于这种结果更多地与奖惩措施相联系，所以面谈对员工来讲非常敏感，再加上下级员工心理上的弱势，容易使员工在面谈中产生戒备、抵触甚至反抗情绪。于是营造一个平和的氛围、建立并维持彼此的依赖就成为举足轻重的第一步。

(2)平等协商

在面谈时主管人员应将自己的角色定位于“帮助者”或“教练员”，使员工排除心理障碍，在平等的地位中感受较大的自由和责任，从而能够畅所欲言。这样才能帮助员工找出差距和缺陷，在正确归因的基础上，对症下药，落实绩效改善计划。

(3)倾听并鼓励下属说话

对于沉默内向的员工，主管要耐心启发，用非训导性的问题或征询意见的方式，促使其作出反应；对于情绪激动的员工，主管要心平气和地听他诉说不满，尽量不急于争辩和反驳，在员工的牢骚和气愤中分析出员工不满的原因，然后与其共同分析，客观地、冷静地、建设性地提出问题的解决办法。

(4)对事不对人

绩效考核的作用是控制员工的行为，纠正和淘汰员工工作中与组织目标不一致的做法，所以反馈面谈的主要内容应该是员工绩效的客观表现，引导员工发现其行为与绩效目标之间的差距，使其明确今后应该改进的方向。

(5)优缺点并重

人们都有这样的一种心理反应，当肯定和表扬他们的优点时会感到轻松，而指出和批评他们的缺点时会感到紧张。尽管如此，主管在绩效反馈面谈时，既要反馈优点，也要反馈缺点，不管是对优秀的员工还是表现不好的员工都要如此。

(6)不将考核与工资、晋升混为一谈

绩效面谈，要聚焦于工作表现，强调未来发展。不能将业绩评估与工资、晋升直接混为一谈。否则，就使绩效问题变成棘手的工资问题、晋升问题。

(7)以积极的方式结束面谈

在面谈过程中，由于谈话的内容侧重工作的改善，尤其是对绩效表现较差的员工，难免会造成员工心理上的不适或消极。主管人员要理解员工的不满，听取员工的意见，对员工的优秀的表现予以强调，激发员工克服缺点的热情。在谈话结束时，一定要以积极的方式鼓励员工，促使他满怀希望地投入新一轮的工作中。

### 7.4.3 绩效反馈的发展趋势

人工智能在人力资源领域的应用，极大地改变了人力资源从业者传统的工作方式，为企业管理者作出经营性决策提供了有效的建议。在绩效管理领域，人工智能将依托大数据与先进算法，为企业提供更为客观、全面的绩效评估体系。

人工智能技术应用的一个新兴领域是进行工作评估并向员工提供绩效反馈。与传统的绩效管理系统相比，人工智能业绩反馈系统可以发挥管理作用，其在一定程度上可能会取代人类管理者在绩效评估与反馈中的角色。人工智能技术提供数据驱动的绩效评估反馈，不仅包括监控和跟踪员工的工作活动和行为，评估工作绩效，还可以生成提高员工生产率的个性化绩效建议。随着人工智能技术的发展，在部分组织中已经开始采用人工智能向员工提供绩效反馈。与人类管理者相比，由人工智能提供绩效反馈存在以下优点：

首先，人工智能能够以更高的精度快速分析大量关于员工活动和行为的数据，从而提高绩效评估的准确性。在现代商业活动中，由于可供分析的数据越来越多，数据分析就变得尤为重要。人工智能技术的使用可以让公司收集更多不同类型数据，如文本、音频和视频等非结构化数据。在分析大而复杂的数据时，算法和计算机程序会提供比人类计算更精确的结果。此外，人工智能可以比人类更全面地评估大数据，因为人工智能可以利用比人类记忆中更大的数据集进行训练。

其次，与人类管理者相比，人工智能可以生成个性化的绩效建议。人工智能能够快速深入地分析大量数据的优势，使其能够生成准确的个性化建议。也就是说人工智能通过更准确分析每个员工的工作活动和行为，包括在工作中遇到的困难和挑战，向每个员工提供更相关、更具个性化的建议。相比之下，管理者的注意力和能力有限，这限制了他们处理数据的速度，以及提供高度定制化反馈的能力。

最后，有研究表明员工认为人工智能作出的分析和决策的完整性和透明度高于人类。并非每个管理者都会分享用于决策的信息，并且作为员工很难准确评估主管的行为，相比之下算法遵循了可追踪的、透明的特定规则，其作出的决策能够更一致和客观，由此产生的信息会让员工更信服。

## 本章要点

• 绩效管理是通过科学、合理的管理方式，对员工在企业中的表现进行动态监督、评价、考核和分析的管理活动。

• 绩效管理体系的建立是一个循序渐进、环环相扣的过程，它包括绩效计划、绩效监控、绩效考核、绩效反馈四方面。从绩效管理体系的运行过程出发，绩效管理是一个遵循 PDCA 循环的管理过程。

• 关键绩效指标是绩效考核的一种常见方法。它是指对公司的战略目标决策，通过层层分析进而将目标分解成可操作性战略指标的方法，是公司宏观战略决策实施成效的重要监测指标。

• 目标与关键成果法是目标实现的管理工具，强调目标驱动，其目标是个人先提出，然后由组织确定，通过聚焦、协同、追踪和延展发挥协同作用，促使组织成员制定更具有挑战性的目标。

• 平衡计分卡需要经营者在管理实施过程中对企业进行全面的规划，以企业战略目标为主导，通过财务、客户、内部流程、学习与成长四个维度实施企业、部门、员工三个层面的战略目标，提升战略的执行效率，为企业的绩效管理体系与战略规划相结合提供理论保障。

## 思考与练习

### 选择题

参考答案

1. 绩效是指员工在一定时间、空间等条件下，从事各种活动所表现出来的什么和取得的什么？(　　)

A. 行为，结果

B. 态度，行为

C. 知识，技能

D. 动机，结果

2. 绩效管理过程不包括以下哪一项？(　　)

A. 绩效计划

B. 绩效监控

C. 绩效考核

D. 绩效总结

3. 绩效管理是一个什么样的过程？（　　）

A. 单向的命令和控制

B. 员工自我管理

C. 管理者和员工持续沟通

D. 随意考核

4. 目标管理法中，目标的设定应该遵循什么原则？（　　）

A. SMART 原则

B. PDCA 循环

C. 二八法则

D. 平衡计分卡

5. 平衡计分卡包含哪四个维度？（　　）

A. 财务，客户，内部流程，学习与成长

B. 目标，关键成果，行动计划，评估标准

C. KPI，OKR，PDCA，SMART

D. 财务，市场，技术，人才

## 简答题

1. 简述绩效管理的意义。

2. 简述绩效考核的标准制定步骤。

3. 简述绩效反馈的目的。

## 讨论题

人工智能在绩效管理中的应用是否会取代人力资源管理者的角色？

## 案例分析题

### JT 公司：用绩效考核撬动智能化转型

JT 公司是一家国有水泥企业，多年来沿用传统的管理模式，薪酬分配上采取“大锅饭”方式，考核体系也较为松散。员工习惯了稳定的环境，缺乏竞争意识，主动性不高。由于生产设备陈旧、工艺落后，工厂工作环境较差，装车时粉尘四溢，员工收入低，工资和社保发放困难，公司长期处于亏损状态。面对严峻的挑战，集团公司决定推动数智化改革，并要求 JT 公司建设一条国际领先的智能水泥生产线，希望通过智能化提升效率，改变企业的低效管理模式。然而，转型之路并不平坦，员工们对变革充满抵触情绪，对新设备、新管理方式持观望态度，甚至在改革初期发生了围堵管理层的事件。

作为公司改革的推动者，张总意识到，智能化设备的引进只是第一步，关键在于让

员工接受新模式，激发他们的工作积极性。因此，他决定用绩效考核作为抓手，推动管理变革。人力资源部王部长提出，引入 KPI 考核体系，通过设定明确的目标，让员工的个人绩效与公司战略目标紧密结合，同时提升考核的透明度，增强员工的责任感。经过反复讨论，公司决定实行三级考核模式，即公司层面设定总体 KPI 指标，部门层面制定岗位考核要求，员工个人依据工作内容匹配相应绩效目标。以中控室为例，它被视为智能水泥生产线的"大脑"，操作员需要熟练掌握设备操作，并保持高质量的生产管理。公司为其制定了严格的考核标准，涵盖总产量、台时产量、运转率、能耗、质量合格率等指标，同时结合员工的工作纪律、主动性和责任感进行综合考核。为了增强激励效果，公司还设定了最优绩效奖励，达到最佳能耗与产量平衡的员工可以获得额外奖金。新考核方案有效提高了员工的工作积极性，推动了员工的技能提升。

在发运中心的改革过程中，员工起初对绩效考核存在强烈抵触。由于之前采用固定工资制，新的绩效模式让部分员工感受到不确定性，担心收入减少，不愿意竞聘智能化岗位。为了解决这一问题，公司调整了考核方式，将原本仅限 5 人的岗位扩招至 15 人，降低竞争压力。同时，将薪酬模式由固定工资改为按吨计酬，每吨发运奖励 1 元，并设定了激励阶梯，若单日发运量突破 1.5 万吨，公司将额外发放 1000 元奖金。新方案实施后，员工的收入与工作成果直接挂钩，大家的积极性大幅提升，发运效率迅速提高。最终，发运中心在 2022 年中旬实现了单日 1.5 万吨的历史性突破。

随着智能化改革深入推进，KPI 考核模式逐渐暴露出一些问题。部分员工为了完成考核指标，片面追求高产量，忽视了能耗和环保标准，影响了公司的长期发展目标。为此，公司决定对绩效考核体系进行优化，在 KPI 的基础上，引入 KSF(关键成功因素)考核，强调综合考量绩效成果，确保短期激励与长期发展相平衡。例如，公司调整了能耗管理的考核标准，不仅关注产量，还要求员工在生产过程中降低能源消耗，提高环保水平。新的考核模式进一步提升了员工的责任感，促使他们关注整体运营效率，而不仅仅是单项指标的完成情况。

为了提升绩效考核的透明度，公司还推出了水泥生产全流程智能 KPI 管理平台。该平台能够实时采集各部门和个人的生产数据，并通过可视化的界面展示 KPI，员工可以随时查看自己的工作表现排名，明确个人努力方向。智能平台的引入，不仅提升了考核的公正性，还增强了员工的自主管理意识。过去，员工需要等待主管评价自己的工作，现在他们可以通过系统自行分析绩效数据，调整工作方式，提高产出质量。最终，这一智能化管理系统成为 JT 公司数智化转型的重要助力工具，帮助公司实现了管理模式的根本变革。

通过一系列绩效管理优化，JT 公司的运营效率得到大幅提升。员工的薪酬水平随绩效提升而增长，整体工作氛围也发生了根本变化。过去，员工抱怨管理不公平、缺乏激励，如今，大家更加关注如何提升个人能力，以获得更好的绩效回报。公司从一个管理松散、员工缺乏动力的传统国企，逐步向现代化、数据驱动的智能企业迈进。

JT 公司的绩效改革经验对传统制造企业具有重要借鉴意义。首先，绩效考核体系应与企业战略目标相匹配，确保员工的努力方向符合公司整体发展需要。其次，绩效管理需要动态优化，避免短期激励导致长期目标受损。最后，智能化管理工具的引入，能够提升绩效考核的透明度和公正性，增强员工的自驱力。通过持续的改革，JT 公司成功打破了国企传统管理的僵局，实现了员工与企业的“双赢”局面，为国企智能化转型提供了可复制的经验。

（案例来源：刘超，王军智，徐明明，等. 琴瑟和鸣：JT 公司如何用绩效考核与员工同频共振？[EB/OL].（2025-02-06）[2025-02-18]. http://www.cmcc-dlut.cn/Cases/Detail/9223）

1. JT 公司从 KPI 考核转向 KSF 考核的背景与理论依据是什么？这一转变如何解决原有考核体系的弊端？

2. JT 公司在发运中心改革中如何通过绩效考核设计化解员工抵触情绪？

3. JT 公司引入智能 KPI 管理平台对绩效管理透明度和员工行为产生了哪些影响？结合案例说明数字化工具在绩效管理中的作用。

# 08 第8章 薪酬管理

**素质目标：** 在全球化背景下，帮助员工理解不同文化对薪酬和激励的影响，学习如何在多元文化环境中设计适合的薪酬方案，提升跨文化沟通能力；将薪酬管理纳入企业整体战略中考虑，帮助员工理解如何通过薪酬管理支持企业目标的实现，同时培养前瞻性思维，以适应薪酬市场的变化。

**知识目标：** 理解薪酬管理的核心内容和意义，包括薪酬战略、薪酬制度、薪酬运行管理及控制的主要框架；掌握薪酬设计技术，如职位评价、薪等薪级设计及外部薪酬调查；认识薪酬管理在提升企业竞争力、激励员工及增强组织稳定性方面的重要作用。

**能力目标：** 能够设计基于企业战略目标的薪酬管理体系，确保薪酬的内部公平性和外部竞争性；熟悉薪酬运行管理中的关键环节，如薪酬预算控制及薪酬调整策略；能够灵活应用人工智能技术提升薪酬管理效率，例如通过薪酬智能诊断工具优化薪酬方案。

开篇案例

## 华为公司薪酬策略的演变之路

**第一阶段：实行非物资薪酬的薪酬策略**

华为在创业初期的前8年处于起步阶段，各种外部资源缺乏，于是采取与当时所处阶段相适应的非现金式的员工激励政策。就是说，不论员工的年龄和资历，只要你对公司做出大的贡献，即使是刚刚毕业几年的大学生也能够管理几十个人的团队。据说在华为，年纪最小的高级工程师是19岁，而最短升任高级工程师所用的时间是加入公司的一周后。另外，为了缓解给予员工浮动收入或者奖金带来的现金压力，华为在创业2年后开始陆续建立全员的股权激励制度，这在当时的市场上是极其罕见的。

**第二阶段：实行领先市场的薪酬策略**

华为在随后的5年间，企业从创业阶段过渡到高速发展阶段，企业的内外资源非常“给力”，开始实施领先市场的薪酬策略。当时华为每年新增的人才数量不少于3000人。为了能够保证足够多高质量的科技人才能够及时到岗和留用，华为的薪酬策略从最初的非经济性薪酬转变为“高薪酬+高压力+补助+加班费”的模式。“有竞争性的薪酬”成了当时华为薪酬政策的代名词，对于应届生起薪和一般社会招工的薪资增长比率，都高出深圳一般公司20%左右。另外，华为的薪酬长期激励制度面向全公司的全体员工，并从开始的全体员工固定配股分红，演化为现在的虚拟受限股。

**第三阶段：实行获得分享制的薪酬战略**

从2005年到现在，华为渐渐步入成熟的发展阶段，业务已经拓展到海外，并且国外的业务销售已经占据重要地位。相应地，华为对国际化人才的需求量开始增加，尤其是对一些级别比较高并且对公司起着关键作用的职位，比如高级法律顾问、销售总监、财务总监等。

此时，华为采取的薪酬策略是实行基于能力的职能工资分配制，奖金的分配与团队和个人的绩效直接挂钩，退休金发放的多少依据平时的工作态度表现，医疗保险按照个人对公司的贡献度，对于公司高级别的重点职位和一般员工实施差别化待遇，从而使公司的薪酬战略同业务战略的发展阶段相匹配，达到最优化组合。

（案例来源：胡劲松. HR人力资源实战整体解决方案：精彩案例全复盘[M]. 北京：中国法制出版社，2018：156-157）

从华为薪酬体系的创新与发展中，可以看出薪酬管理已成为人力资源管理的一个核心部分。在全球化竞争和产业结构调整的背景下，各行各业都面临人才短缺的问题。有效的薪酬管理能够帮助企业制订具有竞争力的薪酬方案，从而吸引和留住优秀的人才，同时激励员工的工作积极性和创新能力。因此学习薪酬管理的重要性不言而喻。

# 8.1 薪酬概述

## 8.1.1 薪酬的定义

薪酬通常是指员工在对企业组织做出贡献后，可以从企业组织那里获得的任何形式的补偿。它是由社会分工带来的商品交换逐渐发展起来的。事实上，这是一种相互交换。在补偿的演变历程中，补偿的定义不断完善，支付的主体和内容以及支付的形式都在不断变化。在现代企业管理中，薪酬愈来愈复杂和多样化，包括物质和非物质薪酬，例如，基本薪酬、奖金、津贴、补贴、加班费、职业晋升机会等。

薪酬的概念主要包括两个层面的含义，即在企业工作的员工获得的法定货币回报以及奖励。基于前者，薪酬是指员工在企业生产经营历程中，通过为企业提供服务以及创造价值而获得的货币回报。基于后者，通常是指员工为企业创造了超越其职责的价值而获得的奖励，或者企业的发展取得了巨大的进展而为员工所发放的物质以及非物质的激励形式。基于这个视域，薪酬主要体现在各种形式的货币回报上。

在人力资源管理的相关理论中，薪酬的基本概念分为广义和狭义两种。广义上来说，薪酬包括企业给予员工的内部和外部薪酬之和。狭义上的薪酬仅包括企业发放给员工的货币回报。共有四种形式的货币回报可以归类为狭义薪酬——员工的基本薪酬、员工的激励性薪酬、员工的绩效奖金、员工获得的其他福利。一般而言，薪酬的设定必须首先满足企业发展的需要，并依据此调整员工的薪酬以及企业的薪酬水平。

## 8.1.2 薪酬的构成

报酬指员工从企业那里得到的作为个人贡献回报的并被其认为有价值的各种东西，一般可以分为内在报酬和外在报酬两大类。内在报酬通常是指员工由工作本身所获得的心理满足和心理收益，如责任感、荣誉感、成就感等；外在报酬则通常指员工所得到的各种货币收入和实物，包括两种类型，一种是货币报酬，另一种是非货币报酬，如良好的工作环境、应有的荣誉地位、合理的晋升途径、较大的工作自主性、参与决策的权力等。货币报酬又可分为直接报酬和间接报酬，直接报酬包括基本工资、可变工资、加班工资、各项补贴等；间接报酬包括员工福利、五险一金、带薪休假、员工服务培训等。报酬的构成如图 8-1 所示。

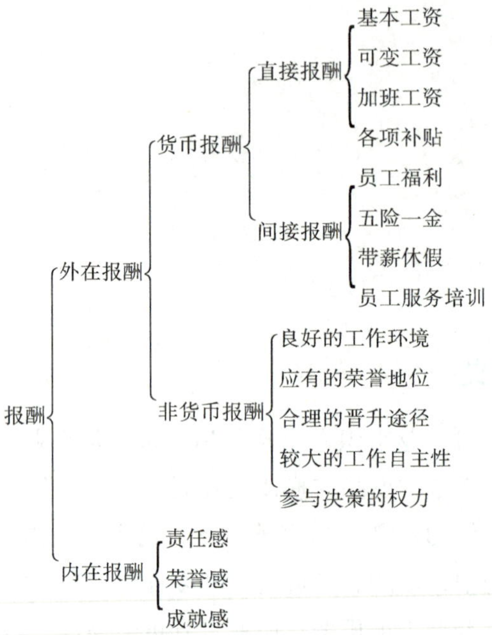


图 8-1　报酬的构成

在这个意义下，薪酬是指员工从企业那里得到的各种直接的和间接的经济收入，简单地说，它就相当于报酬体系中的货币报酬部分。在企业中，员工的薪酬一般由如下三个部分组成。

### 1. 基本薪酬

基本薪酬又称基本工资，是指一个组织根据员工所承担或完成的工作本身或者是员工具备的完成工作的技能或能力，向员工支付的稳定性报酬。大多数情况下，企业是根据员工所承担的工作本身的重要性、难度或者是为企业贡献的价值来确定员工的基本薪酬的，即采取职位薪资制。

### 2. 激励薪酬

激励薪酬是指企业根据员工、团队或者企业自身的绩效而支付给他们的具有变动性质的经济收入，具体可分为短期奖励与长期奖励、个体奖励与团体奖励等。

### 3. 间接薪酬

间接薪酬主要指福利。福利是有别于根据员工的工作时间计算的薪酬形式，与基本薪酬和可变薪酬相比，福利往往具有两大特征：①支付方式的不同。福利往往采取实物或者延期支付的形式。②福利因为与劳动能力、绩效和工作时间的变动没有直接关系，所以有固定成本的特征。福利分为法定福利、企业/集体福利和个人福利。

# 8.2 薪酬管理概述

薪酬管理是现代人力资源管理的核心内容之一，是指企业为吸引人才、留住员工、激发积极性而制定的总体薪酬政策和制度安排。简单来说，薪酬管理就是企业根据战略目标，采用合理的机制给员工提供薪酬的过程。

## 8.2.1 薪酬管理体系

薪酬管理体系是人力资源管理体系中的一个子系统，由薪酬战略及其决策的指导思想、薪酬制度、薪酬运行管理和控制、薪酬目标、薪酬策略、薪酬设计技术和管理艺术等环节组成，其相互联系和主要内容可在薪酬管理模型中得到反映，见图 8-2。

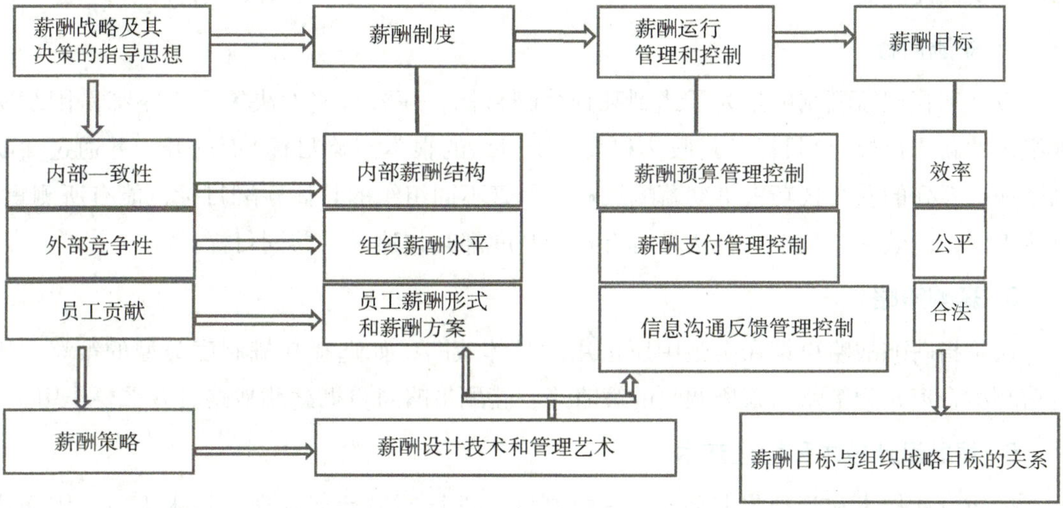


图 8-2　薪酬管理模型

人工智能可以运用智能化数据分析、AI 岗评和薪酬智能诊断等技术，以实现或者显著提高薪酬管理体系的内外部公平性，提高企业薪酬吸引力。首先，AI 能够客观地评估各个职位的工作量、工作难度、责任大小和所需技能等因素，评价职位价值并设立薪酬等级，以消除偏见和不一致；其次，通过智能化数据分析可以掌握行业内的薪酬趋势，进而灵活调整薪酬结构，以保持竞争力；最后，AI 可以根据员工的个人偏好、职业目标和生活需求提供定制化的薪酬，以满足不同员工的需求。

## 8.2.2 薪酬管理的内容

### 1. 薪酬战略及其决策的指导思想

薪酬管理模型列出了薪酬设计中的三大战略决策指导思想：内部一致性、外部竞争性、员工贡献。这些战略指导思想基本上确定了构筑一个薪酬制度所必须考虑和解决的基本问题，是建立薪酬制度的基石，也是指导薪酬管理达到既定目标的行动纲领。

### 2. 薪酬制度

薪酬制度是为规范薪酬分配和管理所制定的系统性准则和规章、分配形式和标准、实施措施和方法的总称，是薪酬管理体系的中心内容。微观层面的薪酬制度，主要由薪酬结构、薪酬水平、薪酬形式和薪酬方案所构成。

### 3. 薪酬运行管理和控制

组织制定了正确的薪酬战略，设计出了科学合理的薪酬制度，但是在组织实施和运行的过程中，若管理不善、控制不力、信息沟通不畅，再完美的薪酬制度也会失去意义，同样不能实现预期的目标。因此，有效的薪酬运行管理和控制，是薪酬功能得以正常发挥的重要保证。

### 4. 薪酬目标

设计和管理薪酬制度是为了达到某种薪酬目标，薪酬战略的决策和策略都是围绕实现组织的薪酬目标(该目标又是服从和服务于组织的根本战略目标)而展开，并通过薪酬制度和一系列的薪酬技巧去贯彻薪酬战略。尽管不同组织的具体薪酬目标可能有所侧重、有所不同，但效率、公平、合法是所有薪酬制度都必须追求的共同目标。

### 5. 薪酬策略

这是指薪酬战略决策在实施中所运用的具体策略，如选择薪酬制度类型的策略、决定薪酬组合模式的策略、薪酬调整的策略等。薪酬策略对贯彻薪酬战略具有重要作用。

### 6. 薪酬设计技术和管理艺术

薪酬设计技术和管理艺术是建立薪酬制度、进行薪酬运行管理的技术手段，因而成为联系薪酬战略、薪酬制度与薪酬目标的纽带，是薪酬战略和薪酬目标借以实现的工具。

## 8.2.3 薪酬管理的原则

### 1. 同步组织战略原则

权变理论认为，不同的人力资源管理战略，包括薪酬战略，都要适应不同的企业战略。该理论有一个前提条件，即企业战略和薪酬战略之间联系得越紧密或彼此越适应，企业的效率就会越高。设计成功的薪酬体系可支持企业的经营战略，最终可使企业赢得并保持竞争优势。因此，薪酬体系应随着企业战略的改变而改变，不同的经营战略也就应当有不同的薪酬方案与之相匹配。

### 2. 公平效率统一原则

追求效率和追求公平是薪酬管理活动中相互矛盾又相互依存的两个方面。只讲效率不讲公平，意味着把客观因素造成的竞争对象之间不平等条件认同为同等条件，并认同在此基础上形成的物质利益的巨大差别，这显然会带来分配的不合理。只讲公平不讲效率，又会否定了各竞争对手之间由于主观努力程度不同而在物质利益上形成的应有差别，必然会导致平均化倾向，挫伤员工提高效率的积极性。因此，薪酬管理中必须坚持公平效率统一的原则。

### 3. 体现薪酬功能原则

薪酬管理必须能够有效地体现薪酬的功能。薪酬应保障员工收入能够补偿劳动力再生产费用，不但包括必需的衣、食、住、行的费用，而且还应包括员工获取知识、技能以及谋求自身发展的费用。有效的薪酬管理能够刺激员工努力工作、多做贡献，有助于企业吸引、保留和激励优秀的员工。

### 4. 先进适用原则

环境影响着薪酬战略的选择，这里所说的先进适用是指薪酬与环境的关系。环境是广义的，包括产品和劳动力市场的压力、法律和法规的约束、组织的经营战略、变化着的劳动力特征、组织文化、价值观和期望等。

### 5. 合法合理原则

薪酬制度必须符合法律、法规和政府的有关政策，包括国家劳动法、地方劳动法规、劳动行政部门颁布的管理规定等，如关于最低工资标准的规定、反薪酬歧视的法规等，这是薪酬管理应优先考虑的问题。薪酬制度必须能够承受周围环境以及法律、法规等各方面的压力，这样才能支持企业的经营战略，并使企业赢得并保持竞争优势。

### 6. 清晰易用原则

薪酬方案必须是清晰的，能让员工清楚地了解自己从中得到的全部利益，了解所得利益与其能力、绩效以及贡献的关系，进而充分发挥薪酬的激励作用。清晰的薪酬方案还能够增强员工的公平感，增加员工的满意度。薪酬方案必须是易于操作的，如果过于复杂，不但使员工难以理解，而且会增加管理人员执行的难度和人工成本，甚至产生不必要的矛盾。

### 7. 经济及时原则

薪酬构成了产品成本的重要组成部分，倘若薪酬标准设计得过高，虽然具有竞争性和激励性，但是会不可避免地带来人工成本的上升。因此，在薪酬管理中必须遵循经济性原则。在设计薪酬方案时，应该进行薪酬成本核算，在企业支付能力范围之内，保证薪酬方案的最优化。鉴于薪酬在员工生活保障以及激励方面的重要作用，薪酬发放必须及时，以增强员工的安全感以及对组织的信任感，进而激发出员工更大的工作热情。

#### 8. 分享利益原则

随着组织的发展和经济效益的提高，员工应当分享企业发展的部分利益，这体现在奖金发放、年底分红、工资升级等方面。优异地完成了经营目标任务、对组织做出杰出贡献的高级经营管理人员，更应当获得一定的利润分享。应当认识到，这种“分享”的支出，会换取员工最大的工作动力，因而可能带来相当高的经济回报。利益分享的形式与水平，要经过董事会审核、批准。

### 8.2.4 薪酬管理的意义

作为人力资源管理的一项主要职能活动，薪酬管理具有非常重要的意义，这主要表现在以下几个方面。

#### 1. 有效的薪酬管理有助于吸引和保留优秀的员工

这是薪酬管理最为基本的作用。企业支付的薪酬，是员工最主要的经济来源，是他们生存的重要保证。一项调查的结果显示，在企业各类人员所关注的问题中，薪酬问题排在了最重要或次重要的位置。薪酬管理的有效实施，能够给员工提供可靠的经济保障，从而有助于吸引和保留优秀的员工。

#### 2. 有效的薪酬管理有助于实现对员工的激励

按照心理学的解释，人们的行为都是在需要的基础上产生的，对员工进行激励的支点就是要满足他们没有实现的需要。马斯洛的需求理论指出，人们存在着五个层次的需求，有效的薪酬管理能够不同程度地满足这些需要，从而可以实现对员工的激励。员工获得的薪酬，是满足他们生存需要的直接来源。没有一定的经济收入，员工就不可能有安全感，也不可能有与他人进行交往的物质基础。此外，薪酬水平的高低也是员工绩效水平的一个反映，较高的薪酬表明员工具有较好的绩效，这可以在一定程度上满足他们获得尊重和自我实现的需要。

#### 3. 有效的薪酬管理有助于改善企业的绩效

由上面的分析可以看出，薪酬管理的有效实施，能够对员工产生较强的激励作用，提高他们的工作绩效，而每个员工个人绩效的改善将使企业整体的绩效得到提升。此外，薪酬管理对企业绩效的影响还表现在成本方面。对于任何企业来说，薪酬都是一项非常重要的成本开支，在通常情况下，薪酬总额在企业总成本中要占到 40% ~ 90% 的比重。通过有效的薪酬管理，企业能够将自己的总成本适当降低，这就可以扩大产品和服务的利润空间，从而提升企业的经营绩效。

#### 4. 有效的薪酬管理有助于塑造良好的企业文化

良好的企业文化对于企业的正常运转具有重要的作用，而有效的薪酬管理则有助于企业文化的塑造。首先，薪酬是进行企业文化建设的物质基础，员工的生活如果不能得到保障，企业文化的建设就是一纸空文。其次，企业的薪酬政策本身就是企业文化的一部分内容，如奖励的导向、公平的观念等。最后，企业的薪酬政策能够对员工的行为和态度产生引导作用，从而有助于企业文化的建设。例如，如果企业推行以个人为基础的计件工资制，那么就会强化个人主义的企业文化；相反，如果企业的激励薪酬以团队为基础来制定，那么就有助于建立集体主义的企业文化。

## 8.3 薪酬制度

### 8.3.1 薪酬制度的概念

薪酬制度是薪酬管理体系的中心内容。薪酬制度是指依据国家法律、法规和政策的规定以及市场经济的客观规律，为规范薪酬分配行为所制定的系统性准则、标准、规章、实施措施和具体分配形式的总称。借助薪酬制度，企业可以根据员工的工作表现、具体岗位以及工作环境的变化而调整薪酬。使用规范的规章制度进行劳动力考核，能更加合理地反映真实情况，使员工的薪资达到社会平均薪资水平，并能够适时进行薪资待遇调整，从而有效提高企业的竞争力。

### 8.3.2 薪酬制度的原则

#### 1. 公平性

员工对薪酬分配的公平感，也就是对薪酬发放是否公正的判断，是设计薪酬制度和进行薪酬管理的首要考虑因素。薪酬的公平性可以分为三个层次。

(1)外部公平性

指同一行业或同一地区同等规模的不同组织中类似岗位的薪酬应当基本相同，因为对他们的知识，技能与经验要求相似，所以他们的各自贡献应当相似。

(2)内部公平性

指同一组织中不同岗位所获薪酬应与各自的贡献成正比。只要比值一致，便是公平。

(3)个人公平性

涉及同一组织中占据相同岗位的人所获薪酬间的比较。

### 2. 竞争性

这是指在社会上和人才市场中，组织的薪酬标准要有吸引力，才足以战胜其他组织，招到所需人才。究竟应将本组织摆在市场价格范围的哪一段，当然要视本组织的财力、所需人才的可获得性等具体条件而定，但要具有竞争力，至少不应低于市场的平均水平。

### 3. 激励性

这便是要在内部各类、各级岗位的薪酬水平上，适当拉开差距，真正体现按贡献分配的原则。平均主义的“大锅饭”分配制度，其落后性和危害在过去我国的许多国有企业中已有充分体现。

### 4. 经济性

提高组织薪酬的水平，固然可提高其竞争性与激励性，但同时会不可避免地导致人工成本的上升。所以薪酬制度不能仅看薪酬水平的高低，而且要看员工绩效的质量水平，事实上，后者对组织的竞争力的影响，远大于成本因素。此外，人工成本的影响还与行业的性质及成本构成有关。

### 5. 合法性

组织薪酬制度必须符合国家的法律、法规，符合国家及地方有关劳动用工及人事的有关规定，尤其要体现对劳动者的尊重，避免不应有的歧视。

## 8.3.3 几种薪酬制度的介绍

### 1. 岗位工资制度

岗位工资有多种形式，包括岗位效益工资制、岗位薪点工资制、岗位等级工资制。它们的主要特点是对岗不对人。岗位工资制按照一定程序，严格划分岗位，按岗位确定工资，调度的弹性不大，但凡出现员工因认为岗位工资是他们理所当然得到的，认为他们为公司做出的贡献没有得到应有的回报这种情况，岗位工资就难以发挥应有的激励作用，因此必须作出相应的调整。

### 2. 绩效工资制度

绩效工资制度强调员工的工资调整取决于员工个人、部门及公司的绩效，以成果与贡献度为评价标准，工资与绩效直接挂钩，强调以目标达成为主要的评价依据，注重结果，认为绩效的差异反映了个人在能力和工作态度上的差异。绩效工资通过调节绩优与绩劣员工的收入，影响员工的心理行为，以刺激员工，从而达到发挥其潜力的目的。然而，由于影响绩效工资的因素很多，因而在使用过程中会存在许多操作性困难，第一，绩效工资可能对雇员产生负面影响。有时候，绩效工资的使用会影响“暂时性”绩劣员工的情绪，甚至会将其淘汰，而这种淘汰会引发企业管理成本的大幅上扬。第二，绩效工资的效果受外界诸多因素制约。第三，绩效工资的评判标准必须得到劳资双方的共同认可。第四，员工对绩效工资具体方案的真正满意度有时较低，绩效评价难免会存在主观性。这些困难的存在一定程度上影响了绩效工资制度的有效实施，从而降低了激励效用。

#### 3. 混合工资制度

混合工资制也称结构工资制，是指由几种不同的工资结构组成的工资制度。结构薪酬的设计吸收了能力工资和岗位工资的优点，对不同员工进行科学分类，并加大了工资中灵活的部分，其各个工资单元分别对应体现劳动结构的不同形态和要素，因而较为全面地反映了按岗位、按技术、按劳分配的原则，对调动职工的积极性、促进企业生产经营的发展和经济效益的提高起到了积极的推动作用。

#### 4. 年薪制度

年薪制在发达国家已广泛应用，年薪制一般作为高层管理人员使用的薪资方式，是一种“完全责任制”薪资，从人力资源的角度看，年薪制是一种有效的激励措施，对提升绩效有很大作用。对高层管理人员来说，年薪制代表身份和地位，能够促进人才的建设，也可以提高年薪者的积极性。年薪制对国企普遍存在的“59 岁现象”有一定程度的抑制作用。

年薪制虽有诸多优点，但在实施过程中存在两大核心弊端。首要问题在于薪酬标准体系缺失系统性。当前高级管理人员的年薪阈值缺乏科学量化依据，既未建立与国情相匹配的收入锚定机制，又缺乏行业横向比较维度。我国作为发展中经济体，企业效益受区域经济梯度差异、行业资源禀赋、政策倾斜程度等多重非经营性因素深度影响，简单参照发达国家标准或进行跨行业横向对比，必然导致薪酬与贡献度脱节。这种标准模糊性不仅削弱薪酬的激励约束效力，更易滋生内部公平感缺失与人才逆向流动现象。更深层的矛盾源于制度配套体系的先天不足。年薪制的良性运作需要完备的职业经理人市场机制、动态绩效校准系统和风险共担设计作为支撑。当这些基础性制度存在缺失时，薪酬体系与治理结构的适配性将被削弱：市场化人才认证体系的缺位可能导致能力评估失准，绩效追踪机制的空白易滋生短期行为，利益捆绑设计的不足则难以形成风险对冲。这种制度性缺陷使得年薪制在理论上成立的激励逻辑，在实践层面面临失效风险——管理者可能利用制度空隙获取超额回报，而企业却缺乏有效制衡手段。

因此，年薪制的推广必须要考虑市场环境成熟度与治理体系完善度，在各方面条件成熟的情况下实施年薪制，能够做到利大于弊，反之则会弊大于利。

### 8.3.4 薪酬制度的重要性

#### 1. 提高员工积极性和创造力

合理的薪酬制度能够激发员工的工作积极性和创造力。薪酬制度首要目的是激励员工，通过给予合理的薪酬回报，激发员工的工作积极性和创造力。薪酬制度可以通过设定薪资水平、绩效奖金、福利待遇等方式，使员工感受到自己的付出得到了公平的回报，从而更加积极地投入工作。员工在得到公平的薪酬回报后，会更加努力地工作，主动追求达成工作目标，积极创新和改进工作方式，从而提高工作质量和效率。

### 2. 增强组织稳定性

薪酬制度对于组织的稳定发展具有重要意义。薪酬制度是绩效管理的重要工具之一。通过与绩效挂钩，薪酬制度能够帮助企业识别和激励高绩效员工，同时也能够对低绩效员工进行警示和激励。通过设定明确的绩效目标和奖励机制，薪酬制度能够推动员工实现个人和组织的共同目标。通过合理的薪酬设置，可以提高员工的工作满意度和忠诚度，减少员工的流失率。稳定的团队和员工流动率的降低可以帮助企业保持良好的业务连续性和稳定的绩效水平。

### 3. 促进企业竞争力提升

优秀的薪酬制度能够帮助企业吸引和留住人才，提高员工的工作动力和绩效水平，从而促进企业的竞争力提升。在竞争激烈的市场环境下，优秀的人才是企业获得竞争优势的重要保障。通过设计具有竞争力的薪酬制度，企业能够吸引和留住高素质的人才。优厚的薪酬待遇不仅可以吸引有潜力的候选人加入企业，还能够激励现有员工发挥更高的工作动力，提升组织的整体竞争力。高绩效员工的聚集和稳定的团队能够为企业带来更高的工作效率和创新能力，使企业在市场竞争中占据优势地位。

薪酬制度作为企业人力资源管理的重要组成部分，其目的在于激励员工、实现绩效管理、吸引和留住人才。通过合理的薪酬制度设计和实施，企业能够提高员工的工作积极性和创造力，增强组织的稳定性，并促进企业竞争力的提升。因此，企业应该重视薪酬制度的建设，不断完善和优化，以实现人力资源管理的最佳效果。

# 8.4 薪酬设计

## 8.4.1 薪酬设计的理论与技术

薪酬设计所涉及的理论和技术围绕三个层面展开。本节将对薪酬设计的三个层面进行概括分析。

### 1. 战略层面

战略层面是构建薪酬设计与管理体系的整体思想指导——企业战略驱动人力资源战略，进而影响薪酬战略。在进行薪酬体系设计时，需要考虑的重要问题是如何使薪酬战略与企业战略相匹配，从而支撑企业整体战略的实现。因此，必须首先明确企业的使命与战略，并据此确定公司的人力资源愿景与整体战略，然后在考虑企业所面临的社会与行业环境及法律环境的前提下，确定人力资源管理体系中最重要的组成部分，即薪酬理念和策略。这样就能保证企业的薪酬体系与战略一致，能够支撑企业战略目标的实现。

### 2. 制度层面

制度层面是薪酬设计与管理体系的具体内容。在这个层面，要依据企业的薪酬理念与策略确定企业的薪酬结构，并进行薪酬评价，然后建立完善的薪酬管理制度。既要确保薪酬的内部公平性和外部竞争性，同时又要体现员工的贡献和价值，最终实现企业的战略目标，提升企业的综合竞争力，促进组织的持续成长。

### 3. 技术层面

技术层面主要包括构建薪酬设计与管理体系所涉及的一些具体技术方法等方面，如外部薪酬调查、职位评价和薪等薪级的设计等，这些内容是薪酬体系设计的基础。没有职位评价，就难以确保薪酬体系的内部公平性；没有外部薪酬调查，薪酬体系的外部竞争性就无从谈起；没有薪等薪级的设计，就难以在不同员工之间拉开薪酬差距，从而难以发挥薪酬对员工的激励作用，企业绩效的实现就将仅仅是空谈。

战略层面、制度层面和技术层面在整个大薪酬体系中的作用不同，但每一层面都不可或缺，只有实现三个层面各项工作的有机结合，才能形成一套与企业战略相一致的薪酬体系，从而通过合理的薪酬支付激发员工的工作积极性，确保企业绩效目标的达成，实现企业的战略目标。薪酬设计的基本框架体系如图 8-3 所示。

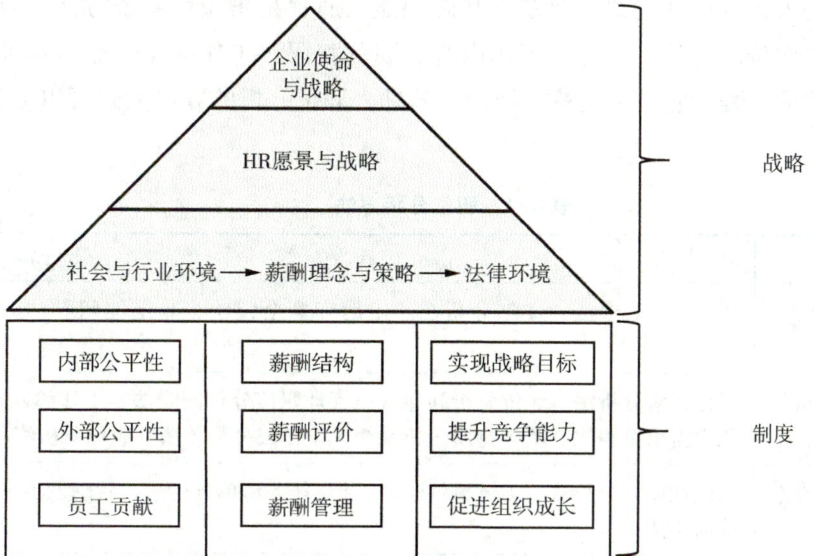


图 8-3 薪酬设计的基本框架体系图

人工智能可帮助企业进行科学、合理的薪酬设计。基于大数据的人工智能能做到根据岗位职责、城市的薪酬数据、行业的薪酬数据、GDP 增速、CPI 情况、就业率、失业率、城市发展力评估、公司周边的房价增速，甚至轨道交通变动等情况为企业设立更合理的薪酬等级和薪资标准，有效地实现同工同酬，保证了企业薪酬的科学性。智能算薪的轻便快捷保证了企业薪酬体系的合理运行，显著提升了企业人力资源管理的工作质量和效率。

### 8.4.2 薪酬设计体系的内容

在企业的薪酬体系中，基本薪酬是最基础的部分，对于大多数员工来说，这也是他们所获得的薪酬中最主要的部分。基本薪酬的设计包括以职位为基础和以技能为基础的薪资体系的设计。

#### 1. 职位薪酬体系

在设计职位薪酬体系时，通常要考虑两个因素：一是内部公平性，这是通过职位评价来实现的；二是外部公平性，这是通过薪酬调查来实现的。实践中，职位薪酬体系的设计一般要按照下面的步骤来实施：首先要进行工作分析，界定各职位的工作职责和任职资格要求；接着要进行职位评价，确定各个职位相对的价值大小；然后进行薪酬调查，将调查的结果和职位评价的结果结合起来，建立薪酬曲线；最后根据薪酬曲线来确定薪酬等级。

(1)工作/职位分析

职位分析是人力资源管理的一项核心基础职能，通常是指应用系统方法，收集、分析、确定组织中职位的定位、目标、工作内容、职责权限、工作关系、业绩标准、人员要求等基本因素的过程。它是确定薪酬结构的基础。职位分析的方法大致可以分为四类，如表 8-1 所示。

**表 8-1 职位分析方法**

| 类别 | 具体方法 |
|---|---|
| 通用职位分析方法 | 访谈法、观察法、文献分析法、主题专家会议法、非定性问卷法、工作日志法 |
| 以人为基础的职位分析方法 | 工作元素分析法、职位分析问卷法、管理职位分析问卷法、工作诊断调查法、能力需求量表法、基础特质分析系统、工作成分清单法、职位分析清单法 |
| 以工作为基础的系统性分析方法 | 功能性职位分析法、关键事件法、工作-任务清单分析法、管理及专业职位功能清单法 |
| 传统工业企业职位分析方法 | 时间研究法、动作研究法、工作样本法、工作负荷分析及人事规划法、电脑模拟职位分析 |

以下是对四类方法的概述：

①通用职位分析方法。通用职位分析方法是国内企业在职位分析过程中常见的收集职位信息的方法，通常具有灵活性强、易操作、适用范围广等显著优势，但也存在结构化程度低、缺乏稳定性等缺点。这类职位分析方法主要有访谈法、工作日志法、观察法、文献分析法等。

②以人为基础的职位分析方法。以人为基础的职位分析方法是从任职者行为的角度描述职位，侧重于任职者在履行工作职责时所需的知识、技术、能力以及其他行为特征。在实践中运用较多的以人为基础的系统性职位分析方法主要有工作元素分析法、职位分析问卷法、管理职位分析问卷法、基础特质分析系统、能力需求量表法、工作诊断调查法、工作成分清单法等。

③以工作为基础的系统性职位分析方法。以工作为基础的职位分析方法是指从职位角度出发，侧重描述完成其组成元素——工作任务——所需的活动、绩效标准以及相关任职条件等。该方法的关注点是准确详尽地描述履行工作任务的前期投入、中期过程和后期产出。在实践中主要有以下几种以工作为基础的系统性职位分析方法：功能性职位分析法、关键事件法、工作-任务清单分析法、管理及专业职位功能清单法等。

④传统工业企业职位分析方法。传统工业企业职位分析法是在科学管理之父——弗雷德里克·温斯洛·泰勒(Frederick Winslow Taylor)和吉尔布雷斯(Gilbreth)夫妇针对操作性职位所做的时间动作研究的基础上，进行完善开发的职位分析方法，适用于对重复性的、规律性的操作性职位进行活动分析。主要的分析方法包括时间研究法、动作研究法、工作样本法、工作负荷分析及人事规划法、电脑模拟职位分析等。

(2)岗位/职位评价

职位评价又称职位评估，是建立在企业职位分析基础上的基础性人力资源管理活动，其主要的服务对象是建立企业职位价值序列和设计企业薪酬体系。最常见的职位评价技术包括以下四种：

①职位分级法。是指由经过培训的有经验的测评人员，依据对职位所承担责任、困难程度等基本情况的了解，通过比较每两个职位之间的级别关系(重要程度)，来确定所有职位序列的一种方法。

②职位分类法。是指通过建立明确的职位等级标准，将各个职位划入相应等级的一种方法。其前提是不同等级的职位对技能和责任要求的不同，在这一显著特点的基础上，将职位划分出一套等级系统。

③要素计点法。是指通过对特定职位特征的分析，选择和定义一组通用性评价指标，并详细定义其等级作为衡量一般职位的标尺，将所评价职位依据各个指标打分、评级后，汇总得出职位总分，以这种标准来衡量职位的相对价值。

④因素比较法。是指根据职位的通用工作特征，定义职位的评价要素等级，并以此

评价关键职位。由于关键职位应得报酬是可知的，那么在评价其他职位时，只要与关键职位的各个要素进行比较，就可以得出各评价要素应得的货币价值。

职位评价的基本技术可以从两个维度划分，根据所使用的分析方法可以分为定量的方法和定性的方法两类。其中，定性方法包括职位分级法和职位分类法，主要是针对工作间的比较，而不考虑具体的职位特征；定量方法包括要素计点法和因素比较法，主要侧重于对职位特征的分析，详尽阐明职位评价要素及其等级定义，可以确定每个职位的评价分值，以此进行比较。

根据所使用的比较方法也可以分为两类：将工作与工作进行比较的方法；将工作与某些标准尺度进行比较的方法。其中，在因素比较法和职位分级法中，通过直接进行工作之间的比较来确定职位序列，属于直接工作比较法；在要素计点法和职位分类法中，将工作与某些尺度(如等级尺度和工资尺度)比较，以形成职位序列，属于工作尺度比较法。职位评价法的类别划分参见图 8-4。

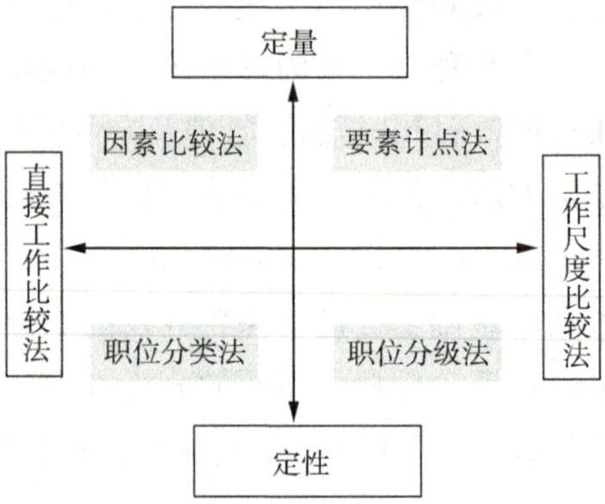


图 8-4 职位评价方法

(3) 薪酬调查

职位评价确定了企业中不同职位的相对价值，在企业内部形成职位等级。薪酬调查的作用在于，企业能够借此获取所在市场的薪酬水平，从而确定自身的相对位置。

薪酬调查是薪酬管理的重要工具，对薪酬调查结果的数据分析能为企业薪酬水平的市场定位提供依据，既有利于提高企业外部竞争力，又有利于增强企业内部的凝聚力和员工对薪酬的满意度。随着市场和人才竞争的加剧，薪酬调查的范围已不仅仅局限于对薪酬水平的调查，而是面向整个薪酬体系的调查，包括目标企业的薪酬战略、薪酬政策、薪酬水平和结构以及薪酬发展趋势等方面。具体实施过程如图 8-5 所示。

图 8-5 薪酬调查实施过程

在当前技术条件下，企业可利用人工智能的网络搜索增强技术开展薪酬调查，如 OpenAI 的 GPT4.0 web browsing、谷歌的 Bard、微软的 New Bing 等。这些技术有望在帮助人力资源部门掌握最新薪酬福利法规、基于数据进行决策制定等方面发挥更加重要的作用。基于大数据的人工智能在薪酬设计原则(外部竞争性、内部公平性和激励）的指引下，可收集、分析大量同等职位的薪资水平，充分考虑包括城市的 GDP 及消费水平等因素，使得薪酬制度能够有效平衡市场行业薪酬数据和企业管理实际需要两个方面。人工智能能够充分利用这些数据，通过建立数学模型分析薪酬与职位等级的相关性，从而更合理地设置企业薪酬等级和薪资标准。

薪酬调查结束以后，将调查分析的结果和职位评价的结果结合起来，就可以建立企业的薪酬曲线，它是各个职位的市场薪酬水平和评价点数或者序列等级之间的关系曲线。从理论上来讲，各个职位的市场薪酬水平和评价点数或者序列等级之间是一种线性的关系，因此薪酬曲线一般都采用最小二乘法来进行拟合。如果将评价点数或者序列等级设为 X，市场薪酬水平设为 Y，就可以得出薪酬曲线的方程 $Y=a+bX$。将各个职位的评价点数或者序列等级代入方程，就可以得出它们的市场平均薪酬水平。图 8-6 为市场薪酬曲线示意图。

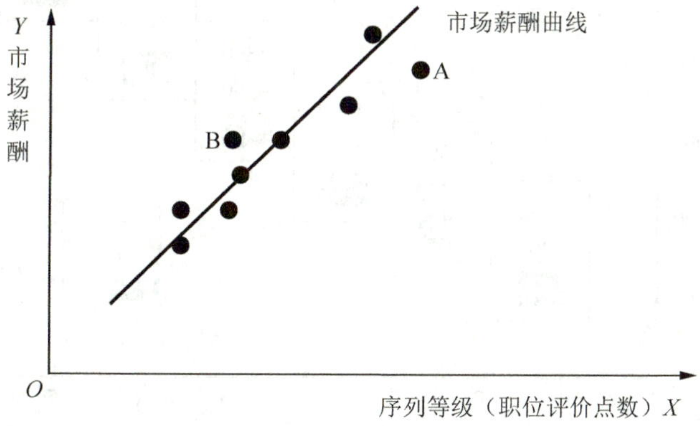


图 8-6　市场薪酬曲线示意图

一般来说，薪酬调查的结果和职位评价的结果，即外部公平性和内部公平性是一致的，也就是说，由市场薪酬水平和评价点数或者序列等级确定的薪酬点都分布在薪酬曲线的周围。但是，有时也会出现不一致的情况，这时薪酬点就会明显地偏离薪酬曲线，如图中 A、B 两点，这表明内部公平性和外部公平性之间出现了矛盾。例如，A 点就表示该职位按照内部公平性确定的薪酬水平要高于市场平均的薪酬水平。当内部公平性和外部公平性不一致时，通常要按照外部公平性优先的原则来调整职位薪酬水平。否则，要么就是这些职位的薪酬水平过低，无法招聘到合适的人员；要么就是薪酬水平过高，企业承担了不必要的成本。最后，企业还要根据自己的薪酬策略对薪酬曲线做出调整。由于上面所讲的薪酬曲线是按照市场平均薪酬水平建立的，因此如果企业实行的是领先型或拖后型工资策略，那么就应当将薪酬曲线向上或向下平移，平移的幅度取决于领先或拖后的幅度，平移后薪酬曲线的方程也要相应做出变动，曲线的斜率不变，截距要发生变化，变为 $Y=bX+a$。如果实行的是跟随型策略，薪酬曲线就可以保持不动。

(4)薪酬结构设计

薪酬结构主要反映职位与员工之间基本薪酬的对比关系，尽管其他的薪酬形式，如可变薪酬、福利薪酬内容也具有等级结构的形态，但没有基本薪酬那样典型。薪酬结构所强调的是一个组织内部职位或技能薪酬等级的数量、不同职位或技能等级之间的薪酬差距以及确定这种差距的标准。

一般而言，薪酬结构的构成要素是：薪酬等级、薪酬区间以及相邻两个薪酬等级之间的交叉和重叠关系，薪酬结构的模型如图 8-7 所示。

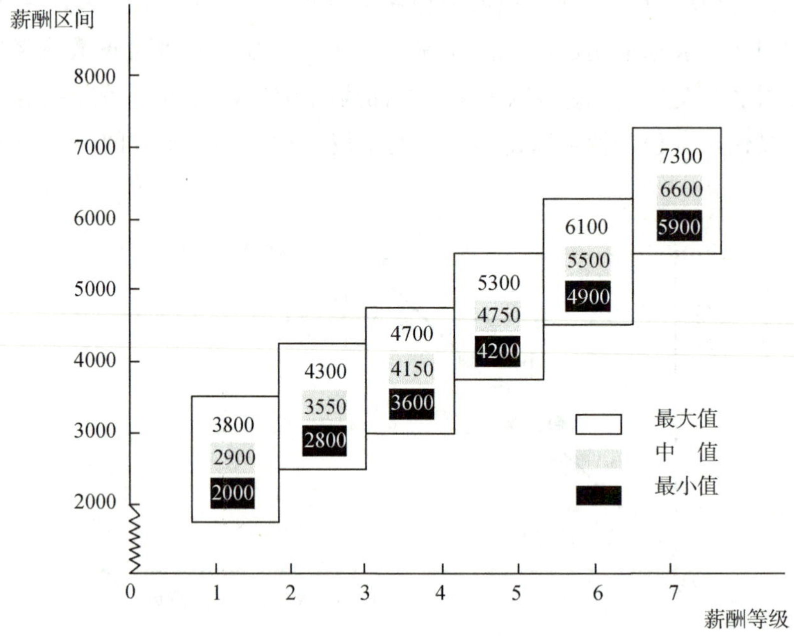


图 8-7 薪酬结构模型

## 2. 技能薪酬体系

技能薪酬体系可以根据员工技能宽度或者技能深度两种方式来进行设计。

(1)技能宽度

所谓技能宽度，是指员工掌握的与工作相关的技能种数，比如，流水线上的技术工人，不仅掌握了自己工位上所需的技能，还掌握了其他几个工位的技能，那么他就能获得工资的上涨。在这种情况下，员工掌握的技能种类越多，所获报酬也就越多，因为他能够在其他人员缺勤时帮助他人完成工作，而不需要组织临时增加人员。另一方面，他还因为更多地理解了其他岗位的工作而有助于整个流程效率和产品质量的提高。

(2) 技能深度

所谓技能深度，是指员工掌握的与工作相关的某一种或者几种专业技能的深度，这种深度是员工技能等级的高低，等级越高的技能难度越大、越难掌握，并且它只能在掌握低一级技能的基础上才能获得。

(3) 建立能力工资体系的基本模型

相对于传统的以职位为基础的工资体系而言，以能力为基础的工资体系是一种新兴的、尚未完全成熟的工资体系，它是在适应企业新的生存环境和帮助企业解决成长和发展中的一系列问题的过程中逐步兴起的。以能力为基础的工资体系，不是根据职位价值大小来确定员工的报酬，而是抛开职位因素，完全按照员工具备的与工作相关的能力高低来确定其报酬水平，其建立的基本流程见图 8-8。

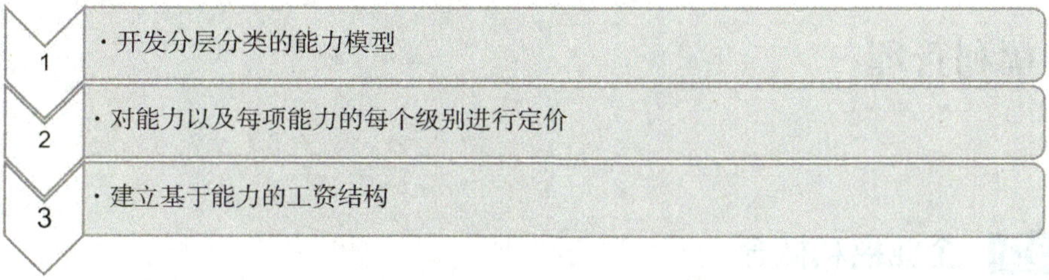


图 8-8　建立能力工资体系的基本流程

以下将对建立能力工资体系的基本流程进行概述：

①开发分层分类的能力模型。分层分类能力模型的开发主要包括界定企业各层各类人员所通用的核心能力，即哪些能力支撑企业的战略，是企业的成功关键，是全体员工都必须具备的能力特征。然后，企业要在划分职位簇的基础上，针对每个职位簇的工作内容和成功的关键，提炼出适用于每个职位簇的个性化能力。将通用能力和每个职位所需要的个性化能力相结合，就得到了企业的分层分类的能力模型。能力模型除了要筛选出各层各类人员的能力要求之外，还要对每项能力进行分级，并对能力的各个等级进行明确的界定。

②对能力进行定价。对能力进行定价是指确定员工能够根据其具备的各项能力获得多少报酬。能力定价最基本的方法有两种：一是市场定价法，二是绩效相关法。市场定价法是指对每项能力在相关劳动力市场上所获得的报酬进行调查，根据相关调查结果确定每项能力在本企业应该获得的报酬。这种方法的前提是企业能够获得相关劳动力市场上其他企业对能力的定价，但由于能力工资模式目前尚不是很成熟，在国外企业中的运用尚不广泛，国内采用能力工资的企业更是凤毛麟角，所以市场定价方法适用性较差。所谓绩效相关法，是指根据每项能力与工作绩效的相关性来确定每项能力的价格，与工作绩效的相关性越高，该项能力的价格越高。在对每项能力进行定价的基础上，需要将各项能力的价格分解到它的每个等级上，从而决定员工通过具备某个能力的具体等级要

求而获得多少对应的报酬。

③建立基于能力的工资结构。基于能力的工资结构大多采用宽带工资结构，也就是在组织中仅仅采用少数几个工资宽带来代替传统的职位结构。首先，企业需要根据员工总体的能力差异性来决定企业需要多少个工资宽带，即将能力差异大的员工划分到不同的工资宽带。然后，对每个工资宽带的人员进行能力评价，用进入该工资宽带员工的最低能力来确定该工资宽带的基本能力要求。之后，根据每个工资宽带人员的平均能力要求，结合前面所得到的每项能力各个级别的定价，就可以得到该工资宽带的中点工资。最后，采用与职位等级工资结构相同的方法，就可以明确该工资宽带的工资范围。

## 8.5 福利管理

### 8.5.1 企业福利概念

企业福利包括物质和精神两个层面，是一种利益和幸福感相结合的体现。企业福利是建立在公司与员工的雇佣关系基础之上，以公司的自身盈利能力为基础，除员工工资之外，向公司员工及其家属提供的货币、实物及服务等福利，保障企业员工的生活水平，为企业员工增加归属感，缓解员工的工作压力，减轻员工的后顾之忧。但企业的福利制度不等同于薪酬，不能相互替代，而是与薪酬相互补充。

企业的福利包括法定和非法定福利。法定福利是指企业根据国家颁布的相关法律、法规以及各地政府出台的相关政策给予员工的各项福利，包括各种社会保险（养老保险、医疗保险、工伤保险、生育保险、伤残津贴）、法定的带薪休假、住房公积金、工资总额以外的补贴。非法定福利是指企业自愿提供的且超出国家法律、法规及政策规定范围的福利，如节日福利、交通补贴等。

### 8.5.2 企业福利特点

#### 1. 补偿性

员工福利是指公司对付出劳动的员工提供的一种物质回报，是员工薪酬的一种补充形式。如果想要享受这种企业福利制度，需要以付出劳动为前提。例如，对于加班到一定时间的员工，企业会提供餐食等。

#### 2. 均等性

企业内按规定工作的每一名员工均可以平等地享受该企业提供的基本福利待遇，不存在倾斜性。

### 3. 补充性

除国家法定的基本福利之外，企业还会根据自身情况为员工发放补充福利，体现企业的人文关怀，让员工身心受益，从而留住人才。包括员工定期体检、生日福利、节假日福利等。

### 4. 激励性

随着社会的快速发展，企业想要在市场竞争中脱颖而出，一定要重视人才、激励人才，所以，在设计企业福利制度时，会在均等性的前提下加入激励性福利设计。例如，对于高层次人才、高学历人才和核心技术人才等都会提供更全面的福利制度，包括提供人才补贴、解决住房问题等。

### 5. 集体性

企业制定的各种福利制度，其主要内容通常体现为员工集体消费或内部共享资源。即便存在部分福利项目是指定分配给个人的情况，但这并不代表其为员工福利的主要形式。

## 8.5.3 员工福利的种类

员工福利计划包括很多不同种类的福利项目。按性质分，员工福利可以被分为法定福利与企业内部福利；按形式分，员工福利可以被分为经济性福利和非经济性福利。

### 1. 法定福利与企业内部福利

(1)法定福利

大多数市场经济国家的企业都要面对很多按照法律规定必须提供的福利项目。这一部分我们主要了解五种我国规定的法定社会保险类型，即养老保险、失业保险、医疗保险、工伤保险以及生育保险：

①养老保险。法律规定的养老保险又称老年社会保障，是社会保障系统中的重要部分。它是针对退出劳动领域或无劳动能力的老年人实行的社会保护和社会救助措施。

②失业保险。失业保险是为遭遇失业风险、收入暂时中断的失业者设置的一道安全网。它的范围通常包括社会经济活动中的所有劳动者。失业保险的开支范围是：失业保险金，领取医疗保险金期间的医疗补助金，丧葬补助金、抚恤金，领取失业保险金期间接受的职业培训补贴和职业介绍补贴，国务院规定或批准的与失业保险有关的其他费用。

③医疗保险。医疗保险是指由国家立法，通过强制性社会保险原则和方法筹集医疗资金，保证人们平等地获得适当的医疗服务的一种制度。基本医疗保险费由用人单位和员工共同缴纳。用人单位缴费率应控制在员工工资总额的6%左右，其中的30%进入个人账户；员工费率一般为本人工资收入的2%。

④工伤保险。工伤保险是针对那些最容易发生工伤事故和职业病的工作人群的一种特殊社会保险。我国对于工伤保险费不实行统一的费率，而是根据各行业的伤亡事故风险和职业危害程度类别，实行不同的费率，主要包括差别费率和浮动费率两种形式。

⑤生育保险。企业缴纳的生育保险费列入企业管理费用，职工个人不缴纳生育保险费。女职工生育期间的检查费、接生费、手术费、住院费和药费，都由生育保险支付，超出规定的医疗服务费和药费由员工个人负担。产假期间按照本企业上年度职工月平均工资支付的生育津贴，由生育保险支付。

除此之外，员工的法定福利还包括住房公积金和法定假期。这些福利不仅为员工提供了基本保障，还体现了国家对劳动者权益的保护。

(2)企业内部福利

企业内部福利是企业根据自身的发展需要和员工的需要选择提供的，是为了吸引人才或稳定员工队伍而采取的福利措施，包括住房津贴、交通费津贴、工作午餐、海外津贴、人寿保险等：

①住房津贴。住房津贴是指企业为了使员工有一个较好的居住环境而提供给员工的一种福利，主要包括以下几种：企业购买或建造住房后免费或低价租给或卖给员工居住，为员工的住房提供免费或低价装修，为员工购买住房提供免息或低息贷款，全额或部分报销员工租房费用。

②交通费津贴。交通费津贴是指企业通过以下几种方式，为员工上下班提供交通方便：派专车到员工家接送，派专车按一定的路线行驶在一些集中点接送员工，按规定为员工报销上下班交通费，每月发放一定数额的交通补助费。

③工作午餐。工作午餐是指企业为员工提供的免费或低价的午餐。有的企业虽然不直接提供工作午餐，但提供一定数额的工作午餐补助费。

④海外津贴。海外津贴是指一些跨国公司为了鼓励员工到海外工作所提供的经济补偿。海外津贴的标准一般根据以下条件制定：职务高低、派往国家的类别、派往时间的长短、家属是否可以陪同、工作时期回国度假的机会多少、愿意去该国的人数多少等。

⑤人寿保险。人寿保险是指企业全部资助或部分资助的一种保险，员工一旦因故离世，其家属可以获得相应的经济补偿。

### 2. 经济性福利与非经济性福利

(1)经济性福利

经济性福利是涉及金钱或实物的福利，比如：

①额外收入。节假日红包、节日礼物、优惠实物分配等。

②住房性福利。以成本价向员工出售住房、房租补贴等。

③交通性福利。为员工提供免费班车、交通补贴等。

④饮食性福利。免费供应午餐、提供午餐补助等。

⑤带薪休假。为员工提供年假等。

(2)非经济性福利

非经济性福利旨在全面改善员工的工作生活质量，不涉及金钱和实物。比如：

①法律保护性服务。例如，平等就业权保护(反种族、性别、年龄等歧视)等。

②咨询性服务。免费为员工进行职业发展设计，为员工提供心理健康咨询或法律咨询，等等。

③工作环境改善。例如，提高办公场所亮度，扩大员工的办公场地面积，等等。

④文化性福利。为员工庆祝生日、组织集体旅游、提供疗养机会等。

## 8.5.4 福利管理的意义

对于公司来说，各种福利方案是吸引和留住人才的重要手段。企业福利项目的作用主要体现在以下四个方面。

### 1. 提高员工的满意度，强化员工的忠诚度

通过福利的形式为员工提供各种照顾，会让员工觉得企业和员工的关系不仅仅是一种经济契约关系，从而在雇佣关系中增加一种类似家庭关系的情感成分。

### 2. 员工福利的稳定性和保障性对于特定员工群体具有吸引力

福利由全体员工大体平等地享受，满足了员工追求平等和归属的需要。例如，带薪休假的长短与年资的深浅有关，这些福利实际上成为员工的一种长期投资，员工一旦调离企业，就会永远失去。

### 3. 员工因福利而感到满意，提高了士气，降低了缺勤率

当企业提供的福利待遇能够满足员工的实际需求时，员工会感到被重视和关怀，从而激发出更高的工作热情。这种积极的工作态度不仅提升了整体的工作效率，还有效降低了员工的缺勤率，因为员工更愿意为一个关心他们福祉的企业而努力。

### 4. 规模经济效应的吸引

以福利形式获得的收入往往无须缴纳个人所得税，或者是延期纳税。因此，相对于现金支付，福利在某种意义上对于员工更具价值。此外，员工福利还可以通过集体购买商品或服务而得到一定优惠，体现出规模经济效应。

知识拓展

### 人工智能能够驱动个性化薪酬福利的实现

大数据和人工智能下的人力资源管理能为员工提供多样化、个性化的薪酬福利，能及时有效地满足员工个性化的需求。通过人工智能的深度学习能更深入地了解员工期望与价值诉求，从而可以为员工实施更准确的外在薪酬体系和内在薪酬体系，使薪酬激励内容多样化、个性化。

在员工福利方面，企业可以基于广泛信息源，发掘员工在物质、精神、生理、心理等方面的需求，从而改变千人一面的传统福利模式，对不同员工实施差异化福利措施。另外，企业人力资源管理团队可以通过人工智能为员工提供良好的心理健康服务福利。

## 8.6 员工激励计划

美国的薪酬管理专家约瑟夫·J. 马尔托齐奥(Joseph J. Martocchio)认为，根据员工的绩效来支付报酬是20世纪美国薪酬实践的一个里程碑。市场细化、竞争加剧及产业微利化等经济现实，促使人们对人员的激励日益重视，按绩效支付报酬成为薪酬分配的主流导向。薪酬与绩效挂钩的分配理念强调了薪酬与绩效的直接达成状况同绩效目标的联系性。在具体的管理实践中，员工激励计划主要包括个人激励计划和团队激励计划。

### 8.6.1 个人激励计划

#### 1. 针对生产人员的激励计划

(1)直接计件工资计划

直接计件工资计划是运用最为广泛的一种奖励计划，薪酬直接根据产出水平而发生变化。首先确定在一定时间内(如1小时)应当生产出的标准产出数量，然后以单位产出数量确定单位时间工资率，最后根据实际产出水平算出实际应得薪酬。显然，在这种计划下，产出水平高于平均水平者得到的薪酬较高。

(2)标准工时计划

所谓标准工时计划，是指首先确定正常技术水平的员工完成某种工作任务所需要的时间，然后再确定完成这种工作任务的标准工资率。只要员工在标准时间内完成了工作，就可以获得标准工资。

(3)差额计件工资制

直接计件工资计划的另外一种变体是差额计件工资制，或者称泰勒制。这种工资制度是由科学管理理论的创始人泰勒最先提出的。其主要内容是使用两种不同的计件工资率：一种适用于那些产量低于或等于预定标准的员工，而另一种则适用于产量高于预定标准的员工。

(4)与标准工时相联系的可变计件工资计划

这类计件工资计划主要包括以下三种：

①海尔塞(Halsey)50-50 计件工资计划。其内容是，企业通过时间研究确定完成某项任务的标准工作时间，如果员工以低于标准工时的时间完成工作，从而因节约时间而产生收益，则将这一收益在企业和员工之间以对半的形式分享。

②罗曼(Rowan)计件工资计划。从企业和员工分享因节约标准工作时间所产生的收益这一点上看，它与海尔塞 50-50 计件工资计划是类似的。所不同的是，随着所节约时间的增加，员工所占的收益比例是上升的。如果完成一项任务的标准时间是 10 个小时，某人能 7 个小时完成工作，则此人得到 30% 的成本节约奖，若他能在 6 个小时内完成，则可得 40% 的成本节约奖。

③甘特(Gantt)计件工资计划。其主要做法是，在确定标准工时的时候，有意将工时定在工人需要付出较大努力才能达到的水平上。不能在标准时间内完成工作的人将会得到一份有保证的工资。但是对于那些能够在标准时间内或者是以少于标准工时的时间完成工作的员工，计件工资率则定在标准工资率的 120% 这一较高水平上。

### 2. 针对管理人员的绩效激励计划

(1)股票期权

股票期权是买卖双方按事先约定的价格，在特定的时间内买进或卖出一定数量的某种股票的权利。经理人股票期权是公司赠予经理人在未来才能实现的一种不确定收入。经理人收益的多少与企业的资产质量紧密相关。

股票期权的赠予时机一般为高层管理人员受聘、升职、业绩评定阶段。其授予数量根据要达到的目标决定。股权份数的计算公式为：

股权份数=期权薪酬的价值/(期权行使价格×5 年平均利润增长率)

(2)期股

期股是企业出资者同经营者协商确定的在任期内由经营者按既定价格获取适当比例的本企业股份，在兑现之前，只有分红等部分权利，股票将在中长期兑现的一种激励方式。期股的设计和实施要点包括确定期股激励的适用范围、对象和主体；期股股份的形成方式及获取方式；期股的红利和期股变现兑现；终止服务的处理；期股购买价格；等等。

### 3. 针对科研人员的绩效激励计划

科研人员销售贡献毛益提成制又称效益提成制，效益提成的基本方法是试制新产品鉴定完成后，由总工程师组织参加设计人员评定，提出主创人员署名、提成分配比例及创新等级的意见，报公司决定。产品达到一定的市场占有率后，主创设计人员开始从该产品的年销售贡献毛益中按一定的比例提取奖励。提成期限视具体情况而定，但短于该产品的实际寿命周期，提成期内职工退休、组织调动仍继续享受提成，如发生死亡则由其法定继承人继承其提成份额。科技人员没有设计新产品或设计的新产品没有形成市场规模则没有提成。

### 4. 其他的个人激励计划

（1）成功推荐计划

成功推荐计划是一种特殊的个人奖励计划，它不针对员工的工作绩效，而是对那些为公司成功介绍了新客户或者推荐了合适人才的员工进行奖励。这种特殊的奖励计划一般适用于公司急需人才的人力资源吸纳期，员工为公司的空缺职位成功推荐了合适人员就有获得奖金的机会。只要被推荐来的人工作一段时间后，其各方面表现确实符合公司要求，获得了用人部门的认可，则推荐奖金就可以兑现。

（2）个人行为鼓励计划

个人行为鼓励计划是针对员工的某种具体的优良行为进行奖励的方式，一般用于鼓励良好的出勤率或安全记录。这种奖励计划适用于对出勤、作业安全性要求很高的工作的员工。

## 8.6.2 团队激励计划

### 1. 利润分享计划

利润分享计划，是将公司或者某个利润单位所获得的利润或者超额利润的一部分在组织和员工之间进行分享的一种计划。一般来讲，利润分享的关键在于确定利润分享的额度，而这一比例的确定有三种方式：第一种是以利润实体获得的总体利润为基数，在组织和员工之间分享总利润的一定比例，比如规定拿出总利润的5%来奖励员工；第二种方式是采用超额利润分享的方法，即设定一个目标利润，将超过这一目标利润的部分按一定比例来进行分享；第三种方式是采用累进分享比例的方法，即规定若干个利润段，在不同利润段采用不同的分享比例。

### 2. 收益分享计划

所谓收益分享计划，是指将企业节省的成本在组织和员工之间进行分享的一种团队奖励方式。由于计算和分配企业成本节约的方式不同，收益分享计划又主要包括三种方式：斯坎伦计划、拉克计划和分享生产率计划。

(1)斯坎伦计划

斯坎伦计划的目标是在不影响员工的工作积极性的前提下降低企业的劳动成本。该计划的核心变量为 SVOP(sales valve of production)，是指企业在一定时期内生产的产品价值总额，它不仅包括企业在这段时间已经销售出去的产品价值，还包括企业已经生产出来但尚未销售出去的产品价值。

收益分享总额=(基期或目标的斯坎伦比率-当期的斯坎伦比率)×当期的产品销售价值

斯坎伦比率=工资总额/产品的销售价值

(2)拉克计划

拉克计划是由艾伦·拉克(Allen Rucker)于 1933 年提出的一种收益分享计划。拉克计划采用一个价值增值公式来计算企业的劳动生产率。企业的价值增值等于企业的销售额减去其购买原材料和其他各种供给、服务的总成本。然后，企业可以用价值增值与雇佣成本的比率来衡量企业的劳动生产率，这一比率称为拉克比率。

拉克比率=增加值/计划参与人的雇佣总成本(薪金、公司、工资税和边缘薪酬)

增加值=净销售额-原料成本、购买供给和服务成本

雇用总成本=工资+奖金+工资税+其他薪酬

(3)分享生产率计划

分享生产率计划追求在更短劳动时间内生产出更多产品。这一计划的关键是计算劳动时间比率，即生产单位产品所需要耗费的劳动小时数，通过将当期劳动时间比率与基期或者目标劳动时间比率进行比较，如果当期劳动时间比率低于基期或者目标劳动时间比率，那么该企业的劳动生产率就获得了提高，因此就可以将这一部分生产率提高带来的收益进行分享。

### 3. 成功分享计划

成功分享计划又称目标分享计划，其主要内容是运用平衡计分卡方法来为某个经营单位制定目标，然后对超越目标的情况进行衡量，并根据衡量结果对经营单位提供绩效奖励。这里的经营单位既可以是整个组织，也可以是组织内部的一个部门，还可以是某个员工群体。无论如何，成功分享计划的报酬支付基础是经营单位的实际工作绩效与预定绩效目标之间的比较，即既定绩效目标的达成情况或者绩效改善的程度。

### 4. 团队奖励计划

团队奖励计划是适用于规模更小的工作群体的一种群体奖励计划，最常见的情况是围绕财务目标(如在预算之内完成计划)来制订，但是它对于非财务目标(如生产率、质量、时效性及客户满意度等)也同样是有效的。这些计划常常与项目或一些风险任务联系

在一起，根据项目或任务的完成情况来确定奖励金额。

## 本章要点

• 薪酬通常是指员工在对企业组织做出贡献后，可以从企业组织那里获得的任何形式的补偿。

• 薪酬管理是现代人力资源管理的核心内容之一，是指企业为吸引人才、留住员工、激发积极性而制定的总体薪酬政策和制度安排。简单来说，薪酬管理就是企业根据战略目标，采用合理的机制给员工提供薪酬的过程。

• 薪酬管理体系是人力资源管理体系中的一个子系统，由薪酬战略及其决策的指导思想、薪酬制度、薪酬运行管理和控制、薪酬目标、薪酬策略、薪酬设计技术和管理艺术等环节组成。

• 薪酬制度是指依据国家法律、法规和政策的规定以及市场经济的客观规律，为规范薪酬分配行为所制定的系统性准则、标准、规章、实施措施和具体分配形式的总称。借助薪酬管理制度，企业可以根据员工的工作表现、具体岗位以及工作环境的变化而调整薪酬。

• 职位分析是人力资源管理的一项核心基础职能，通常是指应用系统方法，收集、分析、确定组织中职位的定位、目标、工作内容、职责权限、工作关系、业绩标准、人员要求等基本因素的过程。

• 企业的福利包括法定和非法定福利。

• 在具体的管理实践中，员工激励计划主要包括个人激励计划和团队激励计划。

## 思考与练习

### 选择题

参考答案

1. 薪酬通常是指员工在对企业组织做出贡献后，可以从企业组织那里获得的(　　)。

A. 精神满足　　B. 心理收益

C. 货币回报　　D. 荣誉地位

2. 广义上来说，薪酬包括企业给予员工的(　　)。

A. 内部薪酬和外部薪酬之和　　B. 内在薪酬和外在薪酬之和

C. 基本薪酬和激励薪酬之和　　D. 货币薪酬和间接薪酬之和

3. 薪酬的构成要素不包括(　　)。

A. 基本薪酬　　B. 激励薪酬

C. 间接薪酬　　D. 员工贡献

4. 薪酬设计所涉及的三个层面不包括(　　)。

A. 战略层面　　B. 制度层面

C. 技术层面　　D. 管理层面

5. 企业福利的特点不包括(　　)。

A. 补偿性　　B. 均等性

C. 个体性　　D. 激励性

## 简答题

1. 简述薪酬管理的原则。
2. 简述薪酬设计的理论与技术。
3. 员工激励计划主要包括哪些?

## 讨论题

薪酬管理与企业文化建设的关系?

## 案例分析题

### 枝江康宁精神病医院薪酬机制的困局与突围

枝江康宁精神病医院(以下简称康宁医院)自 2009 年成立以来，经过十多年的快速发展，逐渐成为鄂西地区规模最大的精神病医院。然而，随着医院规模不断扩大，薪酬机制逐渐暴露出问题，员工的不满情绪也开始浮现。特别是随着政策变化和新冠疫情的影响，医院的收入大幅下降，薪酬困局更加明显，最终导致了离职潮的发生。为了解决这一问题，院长李道洋和团队开始进行薪酬机制的改革。

**初创时期的“利益捆绑”薪酬模式**

康宁医院最初实施了“利益捆绑”薪酬机制，将全院效益作为个人收入的考核基准，旨在激发全体员工的团队精神。员工的绩效主要与组织的整体效益挂钩，确保大家共同努力提升医院的业务量和收入。在此机制下，医院规模从 2009 年初的 47 人扩展到 204 人，年均业务收入增长率达 17%，医院的业务量和收入稳步上升。然而，随着医院规模扩大，这种“大锅饭”式的薪酬模式开始遇到问题，尤其是在薪酬差异化和公平性方面，新加入的年轻员工对收入分配产生了疑虑，认为自己的工作量与收入不匹配。特别是在 2019 年年底，宜昌市政府要求全面取消药品加成政策，医院的药品营收急剧下滑，同时新冠疫情导致的业务量大幅下降，医院运营资金紧张，薪酬大幅下降，员工的抱怨和不满情绪渐渐浮现。

**薪酬危机的爆发**

随着收入的下滑，员工对薪酬的质疑愈演愈烈，尤其是医疗岗位的医生。年轻医生和一些老医生都表示，尽管他们为医院创造了很多价值，但收入却没有体现出他们的贡献。员工的不满情绪逐渐积累，最终引发了离职潮。尤其是在 2022 年，医院迎来了大规模的离职，离职人数达到了 21 人，占全院员工的 10%。部分员工甚至拨打市长热线投诉医院薪酬分配不公。

**薪酬改革的突破与创新**

李道洋深感危机，开始思考如何打破现有的薪酬困局。在一次家庭旅行中，李道洋的儿子提出了通过 OKR 来构建新的薪酬体系的建议。这个想法让李道洋豁然开朗。回到医院后，李道洋立即召开了全院中高层干部会议，启动薪酬机制改革，并提出要根据员工的个人贡献和工作质量，构建新的绩效薪酬体系。

**基于 OKR 的积分制绩效薪酬体系**

在改革过程中，康宁医院引入了基于 OKR 的积分制绩效薪酬体系，明确了服务量、工作质量、病历质量等多个考核指标，结合医生、护士、后勤等不同岗位的实际情况，设置了适应性强、激励效果显著的绩效计算方法。每个员工的月绩效由服务量绩效、月积分比率、职称系数、岗位系数等多项因素决定。在新体系下，医院的收入和服务质量都有了显著提升。例如，住院服务量较 2022 年同期提高了 27%，门诊服务量提高了 18%，医疗投诉量下降了 74%，病历质量也得到了大幅改善。通过新机制，医院的工作氛围和员工士气得到了明显提升，骨干员工纷纷回归，离职率显著降低。

**改革成效**

2023 年，康宁医院的职工平均收入相比 2022 年提高了 27%，医院总体收入提高了 29%。更加重要的是，医院团队的积极性和凝聚力得到了极大提升，员工的内驱力被充分激发，医院的整体运营和服务质量有了显著改善。特别是在薪酬改革后的首次发工资时，员工们的满意度大幅提升，曾经离职的骨干医生也选择回归。

康宁医院的薪酬改革成功激发了员工的积极性，并且有效解决了收入分配不公带来的问题。通过引入 OKR 和积分制的方式，薪酬不仅与员工的工作量挂钩，更与工作质量、服务态度等多方面的表现紧密相关。这个案例为同类型的中小企业在面对薪酬困境时提供了宝贵的经验，特别是在薪酬管理体系的设计和实施过程中，如何通过科学的考核机制来调动员工的积极性，提升企业整体竞争力。通过这些改革，康宁医院不仅解决了薪酬困局，还成功推动了企业文化的变革，打造了更加健康、积极的工作氛围，增强了企业的长远发展动力。

（案例来源：郭成恒，袁园，赵宗奎，等. 何以激发内驱力？康宁公司薪酬机制的困局与突围[EB/OL].(2025-02-12)[2025-02-24]. http://www.cmcc-dlut.cn/Cases/Detail/9257）

1. 分析康宁医院初期“利益捆绑模式”下薪酬机制的优劣，并结合案例理解绩效与薪酬之间、个人绩效与组织绩效之间的关系。

2. 分析康宁医院发生“离职潮”的根源，并结合案例分析薪酬管理的原则。

3. 康宁医院的薪酬机制改革为什么能有效激发全员内驱力？

# 第9章 员工关系管理

**素质目标**：理解和遵守《中华人民共和国劳动法》《中华人民共和国》劳动合同法及职业道德相关规范，培养职业道德与责任感；增强分析和评估员工关系管理中的复杂问题的能力，能从不同角度审视问题，提出创新解决方案。

**知识目标**：掌握员工关系管理的基本概念和理论，理解《中华人民共和国劳动法》等相关法律、法规在员工关系管理中的实际应用；了解员工关系冲突解决与调解技巧，培养构建有效的员工关系管理的思维机制。

**能力目标**：能够识别员工关系管理中的问题并提出解决方案，运用冲突解决技巧有效调解劳动争议；认识全球化和技术进步带来的员工关系管理挑战，掌握在组织变革过程中员工关系管理的基本能力要求。

开篇案例

## 王某与江苏吉家宠物用品有限公司劳动争议案

2018年3月12日，王某到江苏吉家宠物用品有限公司(以下简称“吉家公司”)市场与内容中心从事新品设计工作，任创意部门副总监。2019年7月，王某为一款产品进行外观设计，与部门总监发生争执，7月23日，吉家公司因上述事实向王某送达《解除劳动合同通知书》，称王某公开对抗领导，严重影响工作秩序，严重违反公司制度。2019年7月26日，吉家公司将《关于与王某等解除劳动合同关系的工会通知函》邮寄给徐州市总工会及街道办事处工会。王某不服，向法院提起诉讼。

江苏省徐州经开区人民法院经审理认为，第一，应当对员工严重违反用人单位的规章制度或严重失职的程度作出合理的认定。公司的设计部门本就是汇聚创造力的地方，员工之间的想法沟通有利于创新，能够推动公司的技术革新。作为部门领导，应当对员工的行为具有包容性，不能囿于传统运营模式。如果仅仅因为王某的意见与大部分员工的意见不同就认定为“严重违反规章制度”，这会让设计部门的创造力大打折扣，从而使公司的发展停滞不前。第二，我国现行劳动法中用人单位单方解除劳动合同，理应通知工会。工会在用人单位违反法律规定的情况下，有权要求用人单位纠正。用人单位应当听取工会的意见，并且将相关的处理结果告知工会。

本案中，吉家公司在与原告解除劳动关系之后，才将通知送达工会，显然没有履行法律规定的提前告知工会的义务，事后补寄的行为并没有使工会真正地参与到原被告劳动关系的纠纷中，而是仅仅告知工会已经与原告解除劳动关系。因此，吉家公司解除劳动合同的程序不合法，判令吉家公司向王某支付经济赔偿金36493.98元。

本案例中，法院从公司具体部门的工作性质出发，对特殊部门员工的行为是否严重违反规章制度提出了独到见解，法院认为设计部门的员工在工作中提出自己与众不同的设计理念、与其他员工产生思想碰撞是设计师工作性质使然，当然不属于严重违反用人单位的规章制度。吉家公司在单方解除劳动关系之前，没有履行事先通知工会的义务，而是在与原告解除劳动关系三天之后才通知工会，属于程序违法行为。

通过对案例的分析能够发现，关于用人单位规章制度的审查主要集中在规章制度的内容是否合理合法、制定程序是否正当、公示方式是否合法上。关于认定劳动者行为是否达到“严重”程度的标准，法院会根据劳动者的主观状态、职位性质、行为后果等，对行为是否具有“严重性”作出不同的认定。最后，关于用人单位解除劳动合同程序的认定，司法实践中主要审查用人单位解除劳动合同前是否事先将理由通知工会并向工会征求意见。

《中华人民共和国劳动合同法》第四十三条规定了用人单位解除劳动合同的法定程序，指出通知工会是对劳动者违规行为的严重性认定的一项前置程序，用人单位在作出处罚之前应征求工会意见，作出决定后应予工会以书面的反馈，这在《中华人民共和国工会法》第二十一条中也得到了体现。因此，在解除劳动合同前通知工会是多部相关法律的强制性要求。案例中，吉家公司因未履行事先通知工会的义务，而被认定解除程序违法。

（案例来源：张孟远. 论劳动者“严重违反规章制度”的司法认定：以上海撷果商务咨询有限公司与张某劳动合同纠纷等案为例[D]. 抚州：东华理工大学，2021）

从上面的案例可以看出员工关系管理是企业管理实践的重要组成部分，尤其是在人力资源管理工作中，显得尤为重要，倘若管理不善，不仅会造成人才流失，甚至会让企业面临法律风险。而良好的员工关系则能够促进内部沟通，激发员工的创造力和团队协作精神，降低员工流失率，减少招聘与培训成本。同时，它还有助于构建积极的企业文化，提升企业形象，增强企业竞争力。因此，实现和谐有效的员工关系管理应成为企业可持续发展的关注重点。

## 9.1 员工关系管理基础

### 9.1.1 员工关系的概念

员工关系这一概念起源于西方国家，其前身是劳资关系，在人力资源管理概念出现后，西方学者从人力资源角度提出了“员工关系”。在二战之后的西方国家的劳资关系中，工人为了获得更高的工作报酬和享受更优质的工作环境，通过罢工和游行等激进手段表达自身的意愿，争取自身的权利。在此背景下，劳资关系不断被激化，资本家意识到了员工关系管理的必要性，由此逐渐形成了相应的理论体系。

在传统的企业中，企业管理层对员工关系的界定较为狭隘，一般认为员工关系仅仅局限于企业、员工和管理者之间的关系，同时这种关系带有较多的主观色彩，即更倾向于指三者之间的对立和冲突。但是随着时代的进步和企业思想观念的转变，当前越来越多的企业对员工关系的概念逐渐转向了人才的引入和竞争这一层面。进一步的，员工关系的概念也逐渐成为企业、员工和管理者之间的合作与共赢。企业对员工关系的认识程度会对企业的发展和运营产生直接的影响。

当前，学术界通常将员工关系界定为企业内部运作模式中员工之间、员工与管理层以及员工与企业之间相互作用的复杂关系，其核心在于多方之间互相影响的利益。具体而言，员工关系体现为管理层、企业与员工之间错综复杂的关系网络，其中既包含合作也暗含冲突，这种复杂性是多种关系交织与权衡后的综合结果。

员工关系概念为员工与企业之间通过劳动关系而形成的一种相互制约与影响的关系，这一关系建立在雇佣关系之上，以具体的工作内容为纽带，表现形式主要是在管理过程中体现出的人际关系，其实质是企业中各个相关利益群体之间的复杂关系。

## 9.1.2 员工关系管理的内涵、特征和作用

### 1. 员工关系管理内涵

在当前的学术界中，对员工关系管理(employee relations management，ERM)的内涵大多分为广义和狭义两大部分。

从广义的角度出发，员工关系管理指的是企业管理者通过制定行政手段、拟订和实施各项人力资源政策和管理行为，以及其他的管理沟通手段对员工进行跟踪和约束，同时通过不同的沟通方式和激励手段实现员工与管理者之间工作关系的相互促进，达到共同实现组织目标的目的。

从狭义的角度出发，员工关系管理指的是企业与员工之间的沟通管理，这种沟通更多采用柔性的、激励性的、非强制的手段，从而提高员工满意度，支持组织其他管理目标的实现。在当前的企业环境中，员工对企业发展的影响越来越大，因此这一沟通管理更加强调沟通的有效性和人性化程度。

总的来说，员工关系管理是企业人力资源部门的重要职能之一，良好的员工关系可以使员工在心理上获得一种满足感，既有利于提高其工作意愿和积极性，也在一定程度上保障企业战略和目标的有效执行。

### 2. 员工关系管理的特征

员工关系管理的特征包括动态性、双向性、持续性和敏感性。这些特征决定了员工关系管理的复杂性和挑战性。以下为员工关系管理的基本特征。

（1）动态性

员工关系管理的动态性是指员工关系随着时间和环境的变化而不断变化的特点。在员工关系管理中，管理者需要关注员工的动态需求和变化，及时调整管理策略和方法，以满足员工的需要和解决潜在的问题。此外，员工关系的动态性也要求管理者具备敏锐的洞察力和快速的反应能力，能够及时发现和解决潜在的问题，避免问题扩大化和升级。

（2）双向性

员工关系管理的双向性是指员工关系的管理者和员工之间相互影响、相互依存的关系。在员工关系管理中，管理者需要关注员工的心理需求和行为表现，同时也要关注自己的行为和态度对员工的影响。因此，管理者需要具备沟通和倾听的能力，积极倾听员工的意见和建议，及时反馈和处理员工的投诉和反馈，建立良好的沟通和信任关系。

（3）持续性

员工关系管理的持续性是指员工关系的管理需要持续不断地努力和投入的特点。在员工关系管理中，管理者需要关注员工的长期发展和成长，建立长期的管理计划和目标，并持续不断地关注和调整管理策略和方法，以确保员工关系的稳定和发展。此外，管理者还需要关注员工的职业发展，为员工提供更多的培训和发展机会，以提高员工的综合素质和能力水平。

（4）敏感性

员工关系管理的敏感性是指员工关系的管理涉及员工的个人隐私、价值观、信仰和情感等方面的问题，这些问题需要管理者具备敏感性和同理心，从而能够关注员工的情感需求和心理变化，及时给予关怀和支持。同时，敏感性也要求管理者在处理员工关系问题时，遵循法律、法规和公司政策，尊重员工的隐私和个人权益。

综上所述，员工关系管理是一个系统工程，它要求企业在多个层面上进行综合考虑和实施。通过有效的员工关系管理，企业可以建立起一个和谐、积极、高效的工作环境，从而推动企业的持续发展和成功。

### 3. 员工关系管理的作用

员工关系管理是人力资源管理的一个重要组成部分，它涉及组织与员工之间的关系，以及如何通过有效的沟通和政策来维护和发展这些关系。员工关系管理的作用主要包括以下几个方面。

（1）提高员工满意度、忠诚度和参与度

通过有效的员工关系管理，可以提升员工的工作满意度，解决员工的关切和需求；可以增加员工对组织的忠诚度，减少员工流失率；能够鼓励员工积极参与组织活动，提高工作投入度。

（2）减少劳动争议和提升组织绩效

通过预防和解决劳动争议，维护和谐的劳动关系，能够减少法律诉讼和相关的成本，有助于提高员工的工作效率和组织的整体绩效。

(3)建立积极的企业文化

通过员工关系管理，可以塑造和维护一个积极的、支持性的工作环境。同时员工关系管理鼓励开放和诚实的沟通，能够确保员工的声音被听到，并得到适当的反馈。此外，员工关系管理关注员工的福利和健康，可以提高员工的整体福祉，从而提高工作效率。

(4)支持战略目标和提升品牌形象

员工关系管理与组织的战略目标相一致，有助于实现这些目标，可以提升组织在员工和潜在客户心目中的形象，有助于建立一个尊重多样性和充满包容性的工作环境。在组织变革过程中，员工关系管理可以帮助员工理解和适应变化，减少抵抗。

员工关系管理是一个复杂的过程，需要持续的努力和改进，以确保组织和员工之间建立起积极、健康的关系。

## 9.1.3 员工关系管理的方法

组织文化建设、员工参与管理和工会参与协调是员工关系管理的主要方法。

### 1. 组织文化建设

组织文化建设是实现企业员工关系有效管理的重要手段，这一手段不仅能够帮助企业员工建立与组织之间的情感纽带，还能反哺组织文化以实现更进一步的优化。

(1)加强组织团队的运作管理，以实现组织精神文化基础的搭建

组织应当以文化传播为具体的方式，通过多种有效的方式帮助组织员工充分了解组织文化的具体内涵，适当地开展员工节日关怀和生日庆祝等活动，加强组织班组内员工之间的情感联系，进一步加强班组管理者和员工之间的情感联系，实现积极的文化氛围建设。

(2)组织要从团队层面实现协作的顺利开展，并实现组织文化基础的搭建

应当坚持“以人为本”这一原则，帮助组织实现有效的团队管理，在团队文化建设的背景下进一步优化组织的文化建设，真正地实现员工与团队认知一致和更加高效的管理。这既有利于加强团队中成员的凝聚力，也有助于组织打造具有特色的办公环境，能够帮助组织成员形成统一的文化认知，进而实现步伐统一的班组团队建设，帮助组织更好地实现战略目标。

(3)组织要加强文化的凝聚力，坚持思想教育为先，培育团结友爱、认真负责、精细严谨、求实创新、拼搏奉献的班组文化

对于组织而言，员工关系管理应注重公平，因此组织应秉持全面管理的原则，加强激励措施的提出和优化。组织管理者应当充分地了解员工的真实需求，提出有效的激励措施以保证员工满意度的真正提升。

(4)组织要不断深化关爱活动，以人性化的组织文化凝聚人心

加强对员工的关心程度，定期组织员工培训和定期的旅游等福利，通过劳逸结合的

方式帮助组织员工提升对组织工作的满意度，通过专题讲座、音乐疗愈、心理减压、家庭关系主题辅导及个案辅导等形式，积极探索基层职工心理减压方式，为职工身心健康提供保障，以人性化的组织文化凝聚人心。

### 2. 员工参与管理

员工参与管理有多种形式，最主要的几种形式是分享决策权、代表参与、质量圈和员工股份所有制方案。

(1)分享决策权

分享决策权是指下级分享其直接上级的决策权。管理者与下级分享决策权的原因是，随着工作复杂性的增加，通过组建团队、设立委员会或召开集体会议等方式，能够更好地解决共同的问题。同时，员工参与决策过程后，在实施决策时更不易产生抵触情绪。

(2)代表参与

代表参与是指所有员工不是直接参与决策，而是选取一部分员工作为代表进行参与。工作委员会把员工和管理层联系起来，任命或选举出一些员工，当管理部门作出重大决策时必须与之商讨。

(3)质量圈

质量圈是由一组员工和监管者组成的共同承担责任的一个工作群体，他们定期会面，通常一周一次，讨论技术问题出现的原因，提出解决建议以及实施解决措施。他们承担着解决质量问题的责任，对工作进行反馈并对反馈进行评价，但管理层一般保留建议方案实施与否的最终决定权。

(4)员工股份所有制方案

员工股份所有制方案是指员工拥有所在公司的一定数额的股份，使员工将自己的利益与公司的利益联系在一起，在心理上体验做主人翁的感受。员工股份所有制方案能够提高员工工作的满意度，提高工作的热情。

员工参与管理是一种有效的员工关系管理策略，它鼓励员工参与决策过程，以提高工作满意度、增强团队合作、提升工作效率和质量。但是在实施时也需要注意以下一些事项：

①明确目标。在让员工参与管理之前，需要明确参与的目标和预期结果。

②有效沟通。确保管理层与员工之间的沟通畅通无阻，能够及时反馈员工的意见和建议。

③尊重员工意见。即使员工的意见最终没有被采纳，也要尊重他们的贡献，并解释没有被采纳的原因。

④避免过度参与。过度参与可能会导致决策过程变得缓慢和复杂，因此需要找到合适的平衡点。

⑤保护隐私。在收集员工意见时，要确保员工的隐私得到保护。

### 3. 工会参与协调

工会在参与协调劳动关系“三方机制”中发挥着重要作用，工会可以有效地保护员工的权益，促进员工关系的和谐稳定。工会一般可以通过如下措施赋能员工关系管理。

(1)建立沟通渠道和集体协商

工会作为员工代表，可以与管理层建立开放、透明的沟通渠道，进行集体协商。工会可以提出具体的要求和建议，与组织方共同寻找解决方案，确保协商的公平公正，使员工能够及时、有效地表达自己的意见和诉求。

(2)参与决策制定和监督执行

工会可以参与到组织的重大决策制定中来，可以监督组织对劳动合同、劳动法规的执行情况，确保组织遵守相关法律、法规，维护员工的合法权益。

(3)纠纷调解和法律支持

当员工与组织之间出现纠纷时，工会可以作为中立的第三方进行调解，帮助双方协商解决问题。同时工会可以为员工提供法律咨询和支持，帮助员工了解自己的权益和义务，提高员工的法律意识和维权能力。

(4)组织活动和培训与发展

工会可以为员工提供项目管理相关的培训，包括项目管理理论的学习、项目管理工具的使用以及项目管理实践的经验分享等。工会可以通过举办文体活动、培训讲座等方式，增加员工对工会组织的参与和认同感，这不仅可以增强员工的团队精神，还可以营造积极向上的组织文化氛围。

知识拓展

## 员工关系管理中的“员工体验周期”

员工体验周期(employee experience cycle)是指员工从加入公司到离职的整个过程中的所有体验和感受的总和，其强调的是在整个员工生命周期中提供一致和积极的体验，这有助于提高员工的满意度、忠诚度和敬业度，同时也影响着公司的人才招聘、留存和业务成果。良好的员工体验策略可以提高生产率、员工保留率，并增强员工的工作满意度。它不仅包括改善流程，更注重的是整体的优化，能够从员工的需求与痛点出发，优化员工在工作场所内的整体感受。公司可以通过以下几个关键步骤来打造“员工体验周期”，即明确员工体验指导原则、识别关键员工群体、进行关键群体现状分析、梳理员工生命周期关键时刻和对员工体验关键时刻进行排序。员工体验周期如图 9-1 所示。通过理解和改善员工体验周期的每个阶段，组织可以更好地吸引和保留人才，同时也能提升员工的工作表现和组织的整体绩效。

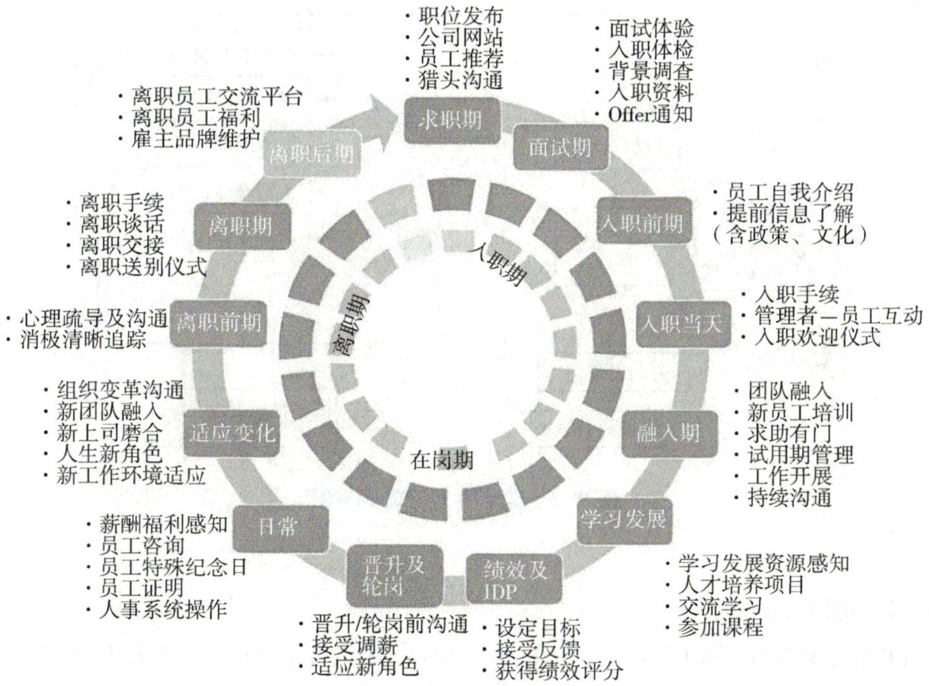


图 9-1　员工体验周期

## 9.2 员工关系管理实务

本教材中员工关系管理的实务主要聚焦在“劳动关系管理”。劳动关系管理在人力资源管理中扮演着至关重要的角色，它对于维护企业的稳定运营、提升员工满意度与忠诚度、促进企业与员工之间的和谐关系以及提高整体工作效率等方面都具有重要作用。劳动关系管理涉及的内容较多，其体系如图 9-2 所示，本节将主要介绍劳动合同管理、劳动争议与处理、员工安全与健康管理等内容。

### 9.2.1 劳动合同管理

劳动合同管理，是指对劳动合同的订立、履行、变更、解除和终止等行为全过程进行规范、监督和管理的一系列活动，同时应确保符合国家法律、法规及政策要求。

#### 1. 劳动合同的订立

《中华人民共和国劳动合同法》第二章“劳动合同的订立”明确了劳动合同的订立包括

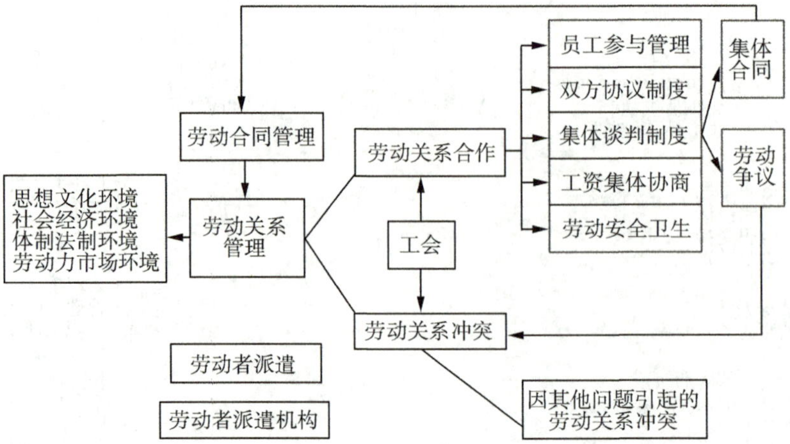


图 9-2　劳动关系管理体系图

以下内容。

(1)劳动关系确立时间

《中华人民共和国劳动合同法》第七条规定:“用人单位自用工之日起即与劳动者建立劳动关系。用人单位应当建立职工名册备查。”该规定明确了劳动关系的确立始于实际用工之日，即劳动者开始为用人单位提供劳动之时，而非签订书面劳动合同之时。

(2)建立职工名册备查

《中华人民共和国劳动合同法》第七条规定企业需建立并维护职工名册，用于记录员工的基本信息及劳动关系详情，形成书面材料备查。名册需涵盖员工姓名、性别、身份证号、住址、联系方式、用工方式、起始时间及合同期限等关键信息。

(3)用人单位的告知义务和知情权

《中华人民共和国劳动合同法》第八条规定:“用人单位招用劳动者时，应当如实告知劳动者工作内容、工作条件、工作地点、职业危害、安全生产状况、劳动报酬，以及劳动者要求了解的其他情况；用人单位有权了解劳动者与劳动合同直接相关的基本情况，劳动者应当如实说明。”该规定明确了用人单位的招聘过程中的告知义务和知情权。

(4)禁止要求劳动者提供担保

《中华人民共和国劳动合同法》第九条规定:“用人单位招用劳动者，不得扣押劳动者的居民身份证和其他证件，不得要求劳动者提供担保或者以其他名义向劳动者收取财物。”该法条明确规定了，用人单位在招聘时不得要求劳动者提供担保、扣押相关证件，也不得以任何理由向劳动者收取财物。

(5)应当订立书面合同

《中华人民共和国劳动合同法》第十条规定:“建立劳动关系，应当订立书面劳动合同。已建立劳动关系，未同时订立书面劳动合同的，应当自用工之日起一个月内订立书面劳动合同。用人单位与劳动者在用工前订立劳动合同的，劳动关系自用工之日起建立。”该规定明确了建立劳动关系应订立书面劳动合同，这是劳动者维护自身权益的保障。

知识拓展

### 劳动合同的构成要件

《中华人民共和国劳动合同法》第十七条规定：“劳动合同应当具备以下条款：（一）用人单位的名称、住所和法定代表人或者主要负责人；（二）劳动者的姓名、住址和居民身份证或者其他有效身份证件号码；（三）劳动合同期限；（四）工作内容和工作地点；（五）工作时间和休息休假；（六）劳动报酬；（七）社会保险；（八）劳动保护、劳动条件和职业危害防护；（九）法律、法规规定应当纳入劳动合同的其他事项。”该法条明确规定了劳动合同的必备要件。此外，在劳动合同中，除法律、法规要求的必备要件之外，还可经双方协商，在不违反法律、法规的情况下，增加自主约定的条款内容，这些内容同样具有法律效力。

#### 2. 劳动合同的履行

劳动合同的履行是指劳动合同双方当事人按照劳动合同的约定，完成各自承担的义务，使劳动合同得以全面实现的行为。它是劳动关系得以建立、维持和发展的关键环节，也是实现劳动合同目的和发挥劳动合同制度作用的重要保证。同时，需要注意的是劳动合同的履行应遵循以下原则。

（1）全面履行原则

指劳动合同双方当事人在劳动合同生效后，必须严格按照合同约定的内容，全面、准确地履行各自的义务，不得有任何遗漏或偏离。

（2）亲自履行原则

指劳动合同的双方当事人都应亲自履行合同中规定的义务，并亲自实现合同中规定的权利，不允许将合同的履行责任转嫁给第三方。这意味着，劳动者必须亲自完成其工作职责，而管理者也必须亲自执行其管理职责，不能由他人代为完成。

（3）实际履行原则

指在劳动合同的履行过程中，合同双方必须严格遵循合同中明确规定的标的（即工作内容、条件、报酬等）来履行各自的义务并行使权利，不得随意以其他标的或方式来替代合同中约定的内容。

(4)协作履行原则

指在劳动合同的履行过程中，合同双方应当展现出合作精神，相互帮助，共同努力完成合同中规定的义务，并共同实现合同中规定的权利。

### 3. 劳动合同的变更

劳动合同的变更，是指在劳动合同生效后的履行阶段，基于双方当事人的协商一致，对原合同中的条款，如工作内容、地点、薪酬福利等内容，进行必要的调整、增加或删减的正式的法律行为。这一变更的核心在于双方权利义务的重新界定，其前提是双方已建立合法劳动合同关系。劳动合同的变更有以下几种情形。

(1)双方协商一致变更

《中华人民共和国劳动合同法》第三十五条规定："用人单位与劳动者协商一致，可以变更劳动合同约定的内容。变更劳动合同，应当采用书面形式。变更后的劳动合同文本由用人单位和劳动者各执一份。"

合同双方(用人单位与劳动者)在劳动合同依法成立后，基于平等自愿的原则，且在遵守法律规定的前提下，通过充分沟通与协商，才能变更原有的合同内容。

(2)用人单位单方面变更

用人单位单方面变更劳动合同通常属于违法行为，但在一些特定条件下，存在用人单位单方面变更的合法例外情形。这些特定条件主要包括：员工不能胜任当前工作或员工因身体健康原因在规定的医疗期满后无法继续从事原工作。

在此情形下，企业需确保变更的合理性与合法性，具体做法包括：制定详细的职位说明书、建立科学的绩效考核与薪酬调整制度，以及提供员工不胜任工作或因病无法从事原工作的充分证明。这些措施共同构成了企业单方面调整劳动合同内容的合法依据。

(3)事实变更

《最高人民法院关于审理劳动争议案件适用法律若干问题的解释(一)》第四十三条规定："用人单位与劳动者协商一致变更劳动合同，虽未采用书面形式，但已经实际履行了口头变更的劳动合同超过一个月，变更后的劳动合同内容不违反法律、行政法规且不违背公序良俗，当事人以未采用书面形式为由主张劳动合同变更无效的，人民法院不予支持。"用司法解释的形式，确定了事实变更的形式。

### 4. 劳动合同的解除

劳动合同解除是指在劳动合同签订后且尚未完全履行之际，因特定原因，劳动合同的一方或双方提前终止劳动关系的法律行为。这一行为被明确区分为协商一致解除、用人单位单方面解除、劳动者单方面解除三种情形。

(1)协商一致解除

《中华人民共和国劳动合同法》第三十六条规定："用人单位与劳动者协商一致，可以解除劳动合同。"协商一致解除是指劳动合同双方(即用人单位与劳动者)在平等自愿的基础上，经过友好协商，达成一致意见后决定提前终止劳动合同的履行。双方在协商一致的基础上，通常会形成书面协议，会涉及用人单位对劳动者的经济补偿、员工应尽保密义务、竞业禁止等条款。

(2)用人单位单方面解除

用人单位单方面解除是指用人单位基于法定或约定的原因，单方面决定终止与劳动者的劳动合同。常见原因包括劳动者严重违反规章制度、不能胜任工作，以及用人单位经济性裁员等。

(3)劳动者单方面解除

劳动者单方面解除是指劳动者基于个人原因或用人单位的过错，未经用人单位同意，单方面决定终止劳动合同。常见情况包括劳动者可以基于个人原因提前 30 日以书面形式通知用人单位，即可单方解除劳动合同(这种情况下，劳动者无需用人单位同意，但需提前通知，以便用人单位进行必要的准备)，以及用人单位未按时支付工资、未提供劳动保护等。

#### 5. 劳动合同的终止与续延

劳动合同终止的情形包括：劳动合同期满、双方协商一致、员工达到法定退休年龄、企业破产或解散等。在终止劳动合同时，企业应依法支付员工工资、经济补偿金等费用，并办理相关手续。

在特定情形下，如员工患病或负伤在医疗期内或女职工在孕期、产期或哺乳期内等，劳动合同期限届满时，企业应依法续延劳动合同期限。

### 9.2.2 劳动争议与处理

#### 1. 劳动争议的概念

劳动争议是指员工与企业之间因履行劳动合同或执行劳动法律、法规、规章而发生的争议。劳动争议的类型包括：因劳动报酬、工作时间、休息休假、社会保险等发生的争议；因订立、履行、变更、解除和终止劳动合同发生的争议；因除名、辞退和辞职、离职发生的争议；等等。

劳动争议是员工关系管理中常见的问题之一。掌握劳动争议的处理方法和技巧，对于维护企业和谐稳定、保障员工合法权益具有重要意义。

### 2. 劳动争议的处理程序

(1)协商

发生劳动争议后，双方应首先通过自行协商的方式解决，达成和解协议。协商不是必经程序，当事人可以自愿选择是否进行协商。

(2)调解

调解委员会对劳动争议进行调解，调解达成协议后，靠当事人的自我约束来履行。调解不是必经程序，当事人可以选择是否申请调解。调解不成的，可向劳动争议仲裁委员会申请仲裁。

(3)劳动仲裁

仲裁是劳动争议处理的重要程序之一。双方可向劳动争议仲裁委员会申请仲裁，仲裁委员会应依法受理仲裁申请，组织仲裁庭审，并依法作出仲裁裁决。仲裁裁决具有法律效力，双方应依法履行。

(4)诉讼

任意一方对仲裁裁决不服的，可依法向人民法院提起诉讼。人民法院应依法受理诉讼案件，组织庭审，并依法作出判决。

## 9.2.3 员工安全与健康管理

### 1. 员工安全与健康管理的概念

国际劳工组织(International Labour Organization，ILO)在它颁布的《职业安全健康管理体系导则》中介绍了其制定的职业安全健康管理体系，旨在保护工人免遭各种与工作有关的伤害。

《中华人民共和国劳动法》第五十二条规定："用人单位必须建立、健全劳动安全卫生制度，严格执行国家劳动安全卫生规程和标准，对劳动者进行劳动安全卫生教育，防止劳动过程中的事故，减少职业危害。"《中华人民共和国安全生产法》第四条规定："生产经营单位必须遵守本法和其他有关安全生产的法律、法规，加强安全生产管理，建立健全全员安全生产责任制和安全生产规章制度，加大对安全生产资金、物资、技术、人员的投入保障力度，改善安全生产条件，加强安全生产标准化、信息化建设，构建安全风险分级管控和隐患排查治理双重预防机制，健全风险防范化解机制，提高安全生产水平，确保安全生产。"

综合上述观点及相关法律、法规，员工安全与健康管理是指企业为保障员工在工作过程中的生命安全和身体健康，通过制定和实施一系列规章制度、提供必要的安全防护措施、开展安全健康教育培训等措施，以预防和控制事故的发生，降低职业病发病率，增强员工的安全健康意识和自我保护能力。

### 2. 员工安全与健康管理的措施

(1)安全防护措施

企业应当针对自身所从事的生产经营活动，采取有效的安全防护措施，为员工提供符合标准的安全防护装备，如安全帽、防护眼镜、防护服等。应定期对工作环境进行安全检查，发现隐患及时整改，确保工作场所的安全卫生条件。同时，要应用先进、安全的生产技术。

(2)合理的工作安排

重视员工的工作负荷与身心状态，科学、合理地安排工作来预防因过度劳累引发的员工安全健康问题。通过合理的工作安排与休息制度，企业不仅能够提升员工的工作效率与质量，还能有效预防职业伤害。

(3)员工健康状况监测

定期对员工身体健康进行检测，建立员工个人健康档案，评估员工个人的健康状况，形成反馈干预机制。

(4)建立安全健康管理制度

企业常见的做法有：明确安全生产责任制，规定各级管理人员和员工在安全生产中的职责与义务；定期开展安全健康教育培训，增强员工的安全意识和自我保护能力；制定完善的事故应急预案，定期组织应急演练；等等。通过这一系列相关制度的制定与实施，企业能够形成一套完善的安全健康管理体系，为员工的生命安全与身体健康提供全方位的保障。

### 3. 工伤保险与医疗保险体系

工伤保险是指劳动者在参与工作或在规定的某种特殊情形下，遭受意外伤害或患职业病导致暂时或永久丧失劳动能力以及死亡时，劳动者或其遗属从国家和社会获得物质帮助的一种社会保险制度。根据我国《工伤保险条例》规定，用人单位有义务为职工参加工伤保险，缴纳所需费用。职工达成工伤认定的标准，要求满足《工伤保险条例》的相关规定，包括在工作时间和工作场所内因工作原因受到事故伤害、患职业病等情形。工伤认定申请应由用人单位在事故伤害发生之日或被诊断、鉴定为职业病之日起 30 日内提出，或由受工伤的职工或其近亲属、工会组织在 1 年内提出。提交材料包括工伤认定申请表、劳动关系证明材料、医疗诊断证明等。

医疗保险是补偿疾病所带来的医疗费用的一种保险，旨在为职工出现疾病、负伤、生育等情形时提供必要的医疗服务或物质帮助。《中华人民共和国社会保险法》第二十三条规定：“职工应当参加职工基本医疗保险，由用人单位和职工按照国家规定共同缴纳基本医疗保险费。”依据我国法律规定，强制要求用人单位为职工缴纳医疗保险费用。此外，还有部分用人单位为职工购买商业医疗保险，作为对基本医疗保险的有效补充。

综上所述，工伤保险与医疗保险体系，共同构成了员工安全与健康管理的坚实后盾。

知识拓展

## 劳动关系与劳务关系

依据《中华人民共和国劳动法》的规定，劳动关系是劳动者(达到法定年龄，具有劳动能力，以从事某种社会劳动获得收入为主要生活来源，依据法律或合同的规定，在用人单位的管理下从事劳动并获取劳动报酬的自然人)与用人单位(中华人民共和国境内的企业、个体经济组织、民办非企业单位等组织，以及国家机关、事业单位、社会团体)之间，通过签订劳动合同，在劳动过程中形成的权利义务关系。

劳务关系是指劳动者(提供劳务的一方)与用工者(需要劳务的一方)之间，根据口头或书面约定，由劳动者向用工者提供一次性的或特定的劳动服务，用工者依约向劳动者支付劳务报酬的一种社会关系，是一种民事权利义务关系，其建立和存在是否需要签订书面劳务合同，由当事人双方协商确定。劳务合同可以是书面形式，也可以是口头形式或其他形式。

两者之间的区别如表9-1所示。

**表9-1　劳动关系与劳务关系对比表**

| 区别 | 劳动关系 | 劳务关系 |
| --- | --- | --- |
| 主体不同 | 主体确定，一方为用人单位，另一方必为劳动者 | 主体不确定 |
| 关系不同 | 两个主体之间不仅存在财产关系即经济关系，还存在着人身关系，即行政隶属关系 | 两个主体之间只存在财产关系，或者说是经济关系，而不存在隶属关系 |
| 待遇不同 | 除了薪资报酬外，还有保险、福利待遇等 | 只获得劳动报酬 |
| 合同的法定形式不同 | 通过劳动合同来确定，其法定形式是书面的 | 可以是书面的，也可以是口头或其他形式 |
| 产生依据不同 | 基于用人单位与劳动者之间生产要素的结合而产生的关系 | 关系产生的依据是双方的约定 |

# 9.3 员工关系管理的挑战与未来趋势

随着经济全球化的加速推进、科技的飞速发展和就业模式的变革，员工关系管理正面临着前所未有的挑战。这些挑战不仅仅是来自全球经济环境的快速变化，还涉及技术变革对职场环境的重塑，以及多元化就业形态对员工劳动关系提出的新挑战。与此同时，这些挑战也为员工关系管理带来新的发展趋势。

## 9.3.1 全球化的影响

随着经济全球化的深入发展，国际商务往来频繁，越来越多的企业开始跨国经营，其员工队伍也日益多元化，来自不同的文化背景的员工比例显著增加，这对员工关系的管理提出了更高的要求。

### 1. 全球化对员工关系的影响

(1) 文化多样性

全球化促使企业在不同国家和地区开展业务，员工队伍也变得多元化。不同文化背景的员工带来了不同的价值观、工作态度和行为方式。企业需要了解并尊重不同文化间的差异，建立包容性的工作环境，避免因文化差异而导致出现沟通障碍、误解和冲突，影响团队之间的合作和团队凝聚力。

(2) 法律政策差异

不同国家和地区的劳动法律、法规存在差异，这为员工关系管理带来了复杂性。企业需要遵守各国的劳动法律、法规，包括劳动合同、工作时间、薪酬福利等方面的规定，确保员工的合法权益得到保障。另外，不同国家的工会组织和劳动争议解决机制也存在差异，企业还需了解并适应这些差异，避免法律风险。

(3) 劳动力市场和雇佣关系变化

全球化促进了全球贸易和跨国投资，增加了全球劳动力市场的竞争。同时，全球化也带来了新的机遇和挑战，更多跨国公司的出现，对劳动力市场和雇佣关系产生了深远影响。当然，对于员工个体而言，随着全球人才市场的开放和互联网的发展，员工也面临着更多来自全球的竞争压力。

(4) 员工职业发展机会多元化

企业全球化意味着企业需要拥有更多具备专业技能和掌握不同语言能力的员工，从而为员工提供了更多的职业发展通道。员工可以通过参与国际项目或外派工作，接触不同国家和地区的市场、供应链和客户，这有助于他们拓展自己的人际网络和商业圈子，提高他们的职业声誉和影响力。

### 2. 跨国公司的员工关系管理

跨国公司是指在多个国家或地区设立分支机构或子公司，从事跨国经营活动的企业。跨国公司的员工关系管理具有复杂性和特殊性。

(1)全球统一与本土化的平衡

国际竞争的加剧和跨国公司的兴起，为企业跨过国家劳动力市场界限、建立本土公司提出了客观要求，因而企业的员工关系管理需在全球统一和本土化之间找到平衡点。一方面，企业需要制定全球统一的员工关系管理政策，以确保各分支机构或子公司之间的协调一致。这包括制定统一的招聘标准和流程，确保人才的质量和适配性；建立全球统一的薪酬福利体系，保证公平性和竞争力；规划全球员工的职业发展路径，提供跨国家和地区的发展机会。另一方面，还需考虑当地的文化、法律和社会环境，对员工关系管理策略进行本土化调整。这包括了解当地的劳动法规和政策，与当地的工会组织和政府部门保持良好的合作关系；根据当地的市场情况和员工需求，制定适合的激励机制；培养当地的管理人才，提高企业的本地化管理水平。

(2)跨国沟通与协作

跨国企业不同于本土企业，需要跨越不同国家和地区的界限，实现跨国沟通与协作，这便要求企业应当注重跨文化管理，协助不同文化背景的员工有效开展工作。其中包括：开展跨文化培训，提高员工的跨文化沟通能力；尊重不同的文化差异，创造包容性的企业文化氛围；鼓励员工之间的文化交流和合作，促进文化融合。同时，企业还需建立有效的跨国沟通和协作机制，确保各分支机构或子公司之间实现信息共享和协同工作，这对于跨国公司的员工关系管理至关重要。

(3)人才流动与职业发展

由于跨国企业遍布于不同国家或地区，这为员工创造了派遣机会，因此企业需要建立有效的国际员工派遣与管理机制。包括制定选拔机制，选拔出合适的派遣员工并提供对应的培训与支持；基于派遣当地的生活成本及税收政策，制定合理的薪酬福利制度；关注派遣员工的心理健康，确保他们能够顺利适应新的工作和生活环境。

(4)全球化多元化的人才“选—用—育—留”机制

因全球化进程的加速及就业模式的变革，员工愈来愈倾向于在全球范围内寻找工作机会和发展空间。对此，企业需制定全球人才战略，提供多元化的职业发展路径和晋升机会，以吸引和留住优秀人才。同时，还需要建立全球人才库和选拔机制，确保在全球范围内选拔到最适合的人才。

## 9.3.2 技术进步的影响

技术的进步不仅推动了员工关系管理的数字化和智能化应用，还使得未来的员工关系管理更加标准化、颗粒化和场景化。

### 1. 数字化和智能化

员工关系管理的重点在于组织与员工责权相统一，由此构建和谐共赢的组织-员工关系。借助数字化和智能化平台，企业可将劳动合同、绩效、考勤和奖惩等数据进行统一管理，从而更加清晰地界定组织与员工的权利与责任。另外，数字化和智能化平台还可对劳动时间、职业健康与安全保障的规定在实际工作中的落实情况进行信息收集，更新与共享员工满意度、敬业度、离职倾向等调查数据，构建员工权益保障及其效果的数据集。这些数据不仅可以提供给员工，让其实时了解在个人劳动时间及职业健康与安全保障方面所享受的权益，也可以随时供企业调用进行数据分析，并作出经营决策。

### 2. 标准化、颗粒化、场景化

随着科技的不断进步，未来员工关系管理将更加趋于标准化、颗粒化、场景化，以提高人力资源管理的针对性、有效性、价值性。

(1)标准化

技术的进步使得企业能够利用先进的信息技术来优化员工关系管理的流程。例如，通过人力资源信息系统(HRIS)和人工智能技术，企业可以建立更加规范、高效的员工关系管理流程，从而确保管理的标准化。另外，随着劳动法律、法规的不断完善，企业需要确保员工关系管理符合相关法规要求。技术的进步使得企业能够更准确地理解和应用这些法规，从而降低管理风险，促进员工关系管理的标准化。

(2)颗粒化

随着员工需求的日益多样化和个性化，企业需要更加精细地管理员工关系。技术的进步使得企业能够收集和分析大量员工数据，从而了解每个员工的独特需求，并据此提供更加颗粒化的员工关系管理。另外，通过数据分析工具，企业可以深入了解员工的工作状态、绩效表现和情感变化，从而制定更加精准的员工关系管理策略，这种基于数据的决策方式使得员工关系管理更加细致和精确，即颗粒化。

(3)场景化

一方面，随着互联网技术的发展，远程办公和灵活工作已经成为越来越多企业的选择。这种工作方式的变革要求企业根据不同场景下的员工关系特点来制定管理策略，从而实现场景化的员工关系管理。另外，人工智能、大数据等技术的应用使得企业能够根据不同场景下的员工需求和行为特点来提供定制化的服务和管理，例如，通过智能助手来解答员工的疑问，并提供支持和关怀，从而增强员工关系的场景化体验。另一方面，在不同的场景下，企业文化对员工关系的影响也会有所不同，企业需要根据场景特点来塑造和传播企业文化，从而增强员工的归属感和凝聚力。技术的进步使得企业能够利用虚拟现实(VR)、增强现实(AR)等先进技术来创造更加生动、具体的场景化体验，从而加强员工关系的场景化管理。

综上所述，技术的进步为员工关系管理的标准化、颗粒化、场景化提供了有力支持。未来，随着技术的不断发展和应用，员工关系管理将更加高效、精细和个性化，从而为企业的发展提供坚实的人才基础。

### 9.3.3 灵活工作与零工经济

数字经济的快速发展及各种互联网平台的兴起，造就了一系列新产业，远程工作和灵活用工逐渐成为新的就业形式，这种模式使得工作的灵活性和自主性大大提高，进而促使就业结构的改变，并重新界定了劳动者和雇主间的劳动关系。

#### 1. 远程工作与灵活工作介绍

(1)远程工作

远程工作也称之为远程办公或居家办公，是一种工作模式，它允许员工在物理上远离传统的办公场所，而选择在其他地点，如家中、咖啡馆或共享办公室等，完成其工作任务。这种工作模式主要依赖于互联网和相关技术，如电子邮件、即时通信软件、视频会议软件等，与公司进行工作交流和合作。远程工作打破了地域和时间的限制，给予员工更多的灵活性和自主性。

(2)灵活工作

灵活工作是一种以适应迅速变化的市场环境为目的的用工方式，凸显用工关系的多样性和灵活性。其核心在于，企业根据自身的用工需求，在用工时间、地点和方式上进行调整，而员工也可以依据自身需要，选择更加灵活的工作时间和地点，以实现人力资源效率最大化。灵活工作的模式多种多样，表 9-2 为常见的几种。

表 9-2 灵活工作的常见模式

| 灵活工作模式 | 具体内容 |
| --- | --- |
| 非全日制雇佣 | 主要按小时支付报酬，劳动者每周工作时间相对较短，适合工作时间有特殊要求的人群 |
| 劳务派遣 | 主要指劳动者与劳务派遣机构签订劳动合同，但实际的工作则由用工单位安排 |
| 众包模式 | 借助互联网平台，将工作任务广泛分发给大众群体，充分利用外部资源来完成任务 |

续表

| 灵活工作模式 | 具体内容 |
| --- | --- |
| 依附性自雇 | 劳动者自行承担经营风险，为多个雇主提供服务，常见于新兴的共享经济平台，这种模式使得劳动者能够依据自身的能力和兴趣选择工作，同时享有自由的工作时间，可自由选择工作地点 |
| 短期雇佣模式 | 涵盖兼职、实习、日薪等多种类型，主要用于支持临时性、季节性或项目型的工作任务 |

灵活工作与远程工作，虽然都强调灵活性和自主性，但二者还是有区别的。远程工作的侧重点在于办公地点的灵活性，它是基于长期雇佣关系的基础上产生的，劳动者仍是同企业签订劳动合同，依法享受应有的劳动权益。而灵活工作则在用工地点、任务和时间上拥有更大的弹性，更多时候为临时性、项目性的合作方式。针对该合作方式，企业出于成本考虑，难以为劳动者提供对应的劳动权益保护。

### 2. 零工经济下劳动者的权益保护和劳动关系问题

零工经济(gig economy)一词出现于本世纪初，其中“gig”原意是指在不同剧院进行舞台表演的工作，后来延伸为短期、临时的工作，是以短期合同或自由职业为特点的一种工作模式，其提供的工作机会往往具有短期性和灵活性。随着数字技术的飞速发展，零工经济作为一种新兴的经济形态，正在全球范围内迅速崛起。然而与传统全职雇佣不同，零工经济一般情况下不包含全职雇佣关系中所涉及的福利和权益保障，因此在一定程度上既给劳动者带来了潜在的风险，也给劳动关系带来了新挑战。

零工经济下，劳动者通常以灵活就业的形式存在，他们常常通过第三方平台接受工作任务，工作场所和时间也更加灵活。然而，这种灵活性也带来了劳动关系认定的模糊化。在传统的经济模式下，劳动者与用人单位之间通过签订劳动合同建立明确的权利义务关系。但在零工经济中，平台企业往往通过签订合作协议、服务协议等方式规避劳动关系的认定，导致劳动者在享受社会保险、工伤赔偿、劳动时间保护等方面的权益无法得到充分保障。此外，零工经济下的劳动者还面临着工作不稳定、收入波动大等问题。由于工作的高度灵活性和自主性，他们很难与用工单位形成长期稳定的合作关系，这不仅影响了劳动者的职业发展和收入稳定性，也给社会和谐稳定带来了潜在风险。同时，由于平台企业可以通过算法和技术手段对劳动力资源进行高效配置和管理，劳动者的劳动过程也变得更加隐蔽和难以监控，进一步加剧了劳动权益保障的难度。

针对零工经济下劳动者权益保护和劳动关系问题，我们需要采取一系列措施来加以应对。首先，政府应加大对平台企业的监管力度，确保其依法履行用工责任，保障劳动者合法权益。同时，应完善相关法律、法规，将新型劳动关系纳入劳动法保护范围，明确平台企业的用工责任，为劳动者提供更加全面的法律保护。其次，平台企业也应承担起更多的社会责任，为劳动者提供更好的工作环境和福利待遇。例如，可以通过提供社会保险、工伤赔偿等福利待遇来增强劳动者的保障感；通过优化算法和技术手段来提高工作效率和劳动者收入；通过建立与劳动者的沟通协商机制来听取劳动者意见和建议，促进劳动关系和谐稳定。此外，我们还应积极推动相关机制建设，引导和支持劳动者建立自己的组织体系，以便更好地维护自身权益。

总之，零工经济作为一种新兴的经济形态，在推动经济社会发展的同时也给劳动关系和劳动者权益保障带来了前所未有的挑战。我们需要以开放包容的心态积极探索和创新，寻找符合新型劳动关系特点的解决方案，以更好地保障劳动者的基本权益，促进劳动关系的和谐稳定。

## 本章要点

- 员工关系管理是企业人力资源部门的核心职责之一，和谐有效的员工关系可以调动员工的工作热情和主动性，同时也有助于确保企业战略和目标的顺利实施。
- 员工关系管理是一项复杂的系统化工作，它需要企业从多维度进行周全的规划和执行。企业通过精心设计的员工关系管理，能够营造出一个协调、正面、高效率的工作氛围，进而促进企业的可持续发展。
- 企业构建科学有效的员工关系可以提高员工满意度、忠诚度和参与度，既可以减少劳动争议和提升组织绩效，也有助于建立积极的企业文化，同时也可以达到支持战略目标和提升品牌形象的目的。
- HR 部门应该熟悉《中华人民共和国劳动法》《中华人民共和国劳动合同法》等相关法律、法规，掌握劳动合同管理、劳动争议的处理、员工安全与健康管理的相关程序与方法。
- 随着经济全球化的发展和科技进步的加速，员工关系管理也遇到了前所未有的考验。这些考验不仅源自全球经济格局的剧烈变动，还包括技术演进对工作场所的重新定义，以及多样化的就业模式对员工劳动关系带来的新要求。同时，这些挑战也催生了员工关系管理的新动向。

## 思考与练习

### 选择题

参考答案

1. 下列不属于员工关系管理的特征的是(　　)。

A. 动态性　　B. 双向性

C. 敏感性　　D. 间歇性

2. 劳动合同的变更需要基于什么原则？（　　）

A. 用人单位单方面决定　　B. 劳动者单方面决定

C. 双方协商一致　　D. 法律、法规自动变更

3.《中华人民共和国劳动合同法》第十条规定："建立劳动关系，应当订立书面劳动合同。已建立劳动关系，未同时订立书面劳动合同的，应当自用工之日起（　　）内订立书面劳动合同。"

A. 15 日　　B. 1 个月

C. 3 个月　　D. 6 个月

4. 组织加强文化建设过程，应坚持以（　　）为先。

A. 思想教育　　B. 物质激励

C. 会议动员　　D. 环境建设

5. 以下哪项不属于员工参与管理的形式？（　　）

A. 分享决策权　　B. EAP 项目

C. 质量圈　　D. 员工股份所有制方案

## 简答题

1. 请简述在让员工参与管理时应注意的事项有哪些？
2. 请简述劳动争议的处理程序有哪些？
3. 请简述员工安全与健康管理的主要目的是什么？

## 讨论题

假如你是一名跨国公司人力资源部的劳动关系专员，在当今时代背景下，你认为需要通过哪些方法、技术提升员工关系管理效果？

## 案例分析题

### 共享员工：突围 or 陷阱？——SC 酒店的生存战

2020 年的春天，新冠疫情席卷全国，餐饮行业遭遇前所未有的危机。SC 酒店，本是一家主打川菜的中高端餐饮企业，凭借着独特的菜品和优质服务，积累了大量忠实顾客。然而，新冠疫情暴发后，餐饮业受到沉重打击，年夜饭订单大面积取消，短短两天内，80% 的顾客退订，酒店损失惨重。张总经理深知，若不尽快采取措施，酒店可能撑不过这个寒冬。面对高昂的固定成本和员工工资，他做出了一个关键决策——"共享员工"模式，将酒店暂时闲置的员工派遣到人手短缺的超市工作，以此缓解资金压力，同时保障员工的基本收入。

SC 酒店共有 278 名员工，面对停业期间每月超过 200 万元的成本支出（其中包括员

工工资 40 万元、房租 114 万元、防疫物资采购 10 万元及食材损失 37 万元），酒店资金链面临断裂。管理层召开紧急会议，提出了一系列解决方案：一是低价出售库存食材，以减少损失，回笼资金；二是考虑裁员，但由于酒店与员工签订了正式劳动合同，裁员成本高昂且影响企业形象；三是寻找新的人力资源管理模式。就在这时，张经理灵机一动，想到"共享经济"的概念，既然单车、汽车都能共享，员工是否也可以短期借调到其他行业？餐饮行业停滞，但超市、电商物流等行业订单激增，急需劳动力。于是，"共享员工"模式浮出水面。

在酒店管理团队的策划下，SC 酒店决定采用 B2B 共享员工模式，即直接与超市签订共享员工协议，而非通过第三方人力资源公司。酒店人力资源主管迅速联系了某连锁超市，发现超市正面临订单量暴增、员工短缺的困境。经过协商，双方达成合作协议，酒店员工可在超市担任理货员或分拣员，时薪 25 元，每月工作 26 天可获得收入 4000 到 5000 元，比酒店停业期间仅拿最低工资 80% 更有吸引力。1 月 29 日，酒店发布共享员工招募通知，短短几天内，100 多名员工报名，2 月 1 日正式上岗。然而，执行过程中，挑战接踵而至。部分员工对超市工作环境不适应，比如老谢，从事分拣员工作后，因长期弯腰、频繁搬运货物，身体吃不消；小刘则因超市位置远，通勤时间长，难以兼顾家庭。此外，部分员工担心超市接触人员众多，增加感染风险。因此，短短几周内，已有 20 多名员工申请提前终止共享合同。面对这些问题，酒店采取了一系列改进措施，包括提供短期培训，帮助员工尽快适应新岗位；调整工作地点，尽量安排员工在离家较近的超市工作，并提供交通补贴；加强防疫保障，为员工发放口罩、消毒液，并额外购买新冠保险，降低员工对健康风险的顾虑。

3 月 8 日，政府发布复工通知，SC 酒店迅速启动复工计划，并召回所有共享员工。然而，让管理层意想不到的是，部分员工拒绝返回酒店，甚至有些人提交了辞职申请。原来，超市趁着共享期间，向优秀的酒店员工抛出橄榄枝，提供更高薪资和晋升机会，导致部分员工跳槽。这让张经理陷入沉思，共享员工模式，究竟是帮助企业渡过难关的"蜜糖"，还是导致人才流失的"砒霜"？

（案例来源：张玲，王珺，刘劲达，等. 共享员工：蜜糖也？砒霜也？[EB/OL].（2020-11-10）[2025-02-17]. http://www.cmcc-dlut.cn/Cases/Detail/4858）

1. 新冠疫情期间，我国有哪些行业受到影响？这些影响都体现在什么方面？在人力资源管理方面，企业采取了哪些应对措施？

2. 在本案例中，酒店面临危机时，是如何解决人员问题的？共享员工这种新型用工方式有什么特点？

3. 在本案例中，共享员工签订的合同与普通正式员工签订的劳动合同有何区别？在拟定共享员工合同时，应注意哪些问题？

# 第10章 人力资源管理新发展

**素质目标**：认识技术进步对人力资源管理实践的影响；能够利用新兴技术，如人工智能与自动化技术，实现人力资源管理的创新。

**知识目标**：理解时代发展之下，人力资源管理面临的新问题，包括远程工作与混合办公的管理挑战、数字化转型中的技能缺口、多代员工共存的管理难题，以及知识型员工的管理挑战；认识当前人力资源管理领域的创新，理解创新的驱动因素和创新的维度。

**能力目标**：能够分析企业在灵活就业模式设计、数字化转型和知识型员工管理中的实际问题，制订具有针对性的解决方案；能够从不同维度评估企业在创新人力资源管理方式上的表现，并提出改进建议。

开篇案例

## 普华永道：与 OpenAI 合作，为 10 万员工提供 ChatGPT

2024 年 5 月 30 日，全球四大会计事务所之一的普华永道在官网宣布，与 OpenAI 达成技术、市场双向合作，成为其最大客户和首家产品经销商。根据协议，普华永道将向其美国 75，000 名和英国的 26，000 名员工提供 ChatGPT Enterprise（企业版）服务。普华永道表示，对于 ChatGPT 等生成式 AI 的应用，已经从实验进入场景化落地阶段，并在内部确定了 3，000 多个实际业务用例，帮助员工、客户实现降本增效。同时这也兑现了其 2023 年 4 月 26 日宣布在生成式 AI 领域投资 10 亿美元的承诺。

根据普华永道发布的第 27 次“全球首席执行官”调查报告显示，首席执行官们对 ChatGPT 等生成式 AI 的应用热情越来越高，超过 50% 的受访者认为，2024 年是获得投资回报的一年。生成式 AI 可以显著提升公司在行业的竞争力、业务执行效率以及提升员工的整体能力。生成式 AI 可提升 IT 开发 20% ~ 50% 的效率，可提升会计、财务审计 20% ~ 40% 的效率，可提升市场、社交营销 20% ~ 30% 的效率。所以，作为世界 500 强和企业服务巨头的普华永道，自然不会错过这个生成式 AI 风口，这是拉升二次业务曲线的好机会。

除了使用 ChatGPT Enterprise 之外，普华永道还会使用 OpenAI 最新发布的跨文本、视频、音频多模态推理，并具备文生图功能的模型 GPT-4o。同时也会使用积累了几十年的内部数据对 GPT 系列模型进行微调，以打造量身定制的 AI 助手。目前，普华永道已经开发了自定义 GPT 助手，帮助其员工审查纳税申报表、生成草稿、开发代码、生成分析报告等。以财务审计为例，一家大型跨国企业需要审计旗下多个子公司的财务交易，以确保合规性并检测潜在的金融欺诈行为。传统方法是让会计师手动来审核，不仅耗费时间而且极易出现人为错误。现在可以通过 ChatGPT 模型对历史财务数据进行微调，让 AI 掌握正常的交易模式，当发现有异常交易时会立刻通知人工，做进一步的严格审查。这种“人机协作”模式，要比单一的人工模式的效率高很多。

（案例来源：AIGC 开放社区. OpenAI 与普华永道合作，为 10 万员工提供 ChatGPT[EB/OL]，(2024-05-30)[2024-11-10]. https：//new. qq. com/rain/a/20240530A00XZ600）

在技术、经济和社会环境持续变革的背景下，人力资源管理领域正经历深刻变革。上述的案例充分说明了了解这些新发展对于组织和个人都具有重要意义。在持续变革的时代背景下，人力资源管理面临着诸多新的问题，而破解这些难题亟需推进人力资源管理模式创新。了解人力资源管理面临的现实困境及其破解路径，不仅能帮助企业提升竞争力和适应变化，还能促进人力资源管理从业者的专业成长，使其更好地支持组织战略目标的实现。在快速变化的环境中，持续学习和掌握前沿知识是保持领先地位的关键。

## 10.1 人力资源管理新问题

随着时代的发展，一系列人力资源管理新问题逐渐浮现，包括远程工作与混合办公的管理挑战、数字化转型中的技能缺口、多代员工共存的管理难题，以及知识型员工的管理挑战，这些问题亟需引起人力资源管理者的密切关注和深入思考。

### 10.1.1 远程工作与混合办公的管理挑战

远程工作和混合办公模式近年来迅速普及，特别是在疫情推动下，这种模式已成为许多企业的常态。然而，这一变革对传统人力资源管理实践提出了全新的挑战，企业在适应这一趋势时面临多方面的复杂问题。

#### 1. 员工绩效管理的复杂性

远程工作打破了传统的面对面监督方式，管理者难以实时了解员工的工作状态和进度，过于依赖结果导向的考核可能忽略过程中的努力和问题，结果就是绩效管理的公正性和透明度可能受到质疑，管理者可能产生对员工的误解，影响信任关系。企业可以采用 OKR 或 KPI 等结果导向的绩效评估体系，通过在线会议、日报或周报了解工作进展，并引入项目管理工具(如 Asana、Trello)进行任务跟踪和绩效记录。

#### 2. 团队协作与沟通障碍

远程工作减少了面对面的即时交流，信息传递容易出现误解或延迟。在混合办公模式下，办公室员工与远程员工之间可能产生沟通不对称的问题，结果会导致团队成员间协作效率降低，尤其在需要跨部门协作的项目中，远程员工可能感到被边缘化，影响工作满意度。企业可以使用协作工具(如 Microsoft Teams、钉钉)提高沟通效率，组织线上团队建设活动，增进员工间的信任和关系，明确需要实时参与的事项，减少无效会议。

#### 3. 组织文化的传递与维系困难

远程工作削弱了员工对企业文化的认同感，尤其是新员工难以快速融入组织。缺乏面对面的交流可能导致企业价值观和文化的传递效率下降，结果导致员工归属感和凝聚力降低，影响企业长期发展。新员工的适应期延长，可能导致高离职率。企业可以组织线上庆祝活动、全员会议，加强文化传递；还可以通过定制化的在线培训课程让新员工迅速了解公司文化和价值观，并指定文化大使帮助远程员工感受到组织的关怀和自身的价值。

#### 4. 工作公平性与晋升机会的担忧

混合办公模式可能导致远程员工因“看不见”而被忽略，从而错失晋升和发展机会。办公室员工可能被赋予更多资源或参与更多关键项目，导致远程员工感到不公平，从而使员工之间的信任和公平感受到挑战，远程员工的工作积极性和长期忠诚度可能下降。企业可以明确晋升标准并保证公平性，关注员工的成果和能力，确保远程员工与办公室员工享有相同的资源和机会。

#### 5. 远程领导与管理能力不足

管理者可能缺乏远程团队管理经验，无法有效激励和支持远程员工。混合团队的管理需要同时平衡办公室员工和远程员工的需求，这可能会导致团队成员感到被忽视或管理支持不足，管理者可能对远程员工失去信任，影响团队氛围。企业应当为管理者提供远程团队领导力培训，建立定期的反馈渠道，了解员工的需求和感受，确保管理者平等对待远程员工和办公室员工。

### 10.1.2 数字化转型中的技能缺口

随着数字化转型在各行业的加速推进，企业对数字化技能的需求显著增加。然而，劳动力市场和企业内部却普遍存在技能缺口，即员工当前的技能无法满足新兴技术和业务需求。这一问题已经成为企业实施数字化转型过程中面临的主要挑战之一。

技能缺口的主要表现：一是技术技能的不足。员工缺乏新兴技术领域的专业技能，例如人工智能、数据分析、云计算、区块链、物联网和网络安全，技术岗位(如数据科学家、机器学习工程师、软件开发人员)的人才供不应求。二是数字化软技能的不足。员工的数字化思维能力、跨领域协作能力和创新能力相对薄弱，中层和高层管理者缺乏带领团队适应数字化转型的领导力。三是快速学习能力的不足。员工缺乏面对新技术时的快速学习能力和适应能力，导致技术更新速度与技能升级速度不匹配。

技能缺口的主要原因：一是技术快速迭代。技术更新速度快，现有技能过时的速度远高于传统技术更新周期，学术教育与技术应用之间存在滞后，导致毕业生技能与企业需求脱节。二是企业培训不足。许多企业缺乏长期技能发展计划，仅关注短期业务需求，导致培训资源投入不足或培训内容落后于技术发展。三是人才市场供需失衡。高技能人才供给不足，尤其在数据科学、人工智能等热门领域，不同地区和行业间的技能分布不均衡，难以迅速匹配需求。四是员工适应能力限制。部分员工对技术变革持抵触态度，缺乏改变工作方式的意愿，年龄较大的员工可能在技术接受度和学习能力上存在劣势。

技能缺口的影响主要在于：对于企业层面，阻碍数字化转型，企业无法有效实施数字化战略，转型速度放缓；运营效率降低，缺乏技术技能的员工难以高效运用新工具和系统；竞争力下降，企业难以适应市场变化，可能被更具数字化能力的竞争者取代。对于员工层面，造成职业不安全感增强，员工担心因技能不足而被淘汰，产生焦虑和压力；工作满意度下降，员工在面对不熟悉的数字化工具时可能感到无助；离职率上升，员工因缺乏发展机会而选择离职，进一步加剧企业的人才流失。对于社会层面，导致劳动力市场失衡，高技能岗位人才供给不足，低技能岗位劳动力过剩；收入差距扩大，高技能员工的薪酬持续上升，而低技能员工的薪资增长停滞。

### 10.1.3 多代员工共存的管理难题

在人力资源管理中，多代员工共存的管理问题是一项复杂而具有挑战性的议题。随着社会和科技的发展，职场中同时存在多代员工是一个普遍现象，包括婴儿潮一代、X 世代、Y 世代以及 Z 世代等。这种代际多样性为企业带来了创新和发展的机会，但同时也伴随着诸多管理难题。

#### 1. 价值观和工作态度差异

不同世代的员工在价值观、职业期待和工作态度方面存在显著差异：婴儿潮一代倾向于稳定性、忠诚度和权威文化，通常更重视经验和职业发展路径；X 世代更加关注工作与生活的平衡，具有较强的独立性和自主性。Y 世代注重工作意义、职业成就感和快速成长，希望获得及时反馈和认可；Z 世代则倾向于技术驱动、灵活工作方式和多元文化的认同，对创新和个性化有更高的要求。这些差异容易导致员工之间、员工与管理层之间在沟通和协作中的冲突，增加了组织协调的复杂性。

#### 2. 沟通方式和技术使用的差异

年长员工通常偏好面对面的沟通方式，更习惯使用传统的办公工具，年轻一代则更加适应数字化工具，如即时通信软件、视频会议和协作平台。这种差异可能导致信息传递效率的下降以及误解的产生。

#### 3. 学习与适应能力的差异

职场中不同代际的员工对新技术、新技能和新流程的接受能力不同：年轻一代往往在数字化技能方面更具优势，但可能缺乏经验；老一代则可能对技术变革感到不适，学习速度较慢，但在专业领域拥有深厚的知识积累。如何协调不同员工的学习需求，优化知识传递和技能提升，成为管理中的关键挑战。

#### 4. 晋升和激励机制的冲突

不同世代对职业发展的期待不同：年长员工可能更关注职业的稳定性和退休福利，

年轻员工则更注重快速晋升和个性化的职业发展。这使得传统的“一刀切”式激励机制难以满足多代员工的需求，容易引发不公平感和内部矛盾。

### 5. 团队协作与文化认同的难题

多代员工共存可能导致团队内部的协作障碍和文化认同问题：年轻员工可能认为年长员工的工作方式过于保守、不够高效，年长员工则可能认为年轻员工缺乏耐心、责任感和敬业精神。这种偏见和刻板印象会阻碍代际之间的合作，影响团队的凝聚力和生产力。

### 6. 工作灵活性需求的冲突

年轻员工倾向于远程工作、弹性时间和自由度较高的工作安排，年长员工则可能更适应传统的固定工作时间和地点。如何在满足不同代际员工需求的同时保持组织效率，是管理者面临的重要挑战。

为了解决多代员工共存的管理难题，企业需要采取灵活而系统的策略。

其一，要增强跨代际的沟通与理解，举办代际间的交流活动，如团队建设和研讨会，增进员工之间的理解和认同，提供代际差异管理的培训，让管理者意识到不同世代员工的需求和特点。

其二，要设计多样化的激励机制，例如个性化的职业发展计划、灵活的薪酬方案和专属福利，在晋升机制上，结合资历与绩效，确保公平性与透明度。

其三，要促进知识共享与技能互补，推动反向指导，让年轻员工分享新技术知识，年长员工传授经验，通过跨代际项目和任务，创造协作机会，让不同代际员工互相学习。

其四，要采用灵活和包容的工作模式，提供弹性工作安排以满足员工个性化需求，同时明确绩效目标，避免效率下降，利用技术工具实现工作流程的优化，弥合代际之间的技术差距。

其五，要塑造包容性的企业文化，强调尊重、平等和多样性，将代际差异转化为企业创新的动力，通过明确的价值观引导，创造所有员工都能认同的企业使命和愿景。

其六，要实现精准的人才管理与数据分析，利用人力资源管理系统（HRMS）分析多代员工的行为数据，优化管理决策，定期调查员工需求，动态调整管理策略。

多代员工共存的管理难题是现代人力资源管理中的重要挑战。企业若能积极应对代际差异，采取多元化的管理策略，将代际多样性视为一种资源，而非阻碍，将能提升团队的整体竞争力和创新能力。成功的代际管理不仅能够满足不同员工的需求，还能实现企业绩效与员工满意度提升的双赢目标。

## 10.1.4 知识型员工的管理挑战

在当今知识经济时代，知识型员工已成为企业核心竞争力的重要来源。知识型员工通常具备高学历、专业技能和创新能力，主要从事智力劳动，如研发人员、设计师、咨询顾问等。然而，对知识型员工的管理不同于传统员工，企业在人力资源管理中面临诸多挑战。以下将分点概述知识型员工的特征及其给企业人力资源管理带来的挑战。

### 1. 高自主性与组织权威的冲突

知识型员工追求职业发展的自主权，重视创新性工作，较少接受指令式管理，且倾向于平等协作而非等级制权威。若管理者过度强调控制或等级观念，可能引发知识型员工的抵触心理，降低其工作效率并加剧企业人才流失风险。

### 2. 多样化动机与激励设计难题

知识型员工不仅关注薪酬和职位，更重视工作意义、成长机会及成就感，导致激励需求复杂化。传统以物质为主的激励手段可能削弱其内在动力，而内在激励(如成就感)的设计和量化实施难度较高，企业需平衡内外激励的协同效应。

### 3. 快速流动性与职业发展压力

知识型员工市场竞争力强，跳槽意愿高，更倾向于选择与个人价值观和职业规划契合的岗位。企业若无法提供清晰的职业路径或满足知识型员工的个性化发展需求，容易面临人才流失与核心知识外泄的双重风险。

### 4. 创新需求与环境平衡困境

知识型员工注重专业能力提升与知识创新，对重复性工作易产生不满，同时依赖开放、宽松的环境激发创造力。但企业需在创新文化与结果导向间寻求平衡，管理不当可能导致知识型员工感到束缚或效率下降。

### 5. 协作复杂性与团队冲突风险

知识型员工常在跨职能团队中工作，需兼顾独立思考和团队协作。然而，其强个性以及同其他员工的专业背景差异易引发沟通冲突，加之对灵活工作模式(如远程办公)的偏好，企业需在管理控制与灵活性之间谨慎协调，否则可能影响团队效能。

### 6. 绩效评估与知识管理挑战

知识型员工的工作成果(如创意、研发)往往难以量化，传统绩效评估方法易压制创新动力，短期考核导向尤为突出。此外，知识型员工掌握的关键知识若未通过有效管理体系留存，一旦流失将对企业造成重大损失。

### 7. 技术更新与资源支持矛盾

知识型员工对持续学习和技术更新有强烈需求，若企业培训投入不足，可能引发知识型员工的不满。同时，知识型员工所带来的企业技术迭代速度加快进一步凸显了企业对资源支持的滞后性矛盾。

知识型员工是企业创新和竞争力的核心资源，其所带来的管理难题需要企业在人力资源管理中采用针对性和个性化的策略。通过优化激励机制、关注员工职业发展、构建创新文化和提供灵活支持，企业能够有效应对知识型员工管理中的挑战，激发他们的潜力和创造力，为企业创造更大的价值。

## 10.2 人力资源管理的创新

随着技术进步、市场环境变化以及员工需求的多样化，传统的人力资源管理模式逐渐暴露出局限性。现代企业必须通过创新的管理方法来提升员工满意度、组织效率以及竞争力。

### 10.2.1 技术驱动的人力资源管理创新

大数据分析与决策支持主要通过人力资源数据的收集与分析，优化招聘、绩效管理和进行员工流失预测。其优势在于能够提高招聘精准性，利用数据分析候选人的背景、技能匹配度；能够优化绩效管理，通过实时监控员工的工作表现，发现高潜力人才和绩效问题；同时，能够预警人员流失，预测员工离职可能性，采取针对性措施降低流失率。

#### 1. 人工智能与自动化技术的应用

目前，人工智能越来越多地被运用在企业的人力资源管理当中，譬如在招聘中应用AI，能够帮助企业自动筛选简历、进行面试时间安排及回答候选人问题。企业可以使用AI面试工具进行视频面试，分析候选人的语言和行为。而企业中的自动化人力资源管理，能够在员工入职手续办理、薪酬核算、考勤管理等方面实现自动化，大大减少了人力资源事务性工作的时间成本。其优势在于能够提升效率和准确性，解放HR人员，使其专注于战略性任务。

#### 2. 数字化学习方式的使用

众多企业重视组织中在线学习平台的搭建，企业通过引入学习管理系统(learning management system，LMS)，为员工提供了个性化的学习路径。通过使用微学习和移动学习方式，方便员工随时随地学习。同时，还可以通过虚拟现实与增强现实来加强组织的培训过程，模拟实际工作场景，为员工提供沉浸式培训体验。数字化的学习方式能够提高员工学习的灵活性和趣味性，并且能够缩短员工适应新技能的时间。

## 10.2.2 组织结构和文化的创新

### 1. 扁平化的组织结构的应用

相较于以往传统企业中的科层制组织结构，越来越多的当代企业采取扁平化的组织结构。这种组织结构能够减少管理层级，促进直接沟通与快速决策，增强员工自主性，赋予其更多责任。对于企业中的员工而言，提高工作效率和灵活性，有助于员工在组织中的成长与职业发展。同时，也对管理者的赋能能力和领导技巧提出更高要求。

### 2. 灵活用工模式的兴起

如前文所述，现如今的经济模式更多依靠共享经济和零工经济，他们的快速发展改变了传统劳动关系，越来越多的员工选择自由职业或短期合同形式的工作。远程办公的工作模式也鼓励员工在家办公或跨区域协作。这些对于企业而言，都显著地降低了用工成本，提高了用工弹性，满足了企业员工对实现工作与生活的平衡的需求。

### 3. 文化创新强调以人为本

越来越多的企业开始注重员工的工作感受，注重员工在企业中的工作体验。企业从员工的角度设计工作场所、政策和流程，提升员工幸福感。同时，企业越来越注重自身的多样性、公平性和包容性，在企业内部推动性别平等、跨文化融合，为员工提供公平的职业机会。这些措施都增强了员工对企业的认同感与忠诚度，并帮助企业在文化创新中树立企业品牌。

## 10.2.3 员工管理与激励的创新

### 1. 定制化激励机制的制定

与以往固定薪酬的用工模式不同，现在的企业会根据不同员工的职业发展阶段及个性化需求制定激励方案。除了薪酬外，更加关注员工的内在激励(如成长机会、工作意义)。在企业中，人力资源部门会设计弹性福利计划(flexible benefits program)，让员工自主选择适合自己的福利组合，以及提供非物质奖励(如荣誉、额外假期、技能认证)，增强员工的获得感。定制化的激励机制能够满足多代员工的需求，提升员工满意度。

### 2. 对员工心理健康的关注

除了关注员工的工作绩效，当今企业更加关注员工在工作过程的心理健康问题。有些企业推出了员工援助计划，提供心理咨询、压力管理培训，以及创建心理健康支持社区，让员工感受到关怀。这些员工关怀措施能够显著改善员工的心理状态，提高工作效率，并降低因压力导致的离职率。

### 3. 对团队协作与创新的重视

与以往传统的部门制工作模式不同，当今企业往往会采取项目制的工作模式，让企业员工参与到不同的工作团队当中。这就要求企业推行跨部门创新项目，鼓励员工提出创意，创建创新实验室或创新基金，为员工创新提供资源支持，从而打破部门壁垒，提升组织协同能力，激发员工的主动性和创造力。

## 10.2.4 绩效管理的创新

### 1. 实时绩效反馈工具的引入

企业可以在日常的运营中引入实时绩效反馈工具，如 OKR 和绩效仪表板。这样可以替代传统年度绩效评估模式，通过即时沟通及时调整目标，从而增强员工对目标的聚焦感，提高管理透明度和公平性。

### 2. 团队整体绩效的强调

在部门/团队工作模式的基础上，强调团队协作，减少对单个员工的过度评估，鼓励共享成功与集体责任。这样做目的是增强团队凝聚力，减少内耗，进而提高团队的整体生产力。

## 10.2.5 人才吸引与保留的创新

### 1. 雇主品牌建设的加强

企业可以通过社交媒体展示企业文化和员工故事，积极参与行业活动，树立企业影响力，从而吸引更多高潜力候选人，提高员工的忠诚度与满意度。

### 2. 全面的入职与融入计划的制订

越来越多的企业选择设计数字化的入职体验平台，为新员工提供全面的入职支持。通过导师制或同事支持机制，能够帮助新员工快速融入团队，进而缩短新员工适应期以及提高新员工留存率。

### 3. 人才流失预警机制的建立

通过建立人才数据库的方式，使用数据分析工具监控员工满意度、离职意愿等指标，建立关键人才的“护航机制”，在流失风险高时提供针对性支持。通过不断跟踪员工的发展状态从而减少高价值人才流失的风险。

现代企业人力资源管理创新需要紧跟技术发展、市场需求以及员工需求的变化。通过运用数字化工具、构建以人为本的企业文化、优化激励机制和绩效管理体系，企业可以在激烈的竞争中保持组织活力并实现持续发展。未来，更多创新方式将继续改变人力资源管理的实践，使其更加灵活、智能和个性化。

## 本章要点

• 随着时代的发展，一系列人力资源管理新问题逐渐浮现，包括远程工作与混合办公的管理挑战、数字化转型中的技能缺口、多代员工共存的管理难题，以及知识型员工的管理挑战，这些问题亟需引起人力资源管理者的密切关注和深入思考。

• 随着技术进步、市场环境变化以及员工需求的多样化，传统的人力资源管理模式逐渐暴露出局限性。现代企业必须通过创新的管理方法来提升员工满意度、组织效率以及竞争力。这种创新主要由技术驱动，包括组织结构和文化、员工管理与激励、绩效管理，以及人才吸引与保留等方面。

## 思考与练习

### 选择题

参考答案

1. 远程工作与混合办公带来的管理挑战不包括(　　)。

A. 员工绩效管理的复杂性

B. 员工学习与适应能力的差异

C. 团队协作与沟通障碍

D. 远程领导与管理能力不足

2. 造成技能缺口的主要原因不包括(　　)。

A. 员工适应能力限制

B. 技术快速迭代

C. 人才市场供需平衡

D. 企业培训不足

3. 以下对不同世代员工在职业特质方面的描述，最符合实际的是(　　)。

A. X 世代具有较强的独立性和自主性

B. Z 世代注重工作意义、职业成就感和快速成长

C. 婴儿潮一代更加关注工作与生活的平衡

D. Y 世代对创新和个性化有更高的要求

4. 人力资源管理中组织结构和文化的创新不体现在哪一方面？(　　)

A. 扁平化的组织结构的应用

B. 数字化学习方式的使用

C. 灵活用工模式的兴起

D. 文化创新强调以人为本

5. 以下哪项措施能够实现绩效管理的创新？（　　）

A. 关注员工的心理健康

B. 加强雇主品牌建设

C. 引入实时绩效反馈工具

D. 建立人才流失预警机制

## 简答题

1. 远程工作与混合办公模式带来了哪些管理挑战？
2. 技能缺口的影响有哪些？
3. 为了解决多代员工共存的管理难题，企业需要采取哪些策略？

## 讨论题

讨论如何管理当代组织中的知识型员工？

## 案例分析题

### 与时偕行：成都格力智能工厂的人力资源管理创新

成都格力电器有限公司（CG 公司）作为珠海格力电器的全资子公司，肩负着智能制造升级的重任。自 2019 年开工建设以来，公司历经新冠疫情的延误，于 2022 年正式投产，迅速发展为具备 150 万台洗衣机年产能力的智能工厂。智能工厂的建设使得生产方式从传统的劳动密集型向数字化、自动化、智能化方向转型，大幅提升生产效率和产品质量。然而，这种变革也给企业的人力资源管理带来了新的挑战。如何在智能制造环境下高效招聘、培养、激励和留住人才，成为 CG 公司亟待解决的问题。

**人才挑战：智能制造对员工的新要求**

智能工厂的高自动化程度，使得对传统操作工的需求减少，但对新型技术工人的要求大幅提高。员工不仅要掌握基本生产技能，还须具备数字化系统操作、设备维护、智能检测等能力。此外，智能制造环境中的人机协作模式，也对员工的适应能力和学习能力提出更高要求。面对这一挑战，CG 公司在人力资源管理上进行了系统性调整，着力在人才招聘、培训、管理及绩效考核等方面进行优化。

**人才培养：大学生训练营与骨干人才管理**

为了适应智能工厂的用人需求，CG 公司在校招阶段便制定了针对性的培养策略。公司推出“大学生训练营”计划，采用班级制和积分管理模式，帮助新员工快速融入企业文化、熟悉智能工厂的生产模式。训练营包括骨干授课、军事化训练、一线岗位实习等环节，使新员工通过理论与实践相结合的方式提升专业技能，并筛选出真正适合企业的人员。训练营结束后，CG 公司通过“一带一”师徒模式，帮助新员工进一步提升技能，并要求所有员工通过考试或取得相关资格认证后，才能获得系统操作权限，从而确保员工的专业能力匹配企业的智能制造需求。

在骨干人才培养方面，CG 公司采用“绩效+潜力九宫格”方法，对员工进行系统评估。通过 360 度测评，将员工划分为不同类别，并采取相应的管理措施。例如，对于“超级明星”员工，公司提供晋升机会、薪资激励和更高权限，而对于绩效低但潜力高的员工，则提供重点培养机会。公司还运用“能力+态度四象限法”进一步细化人才管理，确保骨干人员能够得到有效识别和合理配置。

**管理者素质提升：构建数字化领导力**

CG 公司在筹建初期，管理团队较为年轻，面对智能制造的变革，中高层管理者普遍缺乏对数字技术的理解，同时也欠缺数字化团队管理能力。为了解决这一问题，公司启动了“中高层干部素质提升项目”，通过课程自学、管理沙龙、干部课堂、成果发布等方式，提高管理者的综合能力。此项目不仅帮助管理层掌握了数字化管理工具，还通过内部培训和经验分享，增强了团队协作和创新能力，为智能制造的持续发展奠定了坚实基础。

**人才激励：三三制的推行**

随着智能工厂的投产运营，公司业务逐渐扩大，部分岗位出现人员短缺问题。CG 公司提出“三三制”人才管理模式，即要求每个岗位至少有三人能胜任，每名员工至少掌握三项技能。这一模式打破了传统岗位分工的局限性，使得员工能够在不同岗位之间灵活调配，提高企业整体运营效率。推行初期，部分员工担心这会加重工作负担，因此公司采取了职工代表大会、政策宣讲等方式，向员工详细说明“三三制”的长期价值。最终，员工在实践中逐渐认可了这一模式，并通过轮岗培训等方式提升了自身能力，同时公司也确保了关键岗位的稳定运行。

**数字化人力资源管理的未来发展**

面对未来的挑战，CG 公司仍需进一步推进人力资源管理的数字化，建立更精准、高效的人才管理体系。例如，通过人工智能和大数据分析，优化人才招聘和培训流程，进一步提高员工与岗位的匹配度。同时，提升 HR 团队的专业能力，使其能够更好地支撑企业的智能制造战略。数字化转型不仅是生产方式的革新，更是企业管理模式的升级，CG 公司的人力资源管理变革，为智能制造企业的人才管理提供了重要的借鉴。CG 公司的案例表明，在智能制造时代，企业不仅需要技术升级，还需要同步进行组织和人才管理的变革。通过精准的人才培养、科学的绩效管理和高效的组织架构调整，企业才能在智能制造浪潮中立于不败之地。CG 公司在人力资源管理上的创新，既是对企业自身发展的推动，也为整个制造行业提供了值得学习的经验。

（案例来源：王双龙，唐启娟，李灿灿，等. 与时偕行：成都格力智能工厂的人力资源管理创新[EB/OL]. (2024-09-24)[2025-02-22]. http://www.cmcc-dlut.cn/Cases/Detail/8671）

1. CG 公司在智能工厂建设过程中面临哪些人力资源管理挑战？
2. CG 公司如何识别和培养骨干员工？
3. CG 公司如何通过“三三制”提高组织灵活性？

# 参考文献


[1]王建民. 战略人力资源管理学[M]. 2 版. 北京：北京大学出版社，2013.

[2]程延园，王甫希. 员工关系管理[M]. 北京：中国人民大学出版社，2021.

[3]程延园，王甫希. 劳动关系.[M]. 5 版. 北京：中国人民大学出版社，2021.

[4]蓝海林. 企业战略管理：数字教材版[M]. 3 版. 北京：中国人民大学出版社，2021.

[5]徐飞. 战略管理：数字教材版[M]. 5 版. 北京：中国人民大学出版社，2022.

[6]王少波. 劳动关系与劳动法[M]. 北京：首都经济贸易大学出版社，2023.

[7]周圆. 数字时代算法用工管理对劳动法的挑战及应对[J]. 法制与社会发展，2024，30(6)：129-146.

[8]秦国荣. 平台用工新变化与劳动法从属性理论革新研究[J]. 当代法学，2025，39(2)：121-133.

[9]冯彦君，冯彦. 中国劳动法法典化背景下非全日制用工制度研究[J]. 社会科学战线，2025(3)：215-225.

[10]倪素香. 新时代基层干部教育培训体系的创新与实践[J]. 人民论坛，2025(4)：90-94.

[11]林俐，朱晶晶. 生成式人工智能使用的前因及其对工作绩效的影响：数字化工作重塑视角[J]. 中国人力资源开发，2025，42(2)：57-78.

[12]马蔡琛，朱雯瑛. 从传统绩效预算走向新绩效预算的路径选择[J]. 经济与管理研究，2025(1)：14-25.

[13]王国轩，龙立荣，李绍龙，等. 负面绩效反馈下员工绩效改进动机的人机比较[J]. 心理学报，2025，57(2)：298-318.

[14]刘蕾，孙五俊. 应聘者印象管理有效性述评：实效与公平的视角[J]. 心理研究，2024，17(5)：418-425.

[15]张振铎，国佳宁，李豪，等. 挑战还是阻断？平台算法压力对数字零工主动服务行为的影响机制[J]. 心理科学进展，2024，32(11)：1768-1785.

[16]李果，白云朴. 人工智能应用如何影响制造企业创新绩效？[J]. 财经论丛，2024(12)：102-112.

[17]戴沅均. 激励理论在人力资源薪酬管理中的运用：评《人力资源开发与薪酬绩效管理研究》[J]. 中国教育学刊，2024(7)：140.

[18]胡雯. 零工经济下农民工灵活就业研究进展[J]. 当代经济管理，2024，46(5)：53-62.

[19]罗映宇，朱国玮，钱无忌，等. 人工智能时代的算法厌恶：研究框架与未来展望[J]. 管理世界，2023，39(10)：205-233.

[20]郭彤梅，苗梓欣，郭秋云，等. 零工经济的研究述评与展望[J]. 管理学报，2023，20(6)936-946.

[21]刘潇肖，鲁辰扬，薛贺. 求职者对AI面试的接受度及其影响因素：基于公平视角的质性研究[J]. 中国人力资源开发，2023，40(3)：117-130.

[22]葛元骎，李树文. AMO战略人力资源管理对组织绩效的影响路径[J]. 科研管理，2022，43(11)：200-208.

[23]裴嘉良，刘善仕，崔勋，等. 算法控制能激发零工工作者提供主动服务吗：基于工作动机的视角[J]. 南开管理评论，2024，27(2)：104-117.

[24]尚航标，杨学磊，李卫宁. 战略人力资源管理策略如何影响组织惯例更新：基于员工情感反应视角的解释[J]. 管理世界，2022，38(3)：162-182.

[25]郝慧娟."工匠精神"视域下劳动者职业素质培训体系建设研究：评《劳动教育与素质养成》[J]. 科技管理研究，2022，42(3)：252.

[26]莫怡青，李力行. 零工经济对创业的影响：以外卖平台的兴起为例[J]. 管理世界，2022，38(2)：31-45，3.

[27] CLAVEL C，D'ARMAGNAC S，HEBRARD S，et al. Humanized AI in hiring：an empirical study of a virtual AI job interviewer's social skills on applicants' reactions and experience [J]. International journal of human resource management，2025，36(2)：206-234.

[28]LAVANCHY M，REICHERT P，NARAYANAN J，et al. Applicants' Fairness Perceptions of Algorithm-Driven Hiring Procedures[J]. Journal of Business Ethics，2023，188(1)：125-150.

[29]KÖCHLING A，WEHNER M C. Better explaining the benefits why AI? Analyzing the impact of explaining the benefits of AI-supported selection on applicant responses [J]. International Journal of Selection and Assessment，2023，31(1)：45-62.

[30]HUNKENSCHROER A L，LUETG C. Ethics of AI-Enabled Recruiting and Selection：A Review and Research Agenda[J]. Journal of Business Ethics，2022，178(4)：977-1007.

[31] KIM J Y，HEO W G. Artificial intelligence video interviewing for employment：perspectives from applicants，companies，developer and academicians [J]. Information Technology & People，2021，35(3)：861-878.